Siegfried Bäuerle / Helgard Moll-Strobel

unter Mitarbeit von Joël Binckli, Wilfrid von Boch-Galhau,
Wera Fischer, Ursula Kodjoe, Peter Koeppel,
Hans-Martin Pawlowski

Eltern sägen ihr Kind entzwei

Trennungserfahrungen und Entfremdung von einem Elternteil

Reihe Schule und Unterricht

Herausgegeben von Jörg Petersen und
Gerd-Bodo Reinert

Auer Verlag GmbH

Gedruckt auf umweltbewusst gefertigtem, chlorfrei gebleichtem und alterungsbeständigem Papier.

1. Auflage. 2001

Gesamtherstellung: Ludwig Auer GmbH, Donauwörth
ISBN 3-403-0**3596**-4

Inhaltsverzeichnis

1. Einführung

Die Eltern haben ihren Kindern gemeinsam das Leben geschenkt. Sie haben daher die moralische Verpflichtung, gegebenenfalls auch über die Kündigung des Ehevertrags hinaus das Bestmögliche für ihre Kinder zu tun. Nur grausame oder gedankenlose Eltern wetteifern um die Zeit, die Zuneigung oder die Loyalität ihrer Kinder.
(Vance Packard: Verlust der Geborgenheit. Berlin 1988, S. 200)

Der Bund fürs Leben wird immer mehr zum Bündnis auf Zeit. Die Zahl der Scheidungen erreichte 1997 in Deutschland einen neuen Rekord: 190 000 Ehen wurden geschieden. Das waren 7 Prozent mehr als im Vorjahr. Über 150 000 Kinder wurden dabei zu Scheidungswaisen (Psychologie Heute, 26, 1999, H. 11, S. 9). In Deutschland wird jede dritte der geschlossenen Ehen aufgelöst; in Großstädten sogar jede zweite (Napp-Peters 1995). Dabei noch nicht eingeschlossen sind die eheähnlichen Partnerschaften, aus denen Kinder hervorgegangen sind. Ehen ohne Trauschein belaufen sich in Deutschland auf etwa 3 Millionen.

In der Stress-Skala für Kinder steht Scheidung der Eltern an zweiter Stelle, was den Belastungsfaktor tangiert (Tabelle siehe S. 6).
Stress wird in der Forschungsliteratur als ein Zustand definiert, bei dem die äußeren und inneren Herausforderungen und Bedrohungen und Verlusterfahrungen die eigenen seelischen und häufig auch körperlichen Ressourcen und adaptiven Kräfte übertreffen. Gefühle der Traurigkeit, Einsamkeit, Depression und Angst sind zumeist die Konsequenzen.
Die Betroffenen reduzieren bzw. verlieren ihr Selbstwertgefühl, fühlen sich hilflos und sind überfordert. Es benötigt die gesamte Energie, um die verbleibenden Ressourcen auszuschöpfen und die Scheidung bzw. die Trennung aktiv zu bewältigen und zu verarbeiten.
Für Kinder bedeutet Scheidung zumeist das Ende der Kindheit. Nur eines von 10 Kindern fasst die endgültige Trennung der Eltern als Erleichterung auf (Wallerstein/Blakeslee 1992). Das Gefühl der „psychologischen Heimat“ (Jopt) zerbricht, d. h., das elterliche räumliche Auseinandergehen hat einen hohen Bedrohlichkeitswert für Kinder und Jugendliche. Sie verlieren das, was für ihre Entwicklung fundamental ist: die geordnete Struktur der Familie. Hilflos treiben sie im Zentrum der Auseinandersetzungen, ohnmächtig zusehend, wie ihre Eltern sich mit Wut, Hass, Demütigungen, Rache bekriegen und verfolgen. In vielen Familien beginnen nicht wenige Elternteile mit der Trennung einen erbarmungslosen Kampf um das Kind bzw. die Kinder, um dasselbe/dieselben zur Ablehnung gegen den anderen

Tab. 1. Stress-Skala für Kinder (aus: Samuels/Samuels 1986)	**VS**	**GS**	**HS/ Gym**
Arbeitsplatzverlust eines Elternteils	23	38	48
Erbringen einer überragenden persönlichen Leistung	23	39	45
Tod eines Großelternteils	30	38	35
Schul- oder Kindergartenwechsel	33	46	52
Entdeckung ein Adoptivkind zu sein	33	52	58
Abwesenheit des Vaters	36	45	42
Verschlechterung des Verhältnisses zu den Altersgenossen	38	51	68
Aufnahme eines dritten Erwachsenen in die Familie (z. B. Großelternteils)	39	41	34
Zunahme der Auseinandersetzungen mit den Eltern	39	47	46
Eintritt in den Kindergarten bzw. die Grundschule oder die höhere Schule	42	46	45
Zunahme der Auseinandersetzungen zwischen den Eltern	44	51	48
Wiedereintritt der Mutter ins Berufsleben	47	44	36
Geburt/Adoption eines Geschwisterkindes	50	50	50
Schwere Erkrankung und Krankenhausaufenthalt eines Elternteils	51	55	54
Sitzenbleiben		57	62
Erleiden einer sichtbaren Verunstaltung	52	69	83
Eigener Krankenhausaufenthalt	59	62	59
Tod eines Geschwisterkindes	59	68	71
Erneute Heirat des erziehenden Elternteils	62	65	63
Scheidung der Eltern	**78**	**84**	**84**
Tod eines Elternteils	89	91	94

Die Skala reicht von 1 bis 100: Je höher die Punktzahl, desto größer der Stress
VS = Vorschulalter GS = Grundschulalter HS/Gym = Hauptschul- und Gymnasialalter

Elternteil zu bewegen, d. h. Vater oder Mutter wird in die Feindrolle gedrängt und damit massiv entwertet. Die amerikanischen Psychologen Stanley S. Clawar und Brynne V. Rivlin beschreiben diesen Vorgang mit Programmierung und Gehirnwäsche. Richard Gardner spricht von Parental Alienation Syndrome (PAS). Für die meisten Kinder ist der Vater der abgelehnte Elternteil.
Nach Befunden der Scheidungsforschung verliert etwa die Hälfte aller heranwachsenden Trennungsklientel den Kontakt zum Vater vollständig, wobei Väter ohne Trauschein über dem Durchschnitt und Väter mit Trauschein darunter liegen. Jeder zweite Vater ohne Trauschein und jeder dritte Vater mit Trauschein haben nach Trennung und Scheidung einer empirischen Studie zufolge keinen Kontakt mehr zu seinem Kind bzw. seinen Kindern (Nave-Herz/Kröger 1992, S. 113).
Nach einer Untersuchung der Soziologin Napp-Peters haben 41 von 100 Kindern keinerlei Kontakt mehr zum getrennt lebenden Elternteil. 85 Prozent der Fälle leben bei den Müttern. Bei 54 von 100 Trennungseltern ist der Kontakt zum Ex-Partner vollständig abgebrochen, oft in weniger als 12 Monaten (Napp-Peters 1995).
Doch Elternteile machen sich nicht nur überflüssig; sie werden auch überflüssig gemacht, in Gewinner und Verlierer aufgeteilt. Diese Ausgrenzung des für den Entwicklungsverlauf eines Individuums notwendigen „Umgangselternteils", der bis zur Kindschaftsreform vom 1. 7. 1998 häufig auch nicht sorgeberechtigt war, ist bislang von der Trennungs- und Scheidungsforschung kaum beachtet bzw. vernachlässigt worden. Der „emotionale Kindesmissbrauch" wurde erstmals von der Freiburger Diplom-Psychologin und Mediatorin Ursula Kodjoe und dem Münchner Rechtsanwalt Dr. Peter Koeppel in einem Sonderdruck der Fachzeitschrift „Amtsvormund" thematisiert (Januar 1998).
Die vorliegende Publikation versucht dieses Themenfeld, das auch bereits im Fernsehen aufgegriffen wurde (ZDF-Sendung: Frontal – November 1999), aus interdisziplinärer Sicht zu diskutieren und zu perlustrieren.
Das zweite Kapitel der Veröffentlichung gibt eine Vortragsreihe wieder, die an der Pädagogischen Hochschule in Karlsruhe im Rahmen eines Hauptseminars über die Trennungsproblematik vor Studierenden gehalten wurde. Die Vortragenden sind Fachleute unterschiedlicher Provenienz (Psychologin und Mediatorin, Psychiater und Psychotherapeut, Juristen, Diplom-Sozialarbeiterin und Mediatorin). Sie versuchen Licht in die Problematik und die Folgeerscheinungen für „gestohlene Kinder" (Spiegel Nr. 18, 2000) zu bringen.
Auch der in der Presse mehrfach publizierte Fall „Binckli", der auf vierfachen Kindesentzug und Geschwistertrennung aufgrund parteiischer Gut-

achten und parteilicher Verfahren basiert, wird von dem in der „Restfamilie“ verbliebenen Soziologie- und Geschichtsstudenten Joël Binckli auf den Prüfstand genommen. Hier spielt Trennungserfahrung von Geschwistern eine gewichtige Rolle.
Kapitel drei recherchiert die Bedeutung der Mutter und des Vaters in unterschiedlichen Entwicklungsstadien eines heranwachsenden Menschen sowie die Relevanz von Geschwisterbeziehungen in Krisensituationen.
Der vierte Themenkreis greift schulische und didaktische Interventionsmöglichkeiten auf, wobei auch präventive Facetten miteinbezogen werden.
Das besondere Anliegen des Werkes ist es, Lehrenden, Studierenden, Familienrichtern, Anwälten und allen, die sich mit dem „Wohle des Kindes“ befassen, eine aktuelle interdisziplinäre Einführung in die PAS-Forschung zu geben, für Trennungs- und Scheidungserfahrungen im Hinblick auf das Kind zu sensibilisieren und daraus resultierend die Notwendigkeit und die Möglichkeiten schulischer Handlungsperspektiven zu betonen und letztere zu eruieren.
Es soll mit dieser Publikation ein Spannungsbogen zwischen Strukturanalyse, Konkretisierung durch die Fallgeschichte, Reflexion derselben sowie Auswirkung von Bedeutungsvariablen der primären Bezugspersonen für die kindliche Entwicklung bis zum pädagogischen Interventionsbezug aufgemacht werden.
Gelegentliche Wiederholungen in den Texten sind beabsichtigt, damit sich auch derjenige Leser gut orientieren kann, der sich nur mit Passagen beschäftigen will.
Generell wurde die Bezeichnung Schüler und Lehrer gewählt. Selbstverständlich implizieren diese Begriffe auch Schülerinnen und Lehrerinnen.
Dank gilt all denen, die diese Publikation haben entstehen lassen.
Besonders zu erwähnen ist hier das Ministerium für Wissenschaft, Forschung und Kunst Baden Württemberg, das die Vortragsreihe im Rahmen eines Forschungssemesters ermöglichte.
Allen Vortragenden sei ein verbindliches Dankeschön ausgesprochen.
Auch die Arbeiten und Gedanken der Studierenden des Hauptseminars: „Die pädagogische und psychologische Problematik von Trennungen“ im WS 1999/2000 haben an der Veröffentlichung erheblichen Anteil. Dank sei deshalb allen Teilnehmenden gesagt.
Nicht zuletzt ist dem Auer Verlag zu danken, der die Thematik umgehend für die Buchreihe „Schule und Unterricht“ annahm.

Siegfried Bäuerle Helgard Moll-Strobel

Juni 2001

2. Vortragsreihe

HANS MARTIN PAWLOWSKI:

2.1. Zum Verhältnis von Ehe, nichtehelichen Lebensgemeinschaften und gleichgeschlechtlichen Lebenspartnerschaften – Abschied von der bürgerlichen Ehe (juristischer Aspekt)

URSULA KODJOE:

2.2. Die feindselige Ablehnung eines Elternteils durch sein Kind (psychologischer Aspekt)

WILFRID VON BOCH-GALHAU:

2.3. Trennung und Scheidung im Hinblick auf die Kinder und die Auswirkungen auf das Erwachsenenleben, unter besonderer Berücksichtigung des Parental Alienation Syndrom (PAS) (psychotherapeutischer Aspekt)

PETER KOEPPEL:

2.4. PAS und das deutsche Kindschaftsrecht (juristischer Aspekt)

WERA FISCHER:

2.5. Funktion des Verfahrenspflegers bei Umgangsstreitigkeiten (sozialpädagogischer und mediatorischer Aspekt)

JOËL BINCKLI:

2.6. Trennung von Kindern und Geschwistern (soziologischer und politischer Aspekt)

HANS MARTIN PAWLOWSKI:

2.1. Zum Verhältnis von Ehe, nichtehelichen Lebensgemeinschaften und gleichgeschlechtlichen Lebenspartnerschaften – Abschied von der bürgerlichen Ehe (juristischer Aspekt)

I.1. Man hört und liest heute allenthalben, dass die Erscheinungen und Begriffe von „Ehe“ oder „Familie“ zur Zeit einem starken Wandel unterliegen. Dabei sollte man sich jedoch darüber klar sein, dass dies nichts Neues ist, da sich die Vorstellungen von „Ehe“ und „Familie“ seit jeher gewandelt haben. So werden Sie z. B. unter dem Ausdruck „familia Papae“ – also Familie des Papstes – die Familie verstehen, der der Papst entstammt, während dieser Ausdruck herkömmlich diejenigen bezeichnet, die mit dem Papst zusammenleben: also die, die zu seinem „Haus“ oder „Hofstaat“ gehören. Und *W. Müller-Freienfels* beginnt sein großes Buch über die Ehe mit der Feststellung, dass die verschiedenen Erscheinungen der Ehe, die man zu den verschiedenen Zeiten bei allen Völkern findet, nur ein einziges gemeinsames Merkmal aufweisen – nämlich die Tatsache, dass die Kinder, die aus dieser Verbindung hervorgehen, legitime (also erbberechtigte) Kinder sind. Und Sie wissen, dass sich auch dies gerade geändert hat.
Dazu kommt, dass sich das Verhältnis von „Ehe“ und „Recht“ in den verschiedenen Zeiten sehr unterschiedlich dargestellt hat: So ist noch heute umstritten, von welcher Zeit an man die Ehe als eine Institution des Rechts bezeichnen kann – und nicht nur als eine Erscheinung der Sitte. Unzweifelhaft ist jedenfalls, dass die Ehe zunächst von den Sippen verwaltet und gewährleistet wurde, deren Häupter auch die Ehen zwischen ihren Sippenangehörigen schlossen. Erst die Kirche hat dann nach und nach durchgesetzt, dass eine Ehe nur zustande kam, wenn die Brautleute selbst ihr Einverständnis mit der Eheschließung erklärten – und sie übernahm damit an Stelle der Sippen die Rolle des Verwalters und Hüters der Ehen. Diese Rolle ging dann später von der Kirche auf den Staat über – der übrigens auf die Ehe erheblich weniger einwirken kann als vor ihm die Kirche oder die Sippen. Denn wenn schon die Kirche, die durch Beichtpraxis und Aufsicht der Gemeinde einen gewissen Einfluss auf die Ehe ausübte, vom Lebensvollzug der Ehe weiter entfernt war als vor ihr die Sippen, die direkt auf den Innenraum der Ehe einwirkten, so war und ist der Staat vom Lebensvollzug der Ehe noch weiter entfernt: Er hat nur noch die Herrschaft über die Scheidung und d. h. der Sache nach: über die Erlaubnis zur Wiederheirat. Dennoch spricht man z. T. davon, dass die Ehe die einzige *rechtlich* anerkannte Verbindung von Mann und Frau sei – was weder heute den Tatsachen entspricht noch historisch der Regelfall war.

I.2. Von größerer Bedeutung ist aber, dass der Konsens darüber schwindet, worum es bei der Ehe eigentlich geht: So verbindet man die Ehe heute einerseits sehr stark mit der „Liebe" – was so selbstverständlich geworden ist, dass z. B. heute die Vertreter der „Schwulen" und „Lesben" ihre Forderung, ihre Lebensgemeinschaften mit der Ehe gleichzustellen, mit dem Schlagwort nach „gleichem Recht für gleiche Liebe" zu begründen trachten. Demgegenüber zeigt aber schon ein Blick in das vergangenen Jahrhundert, dass diese Verbindung von Ehe und Liebe eine neuere Erscheinung ist. Geht man dann in der Geschichte noch weiter zurück in die Zeit des Minnesangs, in der es Minnegerichtshöfe und dazu selbst noch Obergerichte gab, also „Oberhöfe", die über Fragen der Minne zu entscheiden hatten, so wird man feststellen, dass damals der angesehene Oberhof in Arles, der Hauptstadt des Königreiches Arelat, zweimal über die Frage zu entscheiden hatte, ob ein Ritter seine Ehefrau „minnen" könne – und dass er dies zweimal verneinte: Weil der Ehemann *verpflichtet* sei, seine Frau zu lieben, während die „Minne" eine freie Kunst sei, die nicht in Erfüllung einer Pflicht erbracht werden könne. Es kann hier dahinstehen, woher die heute weitgehende Identifizierung von „Ehe" und „Liebe" kommt, die sich allerdings vielfach nur noch im Trivialroman findet – während die „höhere Literatur" mit den Minnegerichtshöfen eher die Unvereinbarkeit von „Ehe" und „Liebe" thematisiert (weil letztere unmöglich von Dauer sein könne). In unserem Zusammenhang ist vielmehr wichtig, dass sich gegenwärtig neben der „Ehe" nicht nur sog. nichteheliche Lebensgemeinschaften ausbreiten, für die man immer nachdrücklicher rechtliche Regelungen fordert, sondern dass die Bundesregierung aufgrund ihrer Zusagen bei der letzten Bundestagswahl jetzt auch daran geht, „gleichgeschlechtliche Lebenspartnerschaften" – also Lebensgemeinschaften von „Lesben" und „Schwulen" – der Ehe möglichst weitgehend gleichzustellen. Beides diskutiert man im Übrigen gegenwärtig in vielen europäischen Staaten.
Und mit Letzterem hat man in Dänemark und den Niederlanden schon vor einer Reihe von Jahren mit der Schaffung eines Rechtsinstituts „Partnerschaft" begonnen, allerdings zunächst mit der gesetzgeberischen Begründung, dass man damit der Ausbreitung der Krankheit „Aids" entgegentreten wolle.
Damit stehen wir vor Problemen, die sich nicht so einfach beantworten lassen – was die folgenden Bemerkungen verdeutlichen mögen: So sollten m. E. die nichtehelichen Lebensgemeinschaften durch die Abschaffung des bei uns im sog. Kulturkampf des letzten Jahrhunderts eingeführten Zwangs zur Zivilehe – also zur Eheschließung vor dem Standesbeamten – wieder in den Bereich der Ehe einbezogen werden, wie es in einer Anzahl Länder des angelsächsischen Rechtskreises mit dem Institut der „common law Ehe"

immer noch der Fall ist. Dem entspricht einmal, dass alle sozialwissenschaftlichen Untersuchungen von „nichtehelichen Lebensgemeinschaften" und „Ehen" zeigen, dass sich die Erwartungen und Anforderungen, die Eheleute und nichteheliche Lebensgefährten im Hinblick auf ihr Zusammenleben hegen, in Nichts unterscheiden. Und wenn unsere Verfassung die „Ehe" unter den besonderen Schutz der staatlichen Ordnung stellt, so will sie damit wohl nicht die Arbeitsmöglichkeiten von Standesbeamten schützen und gewährleisten, sondern etwas, was mit dem Zusammenleben der Eheleute zu tun hat. Die Bindung an den Standesbeamten gehört also nicht zum „Wesen der Ehe" – was allerdings nicht unbestritten ist. Unstreitig ist aber, dass sich nach Art. 6 GG Lebensgemeinschaften von Homosexuellen nicht als „Ehe" darstellen – und daher nicht in den „besonderen Schutz der staatlichen Ordnung" einbezogen werden können, von dem dort die Rede ist. Dies steht zwar einer rechtlichen Regelung der Lebensgemeinschaft von Homosexuellen nicht im Wege – und schließt es auch nicht aus, diesen z. B. untereinander Ansprüche auf Vermögensauseinandersetzung, Zeugnisverweigerungsrechte u. Ä. m. zuzusprechen. Die Gleichstellung von „Ehe" und „homosexuellen Partnerschaften" würde aber den „besonderen Schutz" der Ehe aufheben; eine derartige Gleichstellung kann daher nur im Wege der Verfassungsänderung eingeführt werden – wobei noch unklar ist, ob dieser nicht die sog. Ewigkeitsklausel des Art. 79 GG entgegensteht, also der Artikel des Grundgesetzes, der die Änderung bestimmter Inhalte unserer Verfassung ausschließt.

Daraus ergibt sich die Frage, ob man bei der anstehenden Neuregelung der verschiedenen Lebensgemeinschaften neben der Ehe ein Rechtsinstitut „Lebenspartnerschaft" für die nichtehelichen Lebensgemeinschaften von Hetero- *und* Homosexuellen bereitstellt *oder* ob man die nichtehelichen Lebensgemeinschaften in den Bereich der Ehe aufnimmt (wobei sich dann eine Reihe Fragen nach der „typischen Ausgestaltung" stellen, die dann durch besondere Verträge abgeändert werden können) – und daneben ein Rechtsinstitut „Lebensgemeinschaft" zur Verfügung stellt, das nicht nur die Probleme des Zusammenlebens von Homosexuellen regelt, sondern auch die Probleme von Wohn- und Lebensgemeinschaften von Geschwistern oder Gesinnungsgenossen. Dieses Rechtsinstitut „Lebensgemeinschaft" oder „Lebenspartnerschaft" würde dabei weder sexuelle Kontakte voraussetzen noch brauchte es auf die Zahl von 2 Mitgliedern beschränkt zu sein. Und es liegt auf der Hand, dass man sich bei der Entscheidung zwischen diesen Möglichkeiten mit ihrer Gleich- oder Ungleichbehandlung von hetero- und homosexuellen Gemeinschaften darüber klar werden muss, worum es bei der Ehe geht: um die Kanalisierung und Regelung des Sexualverhaltens oder um die Keimzelle der Gesellschaft, wie man vielfach formuliert – also um den Ort der Kindererziehung und damit der Traditionsvermittlung.

I.3. Wenn man nun angesichts der unterschiedlichen Bestrebungen nach einer Neuregelung von Ehe und Familie und angesichts des heutigen Wandels dieser Verhältnisse nach einem Fixpunkt sucht, von dem her man die verschiedenen Regelungsvorschläge verstehen und bewerten kann, so empfiehlt sich zunächst ein Blick auf die Geschichte der Ehe, wobei man sich im Zusammenhang unserer Kultur mit einem Blick auf die Entwicklung begnügen kann, die sich in der christlichen Kultur vollzogen hat.

II.1 Wie zu allen Zeiten so gab es auch in dem Bereich der Antike, in dem die Geschichte des Christentums begann, sehr unterschiedliche Verbindungen von Mann und Frau. Im Herrschaftsbereich des römischen Rechts, das für unser Recht und unsere Kultur eine besondere Bedeutung erlangte, kannte man z. B. einmal verschiedene Formen der Ehe – nämlich zunächst die schlichte *usus*- bzw. *consensus*-Ehe, die die Ehegatten formlos eingehen konnten und die die Ehefrau nicht der hausherrlichen Gewalt des Ehegatten unterwarf, dazu die sog. *Manus*-Ehe, in der die Ehefrau der hausherrlichen Gewalt des Ehemanns unterworfen war, und schließlich die altertümliche, feierliche Form der *confarreatio*-Ehe, die eingehen musste, wer Pontifex Maximus werden wollte. Daneben gab es für Ehegatten unterschiedlichen Standes den Konkubinat und das Kontubernium – eine rein faktische Ehe z. B. für Sklaven, die Friedelehe, die morganatische Ehe u. a. m. Das Christentum führte dann nach einer längeren Diskussion zu einer Beschränkung dieser unterschiedlichen Gemeinschaftsformen: Zunächst hielt man zwar aufgrund der Nah-Erwartung die Ehe überhaupt für überflüssig, weil man ja meinte, dass die Wiederkunft Christi unmittelbar bevorstehe. Als diese dann jedoch nicht eintrat – man spricht hier bekanntlich von der sog. Parusieverzögerung, mit der sich schon der Apostel Paulus in seinen Briefen auseinandersetzt –, hatte sich die junge Kirche mit der Frage auseinander zu setzen, welche der verschiedenen Gemeinschaftsformen für Christen angemessen waren. Die Kirche entschied sich für die Ehe – und zwar nicht für die jüdische Ehe, die ein Eigentumsverhältnis des Mannes an der Frau begründete (weshalb z. B. Ehebruch nur vorlag, wenn ein Mann eine Beziehung zu einer bereits verheirateten Frau aufnahm), sondern für das römische *matrimonium* (das mütterliche Gut), das Mann und Frau als *conjuges* miteinander verband: Weil dieses die volle gegenseitige Anerkennung von Mann und Frau zum Ausdruck brachte und sich damit als edelste Form der Gemeinschaft darstellte. Denn für den Christen konnte nur das Edelste gut genug sein.

Es hat zwar lange gedauert, bis sich diese Entscheidung in der Kirche allgemein durchsetzte. Es sei nur daran erinnert, dass u. a. der hl. Augustinus noch als Christ in einem Konkubinat lebte, den er zwar nach seiner Hinwendung zum Christentum in eine Ehe zu überführen suchte, was aber seine Mutter – die später für „heilig" erklärte Monika – immer zu verhindern wusste. Die Ehe und die anderen Gemeinschaftsformen unterlagen – wie bemerkt – der Herrschaft der Sippen. Und die Kirche musste – unterstützt vom Staat – lange kämpfen, bis es ihr gelang, auf diese Zusammenhänge auch faktisch Einfluss zu nehmen. Theologisch (in der Lehre) war aber alles schon früh entschieden: Für den Christen genügte nur eine Form der Gemeinschaft, die die gegenseitige Anerkennung und gegenseitige Freiheit gewährleistete. Und das war das römische Konzept der Ehe – bei dem man zu Recht von der *honor* und *libertas matrimonii* sprach – also von der Ehrenhaftigkeit und Freiheit der Ehe.
Diese Redeweise ergab sich allerdings zunächst nur aus der Sicht der Sippen, die frei über die Ehe verfügten und dadurch ihr Ansehen und ihre Ehre vergrößern konnten. Dieser Freiheit der Sippen fügte aber die Kirche bald in Um-Interpretation eines zivilrechtlichen Satzes, der auch in das corpus juris des Kaiser Justinian übernommen wurde, die persönliche Freiheit der Ehegatten hinzu – was später übrigens die Freiheit der Sippen aufhob: Die Kirche übernahm nämlich den damals anerkannten Satz „consensus facit nuptias", der feststellte, dass man *nur solange* von einer Ehe sprechen konnte, solange beide Partner an dem Eheconsens festhielten, und leitete daraus, dass eine Ehe *nur zustande kam,* wenn beide Brautleute zustimmten – was wir heute für selbstverständlich halten. Dennoch wurde diese Bindung an die Zustimmung der Brautleute erst von der Kirche eingeführt. Man erkennt sie auch bis heute nur in den Ländern allgemein an, die durch das Christentum geprägt wurden – und selbst in diesen Ländern vielfach zunächst nur in der Form, dass für das Zustandekommen der Ehe die Zustimmung der Ehegatten *neben* der Zustimmung der Eltern erforderlich war. Die Ehe stellte sich im Zusammenhang unserer Kultur also als eine Gemeinschaft dar, die die gegenseitige Freiheit der Ehegatten organisierte und gewährleistete, wie ich es genannt habe: Man erinnere sich nur an die Ermahnungen des Apostels Paulus, der die Frauen auffordert, ihren Ehemann als Herrn und Haupt anzuerkennen – und dann die Männer ermahnt, in der Weise Herr der Familie zu sein, wie Christus Herr der Gemeinde ist, dessen Herrschaft sich darin ausdrückte, dass er seinen Jüngern die Füße wusch, also darin, dass er ihnen diente; weshalb es heißt: „Und welcher unter euch will der Vornehmste werden, der soll aller Knecht sein", denn „auch des Menschen Sohn ist nicht gekommen, dass er sich dienen lasse, sondern dass er diene ..." Die Kirchen bezeichnen daher

die Ehe mit gutem Grund als eine „Gnadengabe Gottes“ – wie es die katholische Einordnung als „Sakrament“ ausdrückt und wie es die EKD in ihrer Erklärung zu Ehe und Familie ausgeführt hat.

II.2. Ein Blick auf die weitere Entwicklung des Eherechts und des Eheverständnisses lässt erkennen, dass dieser Ausgangspunkt die weitere Entwicklung der Ehe geprägt hat. Dabei hatte sofort die erste schon sehr frühe Änderung des Eherechts mit den Voraussetzungen der *gemeinsamen* Freiheit beider Ehegatten zu tun: So entsprach es dem Freiheitsverständnis des römischen Rechts im Rahmen der Verfassung einer aristokratischen Gesellschaft, in der Mann und Frau eigenes Vermögen hatten, dass die Ehe von allen finanziellen Folgen und Verpflichtungen frei zu halten war, sodass selbst Schenkungen unter Ehegatten rechtlich nicht wirksam waren – und dass die Ehegatten die Ehe jederzeit verlassen konnten. Demgegenüber hatte die Kirche, deren Mitglieder in weitem Umfang nicht zu den „Reichen“ gehörten, von vornherein zu berücksichtigen, dass ein Ehegatte, der sich auf eine bestimmte Ehe eingelassen hatte, nicht nur darauf angewiesen war, dass ihm der andere Ehegatte Unterhalt gewährleistete, sondern auch darauf, dass dieser ihn nicht jederzeit verlassen konnte, ohne für seinen Unterhalt zu sorgen. Die späteren Juristen der Kirche gingen daher von der grundsätzlich richtigen Einsicht aus, dass jede Eheschließung ein irreversibler Akt sei, weil man die in einer Ehe verbrachte Zeit niemals nachholen könne. Und wenn sich daraus auch nicht ergeben mag, dass dies jede 2. Ehe ausschließt – weil es nach einer gescheiterten (verfehlten) Ehe immer noch besser (richtiger) sein kann, neu anzufangen –, so kann man doch nicht leugnen, dass man nicht Freiheit, sondern Abhängigkeit organisiert, wenn man den Mitgliedern einer Lebensgemeinschaft die Möglichkeit gibt, diese jederzeit ohne Ausgleichszahlungen zu verlassen – dies jedenfalls so lange, als sich die Mitgliedschaft in der Lebensgemeinschaft auf die Einkünfte der Beteiligten auswirkt. Der, der es sich leisten kann zu gehen, wird dies zwar als „Freiheit“ empfinden; der Verlassene, der keinen Ausgleichsanspruch für das Scheitern seines bisherigen Lebensplanes erhält und der die Zeit für die Verwirklichung eines anderen Planes unwiederbringlich verloren hat, wird dagegen mit realer Abhängigkeit konfrontiert. Insofern entsprach es also den sich wandelnden Voraussetzungen realer *gemeinsamer* Freiheit, um die es bei der Ehe ging und geht, wenn die Kirche und später der Staat die ursprüngliche freie Scheidbarkeit der Ehe einschränkte – was sich z. B. nicht zuletzt darin zeigte, dass auch die Sowjetunion, deren Eherecht mit der „Scheidung per Postkarte“ begann, die Ehescheidung zuletzt erheblich stärker beschränkte, als dies im Westen üblich war.
Mit dieser Ausrichtung auf die gemeinsame Freiheit beider Eheleute hing

auch eine weitere Veränderung des Eherechts am Beginn der Neuzeit zusammen – nämlich die Einführung einer Beteiligung der Kirche oder später des Staates an der Eheschließung: Wir hatten gesehen, dass die Ehe nach dem Verständnis der Kirche jeweils durch den gemeinsamen Entschluss der Brautleute begründet wurde, die sich auch nach katholischer Auffassung das Sakrament gegenseitig spenden. Dabei wusste man, dass die Freiheit in der Ehe auf *Dauer nur* gewährleistet ist, wenn sie sich nicht nur den vielfach abhängigen und wandelbaren Gefühlen und Wünschen der Eheleute verdankt, sondern auch der Zusage und Verheißung Gottes, der das Leben der Menschen lenkt. Die Brautleute sind daher seit jeher *nach* ihrer Heirat in die Kirche gegangen, um dort den Segen Gottes für ihre *vorher* geschlossene Ehe zu erbitten. Im Laufe der Entwicklung ergaben sich aber für diese Verbindung von Mann und Frau Gefahren daraus, dass die Bindung der Ehe an das Eheversprechen der Brautleute in der Realität vielfach zu Doppelehen führte, weil die Ehe als Vertrag schon zustande kam, wenn er oder sie auf die Frage „Wollen wir zusammen bleiben?" „Ja" sagte. Denn die Männer sagten dies leider nicht selten nicht nur zu einer Frau, sondern zu mehreren Frauen. Daher hat man sich im Konzil zu Trient (1563) – das im Übrigen zur Auseinandersetzung mit den Folgen der Reformation einberufen war – darauf geeinigt, dass Ehen „vor dem Priester" geschlossen werden müssen, um gültig zu sein. Wie gravierend aber die mit den „clandestinen (heimlichen) Ehen" zusammenhängenden sozialen Probleme waren, zeigte sich darin, dass die in Trient beschlossene Änderung nicht ausreichte: Die Brautleute besorgten sich nämlich einen Priester, zogen diesem einen Sack über den Kopf – und alles war wie zuvor. Die Kirche sah sich daher genötigt, die in Trient verabschiedete Regelung noch einmal umzuformulieren und festzulegen, dass eine Ehe nur wirksam zustandekommt, wenn die Einigung vor einem Priester abgegeben wird, der „zur Entgegennahme der Erklärung bereit ist" – der also keinen Sack über dem Kopf hat. Und so stand es daher wörtlich lange Zeit in unseren Ehegesetzen, wenn diese auch nicht vom Priester, sondern vom Standesbeamten sprachen.

Diese Erscheinungen verdeutlichen übrigens die frühere Lage der Frauen – die diese merkwürdigen Verfahren ja mitmachten. Dies wird verständlich, wenn man berücksichtigt, dass bis ins 19. Jahrhundert nur rund $^1/_4$ der Bevölkerung heiraten konnte, weil dies eine „Nahrung" voraussetzte – also einen Hof, einen Handwerksbetrieb etc. Knechte und Gesellen konnten i. A. nicht heiraten. Nicht alle, die nicht heiraten konnten, lebten dabei sexuell enthaltsam – wobei die Gefahren naturgemäß die Frauen trafen. Wenn diesen dann ein Mann sagte „du weißt, ich liebe dich und will dich heiraten, wir müssen nur mit der Veröffentlichung noch warten, weil mein

Vater noch nicht zugestimmt hat und mich enterben würde; er wird aber schließlich zustimmen ...", dann bot die heimliche Ehe für die Frau doch schon einen Anhalt für die Ernstlichkeit seiner Absichten und war als Spatz in der Hand besser als die Taube auf dem Dach. Wollte man also diesem Unwesen entgegensteuern, so blieb nur der Zwang zur kirchlichen und später zur staatlichen Notifizierung, den man dann auch eingeführt hat.
Daraus ergibt sich allerdings nur, dass die Bindung der Eheschließung an die Mitwirkung des Pfarrers oder Standesbeamten bei ihrer Einführung dem Schutz der gemeinsamen Freiheit diente, da diese in der monogamen Ehe eher gewährleistet ist als bei polygamen Verhältnissen. Demgegenüber lässt sich aber nicht übersehen, dass die Mitwirkung des Standesbeamten heute für die Verhinderung polygamer Ehen nicht mehr notwendig ist. Und vor allem lässt sich nicht übersehen, dass man heute vielfach meint, dass die sog. nichteheliche Lebensgemeinschaft die Freiheit der Ehegatten in weiterem Umfang gewährleiste als die „bürgerliche Ehe". Denn die Ehe stellt sich heute für viele wegen der staatlichen Regelung der Scheidung primär als Bindung dar – die man dann als „konventionelle Bindung" abzuwerten sucht. So charakterisiert z. B. *E. Kunigk* die gesetzlichen Regelungen der Ehe als „allgemeine Geschäftsbedingungen" für weniger selbstbewusste Bürger, während die nichteheliche Lebensgemeinschaft eher für „kritisch denkende Menschen (geeignet sei), die selbsttätig planen" – also für wahrhaft „freie" Bürger. Dem entspricht es in gewisser Hinsicht, wenn der Bundesgerichtshof immer wiederholt, dass bei der nichtehelichen Lebensgemeinschaft „die persönlichen Beziehungen derart im Vordergrund (stehen), dass sie auch das die Gemeinschaft betreffende vermögensmäßige Handeln bestimmen und dass daher nicht nur in persönlicher, sondern auch in wirtschaftlicher Hinsicht keine Rechtsgemeinschaft besteht"; denn auch diese Wendung betont nicht gerade den freiheitlichen Charakter der Ehe, sondern scheint diese auf die Gewährleistung materieller Sicherheit zu reduzieren. Demgegenüber haben aber u. a. *Witt/Huffman* zu Recht darauf hingewiesen, dass sich die Regelungen des Eherechts gegenüber den Regelungen der für die nichtehelichen Lebensgemeinschaften empfohlenen Verträge als „Hort der Freiheit" erweisen – nicht nur, weil sie eine verlässliche Planung ermöglichen, sondern weil die „Ordnung der Ehe" (wie *J. Gernhuber* es charakterisiert) mehr Freiheit zur Bekehrung und zum Neuanfang ermöglicht, als dies einer rechtsgeschäftlichen Ordnung möglich ist.

II.3. Stellt sich die Ehe also auf diesem Hintergrund als Organisation einer Lebensgemeinschaft dar, die die gemeinsame Freiheit der Ehegatten *und der Kinder* zu gewährleisten sucht, so wird auch verständlich, dass und weshalb das Grundgesetz dieser Organisation den *besonderen Schutz* der staatlichen Ordnung garantiert. Diese Gewährleistung soll weder die Mitglieder homosexueller Lebensgemeinschaften gegenüber den Mitgliedern heterosexueller Lebensgemeinschaften *diskriminieren*, noch überhaupt die privaten Interessen der Ehegatten befördern. Der besondere Schutz, den die staatliche Gemeinschaft den Ehen angedeihen lässt, hat seinen Grund vielmehr darin, dass sich die freiheitliche *Ehe* der staatlichen Gemeinschaft als der beste Ort für Traditionsvermittlung und Kindererziehung *erwiesen hat* – und daher *um des allgemeinen Wohls willen zu fördern* ist. Denn da sich unsere Verfassung in besonderem Maße als Verfassung einer freiheitlichen Ordnung versteht, ist es nur konsequent, dass sie sich darum bemüht, die Voraussetzungen für Freiheit zu gewährleisten. Und dazu gehört nicht zuletzt die Sorge dafür, dass ihre Bürger schon in ihrer Kindheit und Jugend in freiheitlichen Verhältnissen aufwachsen und so Freiheit erleben und sich an sie gewöhnen können. Das heißt allerdings nicht, dass sich die Geburt und Pflege der Kinder als einziger Zweck der Ehe darstellt – wie schon *I. Kant* hervorgehoben hat. Denn dann wäre z. B. eine Ehe zwischen zwei Sechzigjährigen ausgeschlossen – und dann wäre es im Übrigen konsequent, die Ehen nach der Beendigung der Kindererziehung aufzulösen. Demgegenüber zeigt aber bereits die Fassung des Art. 6 GG, die „Ehe" und „Familie" aufeinander bezieht, dass es bei dem Schutz der Ehe in der Verfassung von vornherein um die Ehe im Zusammenhang der Familie geht.

III.1. Wenn wir uns jetzt wieder den anstehenden Regelungsproblemen zuwenden und fragen, welche der eingangs angedeuteten Alternativen dem Zusammenhang unseres Rechts und unserer Verfassung am besten entspricht, so können wir zunächst einmal festhalten, dass es bei der rechtlichen Regelung der Ehe nicht um die rechtliche Kanalisierung des Sexualverhaltens geht – wenn auch der Sexualität für die Ehe wie aber auch für andere menschliche Zusammenhänge große Bedeutung zukommen mag. Ebensowenig geht es bei der Ehe um das Bereitstellen von Regelungen für die güterrechtlichen Verhältnisse der Mitglieder von Haus- und Wohngemeinschaften – wenn auch den gesetzlichen Regelungen des Ehegüterrechts oder der „Vertretung" bei der Ausgestaltung der „Organisation Ehe" große Bedeutung zukommt. Wenn man also danach fragt, ob man die Regelungsalternative „Ehe" und daneben „nichteheliche hetero- und homosexuelle Lebensgemeinschaften" wählen soll *oder* die Regelungsalternative „Ehe und nichteheliche Lebensgemeinschaften" und daneben „Personengemeinschaften", deren sich homosexuelle Paare ebenso bedienen können wie Geschwister- und Wohngemeinschaften sowie auch heterosexuelle Lebensgemeinschaften, die als polygame Lebensgemeinschaften oder Lebensgemeinschaften von Paaren, die noch mit anderen Partnern verheiratet sind, nicht dem Bereich der „Ehe zugeordnet werden können, dann kann es nicht um die unterschiedlichen Aspekte des Sexuallebens gehen. Es geht im Verhältnis von Ehe und homosexuellen Lebensgemeinschaften weder darum, eine bestimmte Form der Sexualität zu bevorzugen, noch darum, eine andere Form zu diskriminieren – und damit auch nicht um die Forderung nach dem „gleichen Recht für gleiche Liebe". Und das deshalb nicht, weil es bei dem „besonderen Schutz" der Ehe, den unsere Verfassung gewährleistet, überhaupt nicht primär um die Interessen der Ehepartner geht, die dann durch die Regelungen des Eherechts „vor sich selbst" geschützt würden – nämlich vor ihren eigenen Schwächen. Man muss sich bei der Wahl zwischen diesen beiden Regelungsalternativen vielmehr an öffentlichen Interessen orientieren – also am Allgemeinwohl. Daher kann es bei dem Schutz der Ehe auch nicht um die „Förderung von Sexualität" gehen, die den Staat als solche nichts angeht. Bei der hier diskutierten Regelungsalternative geht es also nur um die Frage, wie man am besten zwar nicht gewährleisten, aber doch dazu beitragen kann, dass die Kinder in unserer Gesellschaft in Verhältnissen aufwachsen, in denen Eltern und Schule sich darum bemühen können, ihnen möglichst viel von den Erfahrungen zu vermitteln, von denen her die Kinder dann wieder die Zukunft der Gesellschaft (und damit ihrer Kinder) gedeihlich gestalten können. Denn es liegt auf der Hand, dass jeder Versuch, „die Welt" ohne den Rückgriff auf die bisher angesammelten Erfahrungen zu gestalten, zum allgemeinen Ruin führt – wie jeder Versuch, gewerbliche Unternehmen ohne Kapital zu begründen.

Geht es aber bei der Regelung der Ehe um die Gestaltung der Grundstruktur der Familie – und dies nicht im Sinne der Regelung des Zusammenlebens der einzelnen Mitglieder, das der Sache nach sowieso dem direkten Zugriff staatlicher Regelungen entzogen ist, sondern im Hinblick auf deren kulturellen Aufgaben bei der Traditionsvermittlung und Kindererziehung –, dann liegt auf der Hand, dass die Regelungsprobleme der „bürgerlichen Ehe" eng mit denen der sog. „nichtehelichen Lebensgemeinschaften" zusammenhängen, die weitgehend in den Verband der Familie aufgenommen werden, nicht aber mit denen, die sich bei homosexuellen Lebensgemeinschaften ergeben oder bei Wohn- und Lebensgemeinschaften von Geschwistern oder Freunden etc. Bei Letzteren geht es zwar ebenso wie bei der Ehe oder den nichtehelichen Lebensgemeinschaften nicht um die rechtliche Kanalisierung sexuellen Verhaltens; es geht bei den Personengemeinschaften aber dagegen *nicht* um die weitere Funktion, zur Förderung des allgemeinen Wohls im Interesse der Erhaltung des Familienzusammenhangs für den Fortbestand verlässlicher Gemeinschaften zu sorgen, die sich an der Bewältigung der kulturellen Aufgabe der Traditionsvermittlung beteiligen können. Denn wenn es auch denkbar ist, dass in homosexuellen Gemeinschaften Kinder aufwachsen, so ergibt sich daraus augenscheinlich nicht, dass derartige Gemeinschaften als solche soziale Institution sind, die sich als besonders geeigneter Ort der Traditionsvermittlung und Kindererziehung erwiesen haben. Es geht bei Art. 6 GG nicht um das Herstellen geeigneter Orte der Erziehung und Traditionsvermittlung, sondern um die Anerkennung und den Schutz lang bewährter Formen. Und weil der Staat die Familie nicht herzustellen hat, geht es auch nicht um eine „Neudefinition" des Familienbegriffes, wie man heute z. T. fordert. Wenn es daher auch durchaus denkbar ist, dass z. B. eine in einer lesbischen Lebensgemeinschaft lebende Frau mit Hilfe einer in-vitro-Fertilisierung Mutter wird – so ist es zwar selbstverständlich, dass ihr der Staat in diesem Falle alle Hilfen zukommen lässt, die für den Fall der Geburt eines Kindes vorgesehen sind (Steuervorteile, Kindergeld etc.); es ist aber nicht ersichtlich, was den Staat dazu veranlassen sollte, diese Entwicklung besonders zu fördern.

Stellen sich homosexuelle Gemeinschaften aber primär als Orte persönlicher Beziehung dar und nicht als Glied oder Schritt im Ablauf der Generationen, dann kann es im Hinblick auf diese „Personengemeinschaften" nur um vorsorgliche (disponible) Regelungen der Vermögensauseinandersetzung gehen – sowie um die prozessuale oder auch sozialrechtliche Anerkennung der besonderen persönlichen Nähe, die sich aus dem Zusammenleben ergibt, die es u. a. nahelegt, z. B. prozessuale Aussageverweigerungsrechte anzuerkennen. Und das heißt: Dann geht es bei der Regelung der Rechtsverhältnisse von Personengemeinschaften darum, Regelungen bereitzustellen, die den Interessen der beteiligten Personen angemessen Rechnung tragen – wobei es u. a. schon sehr zweifelhaft ist, ob hierzu auch die Regelung von Unterhaltsansprüchen oder Erbrechten gehört, wovon man heute vielfach spricht. Denn nacheheliche Unterhaltsansprüche sind auch bei der Ehe nicht zwingend vorgeschrieben – und für eine disponible Regelung würde nur Anlass bestehen, wenn diese dem „vermutlichen Willen" der Beteiligten entspricht – wenn also derartige Regelungen nach einer Trennung heute weithin üblich wären. Demgegenüber geht es bei den Regelungen der Ehe und der eheähnlichen Gemeinschaften primär um deren Funktion, Entwicklungskern für die Familien zu sein, Glied oder Schritt im Ablauf der Generationen. Daneben muss das Eherecht zwar *auch* noch Regelungen enthalten, die den Interessen der Beteiligten in angemessener Weise Rechnung tragen – dies aber gewissermaßen nur nebenbei: nämlich für den Fall des Scheiterns.

Dies alles spricht also dafür, in unserem Recht für das gemeinschaftliche

Zusammenleben mehrerer Erwachsener zwei unterschiedliche Regelungszusammenhänge vorzusehen – nämlich einmal einen Komplex von Regelungen für die Ehe *und* für eheähnliche Gemeinschaften, die dabei verschiedene Typen vorsehen mögen, zwischen denen die Nupturienten wählen können, die sich jedoch dem Staat oder der Gesellschaft gegenüber als „gleichartig" darstellen und die daher prinzipiell auch gleich zu behandeln sind. Die Zugehörigkeit zu einer dieser Gemeinschaften könnte dabei einmal durch eine „förmliche Eheschließung" vor einem Geistlichen oder vor einem Standesbeamten vermittelt werden – zum anderen aber auch durch die standesamtliche Registrierung einer anderweitig begründeten Gemeinschaft zweier Personen unterschiedlichen Geschlechts. Zum anderen sollte man Regelungen für eine „persönliche Gemeinschaft" bzw. für eine „Personengemeinschaft" vorsehen, bei der man ebenso verschiedene Typen zur Wahl stellen mag, die dann den Bedürfnissen homosexueller Paare ebenso Rechnung tragen sollte wie den Bedürfnissen geschwisterlicher Lebensgemeinschaften, polygamer Lebensgemeinschaften oder der Lebensgemeinschaften von Paaren, die noch mit anderen Partnern verheiratet sind. Dabei würde es sich empfehlen, Drittwirkungen dieser Gemeinschaften – wie z. B. die Zubilligung von Aussageverweigerungsrechten – von der Vorlage schriftlicher Vereinbarungen abhängig zu machen oder ebenfalls von einer Registrierung, in diesen Fällen allerdings beim Gericht und nicht beim Standesamt.

III.2. Wer aber heute vorschlägt, die „Ehe" und die „eheähnlichen Lebensgemeinschaften" den gleichen oder doch ähnlichen Regelungen zu unterwerfen, der muss sich mit dem geläufigen Hinweis auseinander setzen, dass es widersinnig sei, Partner einer Lebensgemeinschaft, die rechtliche Bindungen gerade ablehnen, quasi gegen ihren Willen in eine Ehe zu zwingen. Denn damit beruft man sich darauf, dass den Partnern einer nichtehelichen Lebensgemeinschaft gewissermaßen der „Ehewille" fehle, die sog. *affectio maritalis*, wie es im katholischen Kirchenrecht heißt – weshalb auch der Gesetzgeber sie nicht in eine Ehe zwingen könne. Aber dieses Argument verliert bei genauerem Hinsehen seine Plausibilität. Man wird zwar zustimmen, wenn z. B. *R. Hausmann* bei der Diskussion von Verträgen über die nichteheliche Lebensgemeinschaft feststellt, dass die freie Lösbarkeit der Lebensgemeinschaft für das Recht unverzichtbar sei, weil das Recht außerstande ist, Liebe, Zuneigung, Verständigungs- und Hilfsbereitschaft ..., mithin alles, was die persönliche Seite einer Lebensgemeinschaft ausmacht, zu befehlen oder gegen den Willen eines Betroffenen durchzusetzen. Man wird aber auch feststellen, dass dies nur deshalb überzeugt, weil dies auch für die Ehe gilt, bei der das Recht ebensowenig Liebe,

Zuneigung usf. befehlen oder gegen den Willen eines Betroffenen durchsetzen kann. Und wenn man dann bei *H. Stintzing* liest, dass die Partner der nichtehelichen Lebensgemeinschaften zwar deren jederzeitige Auflösbarkeit für einen Vorteil halten, dass sie aber *gleichzeitig* davon ausgehen, dass man sich *auf den anderen verlassen* können müsse, dann schwindet der Zweifel an dem „Ehewillen" der Partner nichtehelicher Lebensgemeinschaften – also an deren Willen, in der kommenden Zeit gemeinsam in verlässlicher Gemeinschaft zusammenzuleben. Die Beteiligten mögen Ehescheidungsverfahren vermeiden wollen oder auch bestimmte güterrechtliche Folgen; man kann aber nicht bestreiten, dass sie in verlässlicher Gemeinschaft zusammenleben wollen, was man zu Recht zum Kernbereich der Ehe zählt. Denn wenn auch das katholische Kirchenrecht Nupturienten einen „Ehewillen" nur dann zubilligt, wenn diese die Ehe, die sie eingehen, nicht für scheidbar halten, so ist doch nicht zu bestreiten, dass die staatliche „bürgerliche Ehe" den Willen zur Unauflöslichkeit eben nicht voraussetzt. Gegen das Argument, dass die Aufnahme der „eheähnlichen Lebensgemeinschaften" in den Bereich der Ehe den Vorstellungen und dem Willen der Beteiligten nicht genügend Rechnung trage, spricht heute auch der Umstand, dass das staatliche Recht den Eheleuten mit der „bürgerlichen Ehe" nur eine rechtliche *Form* zur Verfügung stellen kann, innerhalb deren dann die Ehegatten ihre jeweilige Ehe führen können und die sie von Rechts wegen ohne Angaben eines Grundes verlassen können – weil wir davon ausgehen, dass der Einsatz von Rechtszwang dem sittlichen Wesen der Ehe widerspricht. Diese Erkenntnis hat sich zwar heute noch nicht allgemein durchgesetzt. Man meint vielmehr weithin mit *J. Gernhuber*, dass das staatliche Eherecht deutlich machen müsse, dass die Ehe rechtliche Verhaltenspflichten nach sich ziehe. Denn wenn man sich darüber täusche und dies nicht wisse, sei der Bestand der Ehen gefährdet. Und diese Feststellung, der man vorbehaltlos zustimmen kann, kennzeichnet das Problem: Ehen werden nur Bestand haben, wenn die Ehegatten nicht nur *wissen*, dass der Bestand ihrer Ehe davon abhängt, dass sie sich in ihrem Verhalten auf den anderen einstellen, sondern wenn sie dies auch tatsächlich tun – jedenfalls in einem erheblichen Umfang. Die Frage ist nur, ob dies durch die *rechtliche Festlegung* bestimmter Verhaltensregeln für alle Ehen gewährleistet werden kann. Man wird dies umso mehr bezweifeln müssen, als heute der Bereich der Verhaltensweisen, in dem man derart allgemeine Festlegungen treffen kann, besonders klein geworden ist – was niemand bestreitet. Das staatliche Recht kann daher nur einen sehr kleinen Kreis von Pflichten festlegen. Eine Minimalehe wird aber (wie eine Minimalethik) keine besondere Verpflichtungskraft entfalten: Die bürgerliche Ehe als soziale Verhaltensform, wie sie *J. Gernhuber* auf dem Hintergrund der

heutigen Sozialmoral einleuchtend skizziert, ist im Hinblick auf ihre Verpflichtungskraft der Ehe als „umfassender Lebensgemeinschaft", wie sie das kirchliche Recht beschreibt, nachdrücklich unterlegen.
Man muss sich im Übrigen darüber klar sein, dass angesichts des in Europa verbreiteten weltanschaulichen Pluralismus heute jeder Versuch, den Ehegatten ein bestimmtes Verhalten vorzuschreiben, u. a. schon daran scheitern muss, dass alle staatlichen Regelungen des gegenseitigen Verhältnisses der Ehegatten nach Art. 3 GG der Gleichberechtigung der Geschlechter Rechnung tragen müssen. Denn es liegt auf der Hand, dass alle staatlich verordneten Muster ehelichen Verhaltens, die die Ehegatten dazu verpflichten, sich gegenseitig als gleichberechtigt zu behandeln, den sittlichen Anschauungen einer ganzen Reihe unserer Mitbürger von vornherein nicht Rechnung tragen können, die – z. B. als (fundamentalistische) Muslime oder Christen – (weiterhin) davon ausgehen, dass die Ehre der Frau darin liege, sich dem Manne unterzuordnen. Man kann zwar der Meinung sein, dass es heute unvernünftig und untragbar sei, die Gleichberechtigung von Mann und Frau abzulehnen und dass man daher derartigen Anschauungen heute nicht mehr Rechnung zu tragen brauche bzw. dass man derartige Anschauungen heute nicht mehr dulden könne. So hört man denn auch heute allenthalben, dass jedermann die Grundwerte oder die Menschenrechte zu beachten habe. Eine Rechtsordnung aber, die es Männern gebieten wollte, eine Frau als gleichberechtigt zu behandeln, auch wenn dies ihrem Gewissen widerspricht und die es Frauen verbieten wollte, sich dem Manne unterzuordnen, auch wenn dies ihr Gewissen fordert, würde aber ihrerseits gegen das Prinzip der Gewissens- und Glaubensfreiheit verstoßen, das die europäischen Rechtsordnungen ebenso prägt wie der Grundsatz der Gleichberechtigung.
Unsere Gesetzgeber können also aufgrund des weltanschaulichen Pluralismus den Bürgern für die Ehe nur eine allgemeine Rechtsform zur Verfügung stellen, wenn sie darauf verzichten, den Beteiligten von Rechts wegen vorzuschreiben, wie sie sich „als Ehegatten" zu verhalten haben – sie müssen ihren Bürgern also eine (Rechts-)Form der Ehe anbieten, die für unterschiedliche Inhalte offen ist, in denen diese dann „ihre" Ehe leben können, wie es der christlichen, muslimischen, liberalen oder sonstigen „Sittlichkeit" entspricht, die ihr Gewissen bindet. Dies schließt es allerdings nicht aus, dass sich die Regelungen für Konflikte, die sich in den Ehen fundamentalistischer Christen oder Muslime ergeben, an der Gleichberechtigung von Mann und Frau orientieren – da der *Richter* den Beteiligten immer neutral (unparteilich) gegenübertreten muss. Dieser Beschränkung auf ein „formales Ehemodell" entspricht es dann, dass die gegenwärtigen europäischen Rechtsordnungen die innere Gestalt der Ehe weithin der

Autonomie der Beteiligten überantworten und sich i. Ü. mit Regelungen begnügen, die mit der Festlegung von Vertretungsbefugnissen und des Güterrechts die Verhältnisse der Ehegatten zu Dritten klären, Unterhaltsansprüche statuieren und im Übrigen die Folgen der Beendigung der Ehe festlegen – nämlich mit Regelungen der Trennung, Scheidung und der Erbfolge. Daher ist auch nicht ersichtlich, weshalb sich jemand darüber beschweren können sollte, wenn man sein auf Dauer angelegtes Zusammenleben mit einem heterosexuellen Partner als eine Form der „Ehe" qualifiziert – und dies selbst dann nicht, wenn man ihn daraufhin nach dem (grundlosen) Verlassen der Gemeinschaft *zum Schutz des Schwächeren* zur Unterhaltszahlung heranzieht, da zwingende Regelungen zum Schutz der schwächeren Partner auch bei nichtehelichen Lebensgemeinschaften mit der (Privat-)Autonomie der Partner durchaus vereinbar sind. Denn wenn ein formeller Eheschluss auch besser verdeutlichen mag, dass ein Ehegatte diese Verpflichtung *freiwillig* übernommen hat, so schließt dies doch keineswegs aus, eine derartige Verpflichtung auch an die *formlos, aber* eben doch auch *freiwillig* begründete, auf Dauer angelegte Lebensgemeinschaft zu knüpfen. Die Literatur hebt insofern zu Recht hervor, dass man aus dem Streben nach rechtlicher Unabhängigkeit nicht schließen könne, dass die Beteiligten „außerhalb des Rechts" stehen wollten.

III.3. Wenn wir uns jetzt abschließend den Fragen unseres Themas zuwenden, so können wir zunächst festhalten, dass es mit dem Abschied von der „bürgerlichen Ehe" noch etwas dauern wird. Denn solange sich das Zusammenleben der Paare, die sich damit begnügen, in formlos begründeten Lebensgemeinschaften zusammenzuleben, nicht von dem Zusammenleben der formell verheirateten Paare unterscheidet, solange muss man einräumen, dass die *soziale Lebensform* der *„bürgerliche Ehe"* erheblich robuster ist, als man gemeinhin meint. Wir können nicht nur davon ausgehen, dass heute bei uns verhältnismäßig mehr Bürger selbst noch in formell geschlossenen „Ehen" leben, als es in den letzten 2000 Jahren der Fall war; wir können vielmehr darüber hinaus auch feststellen, dass die Verbreitung der sog. nichtehelichen Lebensgemeinschaften die Institution der Ehe nicht verdrängt, sondern nur ergänzt. Es besteht dagegen durchaus Anlass, Abschied von der gedankenlosen Gegenüberstellung von „Ehe" und „nichtehelicher Lebensgemeinschaft" zu nehmen: So entspricht es schon heute der Rechtswirklichkeit, wenn man in den anderen europäischen Rechtsordnungen nicht von den „nichtehelichen Gemeinschaften" spricht, sondern von den „faktischen Familien" oder „faktischen Ehen" und dann deren Analogien mit der „legitimen Ehe" hervorhebt. Die sog. nichteheliche Lebensgemeinschaft dient nicht nur derselben gesellschaftlichen

Funktion wie die „bürgerliche Ehe“, wie *H. Stintzing* feststellt; formlos begründete „nichteheliche Lebensgemeinschaften“ und formell geschlossene „bürgerliche Ehen“ sind in Europa vielmehr auch Ausdruck derselben sozialen Lebensform, die sich nur durch ihre Begründungs- (bzw. Eheschließungs-)Form unterscheiden, was nicht zu unterschiedlichen Rechtsfolgen zu führen braucht.
Die im Untertitel angesprochene Frage danach, ob der Schutz der Ehe durch den Staat noch zeitgemäß ist, verweist dann auf die Forderung nach Gleichstellung von hetero- und homosexuellen Lebensgemeinschaften. Dieser Forderung kann man, wie wir gesehen haben, nur im Wege einer Verfassungsänderung nachkommen – wobei noch fraglich ist, ob dies nicht durch Art. 79 GG ausgeschlossen wird. Vor allem aber ist deutlich geworden, dass sich diese Frage nur stellt, wenn man nur auf das sieht, was der Einzelne vom Staat erhält, nicht aber darauf, was das Vorhandensein bestimmter Gemeinschaften für den Staat oder die Gesellschaft bedeutet. Denn hetero- und homosexuelle Gemeinschaften stellen sich nur dann als „gleichartig“ dar, wenn man sie von den Motiven ihrer Mitglieder her betrachtet, die ihre Sexualität in diese Gemeinschaften führt und die im Hinblick auf den Bestand und auf die Regelung der Auseinandersetzung ihrer Gemeinschaften vergleichbare Interessen haben. Macht man sich aber klar, dass es bei der rechtlichen Regelung persönlicher Gemeinschaften nicht um die Kanalisierung der Sexualität geht und dass sich der besondere staatliche Schutz der Ehe daher nicht darauf richtet, die persönlichen Interessen der Ehegatten zu begünstigen, sondern sich der Sorge um die Vermittlung kultureller Traditionen verdankt, dann stellen sich hetero- und homosexuellen Lebensgemeinschaften nicht mehr als gleichartig dar. Macht man sich also klar, dass es bei dem besonderen Schutz der Ehe nicht um die Pflege von Sexualität geht, sondern um die Förderung der Erziehungsfähigkeit und der Traditionsvermittlung, dann liegt auf der Hand, dass es unter diesem Aspekt auch heute noch dem Gemeinwohl und damit öffentlichen Interessen entspricht, – funktionierende – Ehen und nichteheliche Lebensgemeinschaften zu fördern, während es bei der Förderung homosexueller Gemeinschaften nur um die privaten Interessen der Beteiligten gehen würde – und damit um Subventionen. Gleichzeitig ist aber wohl auch deutlich geworden, dass man die Frage, ob man auch in Zukunft den Schutz der Ehe auf die Lebensgemeinschaften beschränken kann und sollte, die durch Erklärung vor einem Standesbeamten begründet worden sind, nicht mehr mit einem eindeutigen „Ja“ beantworten kann.

URSULA KODJOE:

2.2. Die feindselige Ablehnung eines Elternteils durch sein Kind (psychologischer Aspekt)

Erlauben Sie mir, den – nicht ganz so zahlreichen – anwesenden Männern eine Erkenntnis meiner bisherigen Arbeit zu vermitteln: Noch immer wissen unvorstellbar viele Väter nicht, welche große Bedeutung ihnen im Leben und in der Entwicklung ihrer Kinder zukommt. Sie geleiten das Kleinkind aus der zu eng werdenden Mutter-Kind-Zweierbeziehung hinaus und erweitern diese zur ursprünglichsten aller Beziehungen, der Vater-Mutter-Kind-Dreierbeziehung, in der das Kind Abhängigkeit und Autonomie erproben und zwischen Vater und Mutter sicher hin- und herpendeln kann. In funktionalen Familienbeziehungen orientiert sich das Kind an der Vater-Mutter-Beziehung als seinem Modell für eine Paarbeziehung.

Bei der Trennung und Scheidung des Elternpaares kommt es in etwa 15 bis 20 % der Fälle zu hoch konflikthaften Entwicklungen, die das Wohl der betroffenen Kinder erheblich gefährden und in welche Institutionen wie Jugendamt und Gerichte einbezogen werden.

Das frühzeitige Erkennen einer dysfunktionalen Entwicklung der Familienbeziehungen und das Einsetzen von Möglichkeiten zur Konfliktlösung und zur familiären Reorganisation sind Interventionsziele. Sie müssen getragen werden von allen am Prozess Beteiligten: die Kooperation aller professionellen Scheidungsbegleiter und eine sinnvolle Koordinierung außergerichtlicher wie gerichtlicher Interventionsmöglichkeiten sind gefragt. Erfolg oder Misserfolg der jeweiligen Bemühungen hängen maßgeblich von einer Übereinstimmung davon ab, inwieweit die entwicklungspsychologische Forschungsevidenz in das Bewusstsein gelangt ist und inwieweit davon abgeleitet der Paradigmenwechsel vom Blick auf das Elternrecht zur Sicht des Kindes und seiner Rechte vollzogen wird.

Der vorliegenden Arbeit werden deshalb zwei Leitsätze vorangestellt:

- Für optimale Entwicklungsbedingungen braucht ein Kind die Zuwendung, Fürsorge und Förderung durch beide Eltern, auch – und gerade – nach deren Trennung als Lebenspartner.
- Die Sicherung bzw. Wiederherstellung eines Maximums an gelebter Beziehung des Kindes zu seinen beiden Eltern ist die vorrangige Aufgabe der psychosozialen Dienste. Diese Aufgabe schützt das Elternrecht und das Recht der Kinder gleichermaßen.

Erweiterung des Konzepts

Im Rahmen unserer Arbeit und durch die Resonanz der Betroffenen zeigte sich die Notwendigkeit, das Konzept der manipulativen Beeinflussung von Kindern gegen einen Elternteil zu erweitern. Fallbeispiele zeigen, dass ganze Familienclans eines verunsicherten Elternteils gemeinsam dessen Kinder gegen den anderen Elternteil manipulieren können.
Nach dem Tod eines Elternteils kann die Ursprungsfamilie des/der Verstorbenen Elternansprüche gegen den leiblichen Elternteil geltend machen und zu diesem Zweck die Kinder instrumentalisieren und gegen ihn aufhetzen. Eine bekanntere Form der Beeinflussung gegen einen Elternteil findet mit der Unterstützung von Institutionen statt: beim Tod des Sorgeberechtigten kommt es bei nichtehelichen Kindern häufig eher zur Heimeinweisung als zur Übertragung der Sorge auf den überlebenden Elternteil, besonders wenn dieser einem anderen Kulturkreis angehört. In der Folge werden entstehende Probleme mit dem „renitenten" Elternteil durch die Programmierung des Heimkindes gegen ihn „gelöst". Die systematische Erforschung dieser Problemfelder wäre eine ebenso fruchtbare wie notwendige Aufgabe.
Im Folgenden wird das Konzept PAS vorgestellt, die Psychodynamik von Eltern und Kindern beschrieben und es werden Hinweise zur Früherkennung elterlicher Entfremdung gegeben.

Was versteht man unter „Parental Alienation Syndrome"?

PAS bedeutet die kompromisslose Zuwendung eines Kindes zu einem – dem guten, geliebten – Elternteil und die ebenso kompromisslose Abwendung vom anderen – dem bösen, gehassten – Elternteil und tritt auf im Kontext von Sorgerechts- und Umgangskonflikten der Eltern.
Drei Faktoren zusammen bewirken die aggressive Ablehnung und Zurückweisung eines Elternteils und tragen bei zur Entstehung dessen, was Richard A. Gardner bereits 1984 als Parental Alienation beschreibt:

1. Eine hoch konflikthafte Trennungs- und Scheidungsgeschichte des Ehepaares, während welcher die offene oder verdeckte, teils bewusste, teils unbewusste Manipulation der Kinder beginnt. Der betreuende Elternteil beansprucht die Zuneigung und Zuwendung der Kinder ausschließlich für sich selbst. Um dieses Ziel zu erreichen, soll die Liebe der Kinder zum anderen Elternteil zerstört und dieser selbst aus ihrem Leben eliminiert werden.

2. Entsprechend ihrer Entwicklungsgeschichte, ihrem jeweiligen Entwicklungsstand und damit verbunden ihrem Verständnis des familiären Geschehens entstehen vor diesem Hintergrund eigene Geschichten und Szenarien der Kinder, die damit häufig noch über das Ziel der Manipulationen hinausschießen.
3. Äußere situative Lebensbedingungen der Familie können die Ablehnung der Kinder schüren durch Koalitionsbildung von Freunden und Angehörigen gegen den früheren Ehepartner. Ein Umzug mit den Kindern ans andere Ende des Landes ist eine erfolgversprechende Methode, die Eltern-Kind-Entfremdung voranzutreiben.

Mitwirkende an der Beibehaltung von PAS können scheidungsbegleitende Professionen sein, Rechtsanwälte, Sozialarbeiter, Gutachter und Familienrichter, die sich die subjektive Darstellung eines Elternteils zu Eigen machen und daraus folgerichtig den längst zerstörten Kindeswillen als Ausdruck emotionaler und rationaler autonomer Entscheidungsprozesse werten.

Wie aus der Bedürftigkeit von Eltern ein PAS-Syndrom bei Kindern entsteht: Psychodynamik der Eltern

Nach dem Tod eines nahen Angehörigen sind Trennung und Scheidung für die betroffenen Männer, Frauen und Kinder über Jahre hinweg die Lebensereignisse, die ihre Welt am nachhaltigsten erschüttern. Ihre Bewältigung stellt hohe Anforderungen an die Betroffenen, für die aus der „Problemlösung Scheidung" völlig neue, unerwartete Probleme entstehen.
Eine konstruktive Verarbeitung der schmerzlichen Erfahrungen, der Trauer, der Verlust- und Verlassenheitsängste, der enttäuschten Hoffnungen und unerfüllten Erwartungen ist die Voraussetzung, um neue Chancen für das eigene Leben entdecken und nutzen zu können. Die Bedürfnisse der Kinder nach weitergehender Beziehung zu beiden Eltern erfordert die Reorganisation der Familienbeziehungen. Neue Partner sollen mit einbezogen werden ohne die früheren Partner aus dem eigenen Leben und vor allem aus dem Leben der Kinder auszugrenzen. Diese Leistungen sollen zu einer Zeit erbracht werden, in der das Selbstwertgefühl des Verlassenen durch die Zurückweisung existentiell bedroht ist und in der beim Verlassenden ein existentielles Bedürfnis nach Rechtfertigung für seinen Entschluss besteht.
Um das verletzte Selbst in Sicherheit zu bringen, wird die ganze Schuld dem Partner angelastet. Diese einseitigen Schuldzuweisungen lassen keinen Raum für die Betrachtung der eigenen Anteile am Scheitern der Lie-

besbeziehung, keinen Raum für die Erkenntnis einer nicht funktionierenden Kommunikation der Partner untereinander und keinen Raum für vielfältige äußere Gründe, die die Entfremdung begünstigten.
Diese internale, interaktionale und external-soziale Betrachtung könnte der eigenen Entlastung dienen, dem Verständnis des eigenen Verhaltens, dem des Partners und dem gegebener Lebenswidrigkeiten. Dadurch würde der Weg freier, sich selbst und dem anderen das „gemeinsame Versagen" zu verzeihen.

Programmierende Eltern lassen sich aufgrund ihres Erlebens grob in zwei Gruppen differenzieren:

- Eltern, die die Trennung als unwiederbringlichen Verlust und als existentiell gefährdende Zurückweisung ihrer ganzen Person erleben. Ihre Angst, die Kinder an den Partner zu verlieren, ist übermächtig und die Vorstellung, ihre Liebe mit ihm teilen zu müssen, ist unerträglich. Sie wenden sich ihren Kindern zu, um Trost und Unterstützung zu erhalten.
- Eltern, die die Schuld am Scheitern der Ehe zur Gänze auf den Partner projizieren. Sie beziehen die Kinder in die Ehegeschichte mit ein: der unfähige Partner ist nun auch der unfähige, unzuverlässige, vernachlässigende oder misshandelnde Vater, vor dem die Kinder folgerichtig „beschützt" werden müssen.

Das Wissen um diese emotionalen Vorgänge in beiden Partnern bildet die Basis für die Elternarbeit in der Beratung. Es verhindert die Übernahme der subjektiven Sichtweise des einen oder des anderen und reduziert damit die Parteilichkeit des Beraters.
Eltern, die aus eigener Bedürftigkeit ihre Kinder in der beschriebenen Weise missbrauchen, brauchen primär therapeutische Hilfe für sich selbst, um ihr verzerrtes Erleben in einem anderen Licht sehen und die Ehe- und Trennungsgeschichte auf realistische Weise rekonstruieren zu können. Diese Hilfe muss ergänzt werden durch eine Beratung, die ihnen erlaubt, ihre Kinder aus der Umklammerung und von der Bürde zu befreien, die auf ihnen lastet. Beide Interventionen sollten begleitet werden von einer kontinuierlichen Wiederanbahnung des Kontakts zu dem abgelehnten Elternteil.
In extremen, gravierenden Fällen, in denen Eltern ihre Kinder in psychotischer Weise (z. B. als Spione, die zum Auskundschaften geschickt werden) oder in soziopathischer Weise (z. B. als Vandalen, die alles kaputtmachen sollen) missbrauchen, ist ein radikaler Wechsel zum anderen Elternteil angezeigt, um die Kinder vor weiterer Schädigung zu bewahren.

An dieser Stelle möchte ich die Definition der amerikanischen Dachorganisation „Children Protection Services“ und des „Children’s Rights Council“ vermitteln:

Unter **emotionaler Kindesmisshandlung** sind Muster von psychologisch destruktivem Verhalten zu verstehen, denen Kinder ausgesetzt werden:

- Abwertende oder entwürdigende Bemerkungen, die die kindliche Entwicklung von Selbstwert und sozialer Kompetenz beeinträchtigen.
- **Der systematische Prozess der Elternentfremdung, durch welchen Eltern oder Betreuungspersonen emotionale Verstörungen beim Kind auslösen.**
- Die Wahrnehmung von oder die tatsächlich drohende Schädigung eines Kindes einschließlich, jedoch nicht begrenzt auf: zurückweisen, isolieren, terrorisieren, ignorieren oder korrumpieren.
- Mit häuslicher Gewalt verbundener Kindesmissbrauch und das Bereitstellen schädigender Materialien für die Kinder.

Psychodynamik und Symptomatik der Kinder

Analog der elterlichen Projektionen, die das Böse schlechthin im anderen sehen und in sich selbst nur das Gute wahrnehmen, identifizieren sich die Kinder mit dem „guten Elternteil“ und lehnen den „bösen Elternteil“ ab. Der mit dessen Auszug erlebte Verlust eines Elternteils löst tiefe Verlassenheitsängste aus, nun auch noch den anderen zu verlieren. Wenn dieser andere aus eigener Verletztheit und Bedürftigkeit das Kind als Tröster und Verbündeten braucht, findet eine „Parentifizierung“ statt, in der das Kind zum omnipotenten Beschützer seiner Mutter oder seines Vaters wird – auch vor dem anderen Elternteil. Aggressiv ausgetragenen Elternkonflikten stehen Kinder hilflos und ohnmächtig gegenüber. Durch die Identifikation mit dem Aggressor glauben sie, sich vor dessen unberechenbaren Angriffen schützen zu können und nicht selbst zur Zielscheibe zu werden. Kinder empfinden und spüren Emotionen, die in der Luft liegen und werden quasi davon angesteckt – sie agieren ihren Zorn und Ärger aus, ohne zu wissen, warum. Diese übertragenen Emotionen können erlaubtermaßen ausgelebt werden und dienen so auch der Spannungsabfuhr für aufgestaute Gefühle von Trauer, Wut und Zorn über die Streitereien der Eltern und den Zusammenbruch ihrer Kinderwelt.
PAS-Kinder zeigen eine typische Symptomatik. Je nach Anzahl der Symptome, deren Stärke und Ausprägung unterscheidet man schwache, mittlere und starke Kategorien mit unterschiedlichen therapeutischen und rechtlichen Interventionsmöglichkeiten und -erfordernissen.

1. Zurückweisungs- und Herabsetzungskampagne mit fast vollständigem Ausblenden früherer schöner gemeinsamer Erlebnisse. Der abgelehnte Elternteil wird als böse und gefährlich eingestuft, ihm wird „alles zugetraut“. „Die Mama gibt mir nichts Gesundes zu essen.“ Auf Nachfrage können die Vorwürfe nicht präzisiert werden und es kommt ein: „Das ist so, ich weiß das.“
2. Absurde Rationalisierungen werden herangezogen, um die Ablehnung zu begründen. Alltägliche oder triviale Ereignisse werden negativ umgedeutet: „Der Papa sollte aber nicht zur Einschulung kommen. Ich wollte das nicht und ich will ihn nie wieder sehen.“
3. Alle menschlichen Beziehungen sind ambivalent, Eltern-Kind-Beziehungen machen da keine Ausnahme. Bei PAS-Kindern ist jedoch ein Elternteil nur gut, der andere nur schlecht. Auf die Frage „Was findest du an deiner Mama besonders gut und was findest du nicht so gut an ihr?“, kommt nur eine lange Litanei ihrer negativen Eigenschaften und Verhaltensweisen. Alles Gute liegt beim Vater. Dieses Fehlen von Ambivalenz blendet auch alle schönen Erinnerungen aus.
4. Bei Familienanhörungen fällt eine fast reflexartige Parteinahme der Kinder für den Koalitionselternteil auf. Ohne Zögern und ohne jeden Zweifel wird er verteidigt und der andere angegriffen: „Ich weiß, der Papa ist ein Lügner, er lügt immer.“
5. Die Ablehnung und die Feindseligkeiten werden auf die erweiterte Familie und den Freundeskreis des zurückgewiesenen Elternteils ausgedehnt und mit den gleichen absurden Begründungen erklärt wie oben. „Die Oma ist alt und blöd, die Tante ist geizig. Sie hat mir nur ein einziges Kleid geschenkt. Ich mag sie alle nicht mehr sehen.“
6. PAS-Kinder verteidigen jede ihrer Aussagen schon im Vorschulalter mit dem Hinweis auf ihre „eigene Meinung“. Dieses Phänomen spiegelt die Erleichterung des programmierenden Elternteils darüber, dass die Kinder „sich trauen, zu sagen, was sie wirklich denken“. Dabei geht es hier um die Diskrepanz der wahrgenommenen widersprüchlichen Botschaften: Geh nicht – Geh doch!, die den Kindern das Vertrauen in die eigene Wahrnehmung zerstört. Die Macht der nonverbalen Kommunikation, der sie zum Opfer fallen, können sie nicht durchschauen.
7. Die hemmungslose Ablehnung und Verunglimpfung eines Elternteils hindert PAS-Kinder nicht daran, unangemessene Forderungen zu stellen nach Geld und Geschenken und dies als ihr gutes Recht zu sehen. Dies geschieht in völliger Abwesenheit von Schuldgefühlen, von Dankbarkeitsbezeugungen gar nicht zu reden.
8. Die Aussagen von PAS-Kindern spiegeln häufig in Wortwahl und Geschichten so genannte „geborgte Szenarien“, deren tiefere Bedeutung

sie nicht kennen. „Hör auf mit deinen Belästigungen, Papa!“ ist für eine Vierjährige eine erstaunliche Forderung, es stellt sich bei Nachfragen schnell heraus, dass sie keine Ahnung hat, wovon sie redet.

Eine schwache Entfremdung liegt vor, wenn das Kind in Anwesenheit beider Eltern auch gegen spürbare Widerstände des betreuenden Elternteils sagen kann, dass es zum außerhalb lebenden Elternteil zwar wenig, aber doch Kontakt haben will.
Eine mittlere Ausprägung liegt dann vor, wenn das Kind in Anwesenheit des betreuenden Elternteils seine Kontaktwünsche nicht mehr aussprechen kann, wohl aber in dessen Abwesenheit.
Eine hohe Entfremdung zeigt sich in der Weigerung des Kindes, zum außerhalb lebenden Elternteil den Kontakt zu halten und dies zu äußern, unabhängig davon ob einer oder beide Eltern anwesend sind.

Welche Hinweise gibt es, die frühzeitig eine alarmierende Tendenz zur Entfremdung der Kinder vom anderen Elternteil signalisieren?

1. Manipulierende Eltern denken und sprechen es auch aus: Kinder brauchen im Allgemeinen schon beide Eltern – aber das gilt nicht in unserem speziellen Fall, nicht diesen Vater/diese Mutter. „Wenn es nach mir geht, dann sieht der das Kind nicht mehr“ wird kaum jemals angemessen „gewertet und gewichtet“.
2. Sie ertragen es nicht, wenn das Kind sich auf den anderen freut, sie reagieren mit Angst, mit Traurigkeit, mit Enttäuschung, Wut und Zorn auf die Zuneigung des „Partners Kind“ zum anderen, obwohl dieser andere ihnen doch so viel angetan hat?
3. Versuche, das Kind unmerklich dem anderen Elternteil zu entfremden sind attraktive Konkurrenzangebote an den Umgangstagen, eine Häufung von Erkältungen (hier spielen Gefälligkeitsgutachten von Kinderärzten eine maßgebliche Rolle) und (Kindergeburtstags-)Einladungen, sodass es nicht gehen kann. Positive Verstärkung (Zuwendung, Lob, Geschenke) erhält das Kind, wenn es negative Botschaften vom anderen mitbringt: wenn es erzählt, beim Vater ist das Essen nicht gut, der Freund von der Mama ist doof. Negative Verstärkung kommt daher im Gewand von Desinteresse „das geht mich nichts an, wenn du mit deiner Mutter im Kino warst“, von Zurückweisung und Liebesentzug: „Lass mich, ich mag jetzt nicht mit dir zusammensitzen.“ Damit wächst die Angst des Kindes, den betreuenden Elternteil auch zu verlieren.
4. Gerichtliche Anordnungen werden, wenn überhaupt eingehalten, dann minutiös kontrolliert, statt zu erfühlen, was ein Kind braucht: Es wird

auf die Minute genau darauf geachtet, wann es abgeholt und zurückgebracht wird, es wird wortlos an der Tür, vor dem Haus, auf dem Parkplatz übergeben wie ein Postpaket. Die Kinder laufen vom Auto alleine bis zum Haus, weil der „Gegner" das Grundstück nicht betreten darf.

5. Die verbale Botschaft „Du musst jetzt zu deinem Vater/deiner Mutter gehen" wird aufgehoben durch die non-verbale Botschaft: „Wenn du mich liebst, dann gehst du nicht." Der manipulierende Elternteil läuft vorher unruhig und mit Tränen in den Augen herum und schließt das Kind erleichtert in die Arme, wenn es (entgegen allen Erwartungen) heil zurückkommt. Während des Umgangs ruft der manipulierende Elternteil ständig „dort" an, um zu sehen, ob alles in Ordnung ist. Durch diesen Telefonterror gerät das Kind in eine unlösbare Lage: es soll dem Anrufer vermitteln, dass es ihm zwar gut geht, es sich aber nicht wirklich gut fühlt, aber der anwesende Elternteil darf davon nichts merken.
6. Auch diese Manipulationen dienen dazu, sich und anderen (häufig mit Erfolg) einzureden, das Kind brauche seine Ruhe vor dem Vater/der Mutter, obwohl mittlerweile bekannt ist und dies auch viele manipulierende Eltern noch erkennen können, dass es Ruhe braucht vor dem Elternstreit. Eine vergleichbare Argumentation ist die Angst vor dem Vater, wo es sich bei dem Kind um die Angst vor dem Verlust des Vaters handelt.
7. Obwohl beide Eltern wissen können, wenn sie noch einen minimalen Zugang zu den Bedürfnissen ihrer Kinder haben, dass jedes Kind von seinen Eltern geliebt werden und sie beide lieben will – wird damit argumentiert: „Das Kind darf von mir aus zum anderen, es will aber nicht." Nichts wird im ganzen Prozess bereitwilliger respektiert als dieser Kindeswille.
8. Großeltern, Tanten, Onkel und Freunde des anderen Elternteils sind plötzlich auch kein Umgang mehr für das Kind, es verliert zur Hälfte seiner Familie jeden Kontakt und wird angehalten, daran aktiv mitzuwirken. Ein Kind, das nicht bereit ist, seiner bettlägerigen Großmutter ein Photo zu schicken, hat eine Lektion in menschenverachtendem Verhalten gelernt, die Grundlage sein kann für antisoziales Verhalten auf seinem weiteren Lebensweg.
9. Die unabgesprochene Inanspruchnahme des neuen Namensrechts kann einen wichtigen Hinweis darauf geben, dass der Name des Vaters samt seiner Person eliminiert werden soll.
10. Fehlende Photos vom anderen Elternteil allein oder bei Aktivitäten mit dem Kind in seinem Kinderzimmer oder im Kinderalbum zeugen von dem Bestreben, den „Aus-den-Augen-aus-dem-Sinn"-Prozess zu

beschleunigen. Ebenso wie die nachfolgenden Punkte dient diese „Säuberung" dazu, den anderen vollständig aus dem Leben und aus den (positiven) Erinnerungen der Kinder zu eliminieren.

11. Ein Elternteil wird von Familienfeiern, wie Einschulung, Schulabschlussfeier, Konfirmation, Kommunion, Großelterngeburtstage etc. seit der Trennung prinzipiell ausgeschlossen. Auf diese Weise wird ihm und den erweiterten Familien signalisiert, dass er nicht mehr dazu gehört.
12. Dem abgelehnten Elternteil wird der Zugang zu Informationen über die schulische Entwicklung verwehrt, ebenso zu Informationen über die Gesundheit der Kinder und ihr Befinden während eines stationären Aufenthalts in einer Klinik. Drastischer kann die elterliche Wertlosigkeit dem nichtbetreuenden Elternteil kaum demonstriert werden: selbst wenn sein Kind im Sterben läge, hätte er keinen Zugang zu ihm.

Den Kindern wird die eigene Version der Ehe- und Trennungsgeschichte verbal und non-verbal, direkt und indirekt, bewusst und unbewusst vermittelt: „Er/sie hat **uns** verlassen, **uns** belogen, **uns** betrogen – **wir** wollen nichts mehr mit ihm/ihr zu tun haben." Sie verstehen die Botschaft und nehmen den Auftrag an, sich die Gefühle von Enttäuschung, Wut, Misstrauen, Rache und Ablehnung zu Eigen zu machen, die ihnen vorgelebt und vorgelitten werden.
Die lebensfeindliche, entwicklungshemmende Koalition mit dem einen Elternteil gegen den anderen wirkt bei denjenigen Kindern am schnellsten und am nachhaltigsten, die spüren, dass ihnen die Liebe und Zuwendung des betreuenden Elternteils nur so lange sicher ist, wie sie dessen Abneigung gegen den anderen Elternteil übernehmen. Damit hat die **Parentifizierung** ihren Lauf genommen, der Rollentausch, bei dem sich die Kinder ganz auf die Bedürfnisse des betreuenden Elternteils konzentrieren, diese zur Gänze übernehmen und ihre eigenen Wünsche verdrängen. Sie haben die Aufgabe, den schwachen, depressiven und/oder aggressiven Elternteil zu schützen, sie stellen sich ganz auf seine Bedürfnisse ein, reagieren übersensibel auf Störungen und trauen sich nicht, ihn zu verlassen. Es stellt sich häufig **ein Gefühl von Omnipotenz** ein, denn das Wohl des betreuenden Elternteils liegt jetzt in der Hand des „Bündnispartners Kind". Dieses Hochgefühl geht jedoch mit einem **Gefühl tiefer Einsamkeit und Überforderung** einher, das in die kindliche Depression und bis zur Suizidalität führen kann.

Was können betroffene Eltern tun?

Gerade der zurückgewiesene Elternteil, der als lieblos und verantwortungslos gezeichnet wird, wird dem Kind seine gleichbleibende Zuneigung und Liebe versichern: „Ich bin für dich da, wenn du mich brauchst.“ Es ist für die Wahrnehmung des Kindes wichtig, verzerrt dargestellte Ereignisse richtig zu stellen: „Ich habe dich am Montag angerufen, aber ich konnte dich zwischen 18 und 20 Uhr nicht erreichen, der Anrufbeantworter war eingestellt. Ich habe fünfmal draufgesprochen.“ Wenn allerdings hinzugefügt wird: „Deine Mutter hat wieder dafür gesorgt, dass wir uns nicht sprechen können“, dann verfällt der Elternteil in die gleiche Strategie und das Kind steht wieder mittendrin im Kampfgeschehen. Die unspektakuläre Richtigstellung reicht aus. Respektloses Verhalten sollte nicht aus Angst hingenommen werden, das Kind ganz zu verlieren, sondern es sollten ruhig und sicher Grenzen gesetzt und gegenseitige Achtung eingefordert werden. „Ich beschimpfe dich nicht und ich möchte auch nicht, dass du so mit mir sprichst.“ Tolerierte Respektlosigkeit vertieft die aufgebaute Missachtung des Kindes eher, ebenso wie unangebrachte Strenge. Bedrängen der Kinder führt eher zu einer unheilvollen Spirale verstärkter Ablehnung. Verständnisvolle Angebote lassen mehr Möglichkeiten offen: Ich weiß, du kannst (nicht: du willst!) jetzt nicht, ich warte bis zum nächsten Wochenende auf dich und freue mich, wenn wir dann zusammen etwas unternehmen können.

Wichtig ist, die Kinder selbst einzubeziehen und sie nach ihren eigenen Bedürfnissen zu fragen: Was kann ich tun, damit wir zusammen Spaß haben können? … damit du Lust hast, mit mir etwas zu unternehmen? Was brauchst du von mir?

Älteren Kindern kann vermittelt werden, dass sie eigene Rechte haben und dass es für sie die Möglichkeit gibt, sich bei Beratungsstellen darüber zu informieren. Eltern, die entschlossen sind, den Kontakt zu ihren Kindern nicht aufzugeben, sollten dies den Kindern klar und deutlich sagen: „Ich liebe dich, ich bin dein Vater/deine Mutter. Es ist mir wichtig, für dich da zu sein und dich aufwachsen zu sehen. Das ist mein Recht und meine Pflicht und beides lasse ich mir nicht so einfach nehmen. Auch wenn du das jetzt noch nicht verstehst.“

Für vorpubertäre Kinder und Jugendliche ist es schmerzlich und unerträglich, von einem Elternteil immer wieder zu hören, alles, was sie sagen, käme vom anderen Elternteil. Bei Befragungen ist ihrem Autonomiestreben daher unbedingt Rechnung zu tragen, sonst wird die „eigene Meinung“ mit Klauen und Zähnen verteidigt und der darunter liegende Konflikt bleibt unberührt.

In den krassen Fällen, in denen Kinder über Jahre hinweg bis ins Jugend-

lichenalter den Umgang mit dem nichtbetreuenden Elternteil mit Unterstützung des betreuenden Elternteils auf aggressive, respektlose und feindliche Art verweigern, bleibt dem abgelehnten Elternteil nicht viel mehr als abzuwarten. Abzuwarten auf die Zeit, wenn ihre erwachsen gewordenen Kinder beginnen, aus der Distanz zum betreuenden Elternteil dessen Verhalten zu hinterfragen und zu durchschauen.
Zum Abschluss möchte ich die Rolle des Lehrers in dieser Problematik betonen. Ein Lehrer, zumal ein Klassenlehrer, kann einfühlsam die Nöte von Scheidungskindern erkennen und den Kindern unaufdringlich anbieten, ihnen zuzuhören, wenn sie das wollen. Den Eltern gegenüber kann er informieren über die Bedürfnisse von Kindern, besonders Eltern gegenüber, die den anderen abwerten und aus der Schule ausgrenzen wollen. Die gemeinsame elterliche Sorge nach dem neuen Kindschaftsrecht besagt, dass in Fragen der Ausbildung und schulischen Erziehung beide Eltern gleichermaßen verantwortlich sind. Ein Schritt in die richtige Richtung wäre es daher, dass der Klassenlehrer veranlasst, alle Schulinformationen über Veranstaltungen, Feste, Klassenabende, Elternsprechtage etc. jeweils an beide Eltern zu verschicken und auch beide Eltern in Probleme einzubeziehen, die ihre Kinder in der Schule haben.

Wilfrid von Boch-Galhau:

2.3. Trennung und Scheidung im Hinblick auf die Kinder und die Auswirkungen auf das Erwachsenenleben, unter besonderer Berücksichtigung des Parental Alienation Syndrome (PAS) (psychotherapeutischer Aspekt)

I. Einführung

In meiner Praxis habe ich einen kleinen Anteil von psychiatrischen Patienten, der überwiegende Teil der Arbeit ist tiefenpsychologisch orientierte Kurz- und Langzeittherapie mit Einzelnen, vorwiegend konfliktzentriert, lösungsorientiert und niederfrequent. Es kommen überwiegend Patienten/Patientinnen mit Störungen aus dem Formenkreis der Angst- und Depressionserkrankungen unterschiedlicher Genese, Menschen mit Abhängigkeitsproblemen, Essstörungen und psychosomatischen Krankheiten.
Auffällig ist die Zunahme narzisstischer Störungen mit teilweise massiven Selbstwert-, Identitäts- und Beziehungsproblemen als Hintergrund der Schwierigkeiten. In den letzten drei bis vier Jahren vermehrt auch Patienten in Trennungs- und Scheidungssituationen, besonders Eltern, Mütter wie Väter, überwiegend allerdings Väter, mit Umgangsschwierigkeiten. Teilweise ist dabei die Beziehung zu den Kindern seit Monaten oder gar Jahren aus verschiedensten Gründen abgebrochen und die Patienten kommen in einer schweren, nicht selten in einer suizidalen Krise.
Kontakt- und Beziehungsabbruch zwischen Kindern und einem Elternteil nach Trennung/Scheidung sind sowohl für die betroffenen Kinder als auch für die Eltern traumatisch (vgl. Kodjoe 2000, S. 641 f.; vgl. auch van der Kolk/McFarlane/Weisaeth 2000, S. 477 ff.; vgl. auch Gardner 1998, S. 441).
Durch das Urteil des Europäischen Gerichtshofs für Menschenrechte im Fall Elsholz ./. Bundesrepublik Deutschland (13. Juli 2000 – 25725/94) rückte diese Tatsache erneut ins öffentliche Bewusstsein.
Mich interessieren dabei zunehmend Art, Wirkung und Folgen von Interventionen oder Nicht-Interventionen der scheidungsbeteiligten Professionen, wie Familiengerichte, Jugendämter, Gutachter, Beratungsstellen, Ärzte, besonders Kinderärzte und Kinderpsychiater, da hier oft entscheidende Weichen für den weiteren Lebensweg sowohl der Kinder als auch der Eltern gestellt werden (vgl. hierzu auch Bäuerle/Pawlowski 1996).
Vor einigen Jahren stieß ich bewusster auf das Syndrom der induzierten Elternentfremdung, unter dem englischen Begriff *Parental Alienation Syndrome (PAS)* inzwischen bekannt. Das Standardwerk zu PAS ist das 1992 in 1. Auflage, 1998 in 2. Auflage erschienene Buch von Richard Gard-

ner, Professor für Kinderpsychiatrie und Psychoanalytiker an der Columbia Universität in New York: „The Parental Alienation Syndrome, a guide for mental health and legal professionals". In Deutschland wurde PAS erstmals 1995 von W. Klenner (vgl. Klenner 1995) erwähnt und 1998 ausführlich von U. Kodjoe/P. Koeppel beschrieben (vgl. Kodjoe/Koeppel 1998). Seitdem wird das Syndrom in verschiedenen wissenschaftlichen und nichtwissenschaftlichen Publikationen – teils widersprüchlich – besprochen (vgl. z. B. Salzgeber 1999; vgl. Lehmkuhl/Lehmkuhl 1999). In der tschechischen Republik fand die PAS-Thematik seit 1996 Eingang in die wissenschaftliche Fachliteratur (vgl. Bakalar 1998). Im kanadischen und amerikanischen Scheidungsrecht ist PAS inzwischen ein justitiabler Tatbestand.
In der letzten Ausgabe des offiziellen Kommentars zum BGB „Palandt" wird der Begriff Parental Alienation Syndrom erstmals erwähnt (vgl. Palandt 1999, S. 1732).
In den USA sind weitere Informationen zu PAS, zu Reintegrationskonzepten und zu sonstigen praktischen Hilfsmöglichkeiten über folgende Kontaktadressen zu erhalten:

1. Creative Therapeutics, Inc., PO Box 522, Cresskill, NJ 07626-0522, Phone 001 800 544-6162. Webside: www.rgardner.com/refs

2. The Rachel Foundation PO Box 368, Damascus, MD 20872. Phone 001202 320-0848. Webside: www.rachelfoundation.org

II. Entwicklungen und Befunde hinsichtlich Trennung und Scheidung in Bezug auf die Kinder

Immer mehr Menschen trennen sich aus Partnerbeziehungen und lassen sich scheiden. Dieser Trend scheint für westliche Industrieländer unaufhaltsam zu sein. In Deutschland und Frankreich (vgl. Urman/Thébault 2001, S. 2) wird etwa jede dritte der heute geschlossenen Ehen durch Scheidung wieder aufgelöst, in den Großstädten, bei uns und in den USA sowie Skandinavien etwa jede zweite Ehe (vgl. Napp-Peters 1995).
Nach Angaben des Statistischen Bundesamtes steigt die Zahl der Ehescheidungen kontinuierlich und erreichte im Jahr 1996 mit 152 800 Fällen (+ 3,3 % gegenüber 1995) im früheren Bundesgebiet einschließlich Berlin den höchsten Anteil an den gesamten Eheauflösungen in der Nachkriegszeit. In den neuen Bundesländern wurden 1996 rund 22 800 Ehen geschieden (+ 5,9 % gegenüber dem Vorjahr). 148 800 minderjährige Kinder waren 1996 von der Ehescheidung ihrer Eltern betroffen. Das ist die höchste Zahl seit Mitte der achtziger Jahre. In einer 1997 im Rahmen der Schuleignungs-

untersuchung in Düsseldorf durchgeführten Studie betrug der Anteil der in Ein-Eltern-Familien aufwachsenden Kinder innerhalb eines Jahrgangs ca. 17 %. In Deutschland wuchsen 1996 ca. 1,8 Mill. Kinder in Ein-Eltern-Familien (in ca. 85 % der Fälle bei den Müttern) auf (vgl. Franz et al. 1999, S. 261).
Das ist ein unglaublicher Befund und ein enormes Potential an Leid für die betroffenen Familien und zwar meist für beide Partner, den, der geht, den, der verlassen wird, und besonders für die betroffenen Kinder. Mir scheint, dass sich hier ein gefährliches Pulverfass hinsichtlich der Entwicklung des Einzelnen und der gesamten Gesellschaft zusammenbraut.
Laut einer Arbeit von W. Fthenakis (1992) – zu ähnlichen Ergebnissen kommt Frau Napp-Peters (1995) – gelingt es etwa zwei Jahre nach der Scheidung der Eltern einem großen Teil der betroffenen Kinder, die neue Situation einigermaßen zu integrieren und eine normale psychische Entwicklung einzuleiten. Dennoch muss etwa ein Drittel der Kinder mittel- und langfristig eine erhebliche Beeinträchtigung der Entwicklung in Kauf nehmen. Die Forschungsergebnisse, vor allem aus dem anglo-amerikanischen, aber auch deutschen Sprachraum weisen auf langfristige negative Auswirkungen von Trennung und Scheidung auf die kindliche Entwicklung hin.

Diese bestehen:

a) in einem erhöhten Risiko psychischer und psychosomatischer Erkrankungen (Kalter 1977; Kalter/Rembar 1981; Zill 1983; Hetherington 1991; Gardner 1978; Wallerstein/Kelly 1980; Napp-Peters 1995; Franz et al. 1999);
b) in späteren Beziehungs- und Partnerschaftsproblemen (Wallerstein/Kelly 1980; Anderson/Anderson 1981; Kalter et al. 1985; Slater et al. 1983). Dabei weisen die Ergebnisse von Hetherington (1972), Fthenakis (1988) und Franz et al. (1999) noch einmal speziell auf negative Auswirkungen von früher Vaterabwesenheit sowohl bei Jungen als auch bei Mädchen hin. Das bezieht sich vor allem auf Probleme im Rollen-, Identitäts- und Selbstkonzept sowie im Bindungs- und Beziehungsverhalten;
c) in erhöhten delinquenten Verhaltensweisen (Wallerstein/Kelly 1980; Wallerstein, 1985; Hetherington 1972; Kalter et al. 1985; Fthenakis 1988);
d) in einem erhöhten Suizidrisiko (Tousignant et al. 1993; Adam et al. 1973; Bron et al. 1991).

Die mit der Scheidung verbundenen Erfahrungen wirken sich bei Kindern verschiedener Altersstufen unterschiedlich aus. Dabei ist der Verlust von Familienbeziehungen nicht nur die gravierendste Folge der Scheidung, son-

dern kurz- und langfristig auch die häufigste Ursache für scheidungsbedingte Entwicklungs- und Persönlichkeitsstörungen bei Kindern (vgl. auch Figdor 1998).
In der repräsentativen Langzeitstudie mit 150 Scheidungsfamilien über 12 Jahre von A. Napp-Peters zeigte sich in Übereinstimmung mit dem Tenor der oben genannten amerikanischen Arbeiten, dass bei Kindern, die den Kontakt zum getrennt lebenden Elternteil nach der Scheidung verloren hatten, Verhaltensauffälligkeiten und psychosoziale Störungen am ausgeprägtesten waren. Die Kinder dagegen, deren Eltern es gelungen war, auch nach der Trennung ihre Elternrolle weiter gemeinsam oder in Absprache miteinander wahrzunehmen, hatten die wenigsten Schwierigkeiten sich auf die veränderte Familiensituation einzustellen.
Jungen und Mädchen reagieren entsprechend dieser Studie zunächst unterschiedlich auf die veränderte Familiensituation. Während in einer ersten Erhebung von Frau Napp-Peters vor allem Jungen nicht nur stärker, sondern auch anhaltender mit Problemverhalten reagierten als Mädchen, wiesen in einer zweiten Erhebung nach zwölf Jahren vor allem junge Frauen vermehrt psychische Störungen mit Identitäts-, Selbstwert-, Beziehungsproblemen und psychosomatischen Störungen auf (Napp-Peters 1995). Das entspricht auch den Ergebnissen von W. Fthenakis in seiner Arbeit „Kindliche Reaktionen auf Trennung und Scheidung" (1992, S. 29 ff.).
Der speziellen Frage von **früher Vaterentbehrung** für die psychische Gesundheit im späteren Leben ging eine repräsentative Studie von M. Franz et al. in der Klinik für Psychosomatische Medizin und Psychotherapie der Universität Düsseldorf nach (Franz et al. 1999). Diese Studie untersucht den Verlauf und die Ursachen von psychosomatischen Erkrankungen wie Angsterkrankungen, Depressionen, Selbstwert- und Beziehungsstörungen an 301 repräsentativ ausgewählten Menschen über 11 Jahre hinweg. Es wurden insbesondere auch Menschen aus den Jahrgängen 1935 und 1945 einbezogen. Es zeigte sich eine signifikant höhere Störungsrate bei den erwachsenen untersuchten Personen, wenn ihr Vater in den ersten sechs Lebensjahren länger abwesend war. Etwa 50 bis 70 % der untersuchten Männer und Frauen litten noch als Erwachsene unter erheblichen Problemen, wenn sie ohne Vater aufwuchsen. Diese Erkenntnisse werden durch Ergebnisse einer Mannheimer Studie über 11 Jahre zu Epidemiologie und Langzeitverlauf psychogener Erkrankungen gestützt (vgl. Franz 2000).
Untersuchungen von Bron et al. (1991) an der psychiatrischen Universitätsklinik Göttingen an 328 Patienten über 45 Jahre, die bis zum 15. Lebensjahr ihren Vater durch Trennung und Scheidung verloren hatten, ergaben eine signifikant erhöhte Suizidtendenz.

In seinem jüngsten Buch „Das Drama der Vaterentbehrung" (1999) geht der bekannte Psychotherapeut Horst Petri eindrucksvoll auf die schwerwiegenden Folgen und Auswirkungen von Vaterlosigkeit für die Betroffenen und das gesamte gesellschaftliche Gefüge ein.
Aus diesen und ähnlichen Erkenntnissen der jüngeren Scheidungs- und Bindungsforschung, die heute als gesichert angesehen werden können, leiten sich für die Praxis vier wesentliche Konsequenzen ab, wie sie sich schließlich auch im neuen Kindschaftsreformgesetz vom 1. Juli 1998, in einigen OLG-Entscheidungen und jüngst auch im o. g. Urteil des Europäischen Gerichtshofes für Menschenrechte (Elsholz ./. BRD) niederschlagen (vgl. auch Liermann 2000).

Nämlich:

- Das Familienleben zwischen Eltern und ihren Kindern findet von der Bindungs- und Beziehungsebene her mit der Scheidung nicht sein Ende. Haben Eltern und Kind einmal als Familie zusammengelebt, genießt die gegenseitige Beziehung den besonderen Schutz des Familienlebens aus Art. 8 der Europäischen Menschenrechtskonvention (vgl. EMRK i. d. Sache Elsholz ./. BRD, Urteil vom 13. Juli 2000 – 25725/94; vgl. auch Wittinger 1999, S. 72 ff.).
- Der Erhalt bzw. gegebenenfalls die Wiederherstellung der Beziehung und die Respektierung der gewachsenen Bindung eines Kindes zu beiden Eltern und Verwandten ist für eine gesunde Entwicklung bedeutsam.
- Zum Wohl des Kindes gehört in der Regel der Umgang (d. h. die Möglichkeit Beziehung zu leben) mit beiden Eltern und mit Personen, mit denen das Kind Bindungen besitzt (vgl. § 1626 Abs. 3 BGB), und:
- Das Kind hat das Recht auf Umgang mit jedem Elternteil. Beide Eltern sind zum Umgang *berechtigt und verpflichtet* (vgl. § 1684 Abs.1 BGB).

Der Beziehungs- und Bindungserhalt gilt heute als ein wesentliches Kriterium für das „Kindeswohl". Es gibt mehrere OLG-Entscheidungen (z. B. OLG München 1991, OLG Frankfurt [Main] 1992, OLG Celle 1993, OLG Frankfurt [Main] 1998, OLG Nürnberg 1998; OLG Köln 1998, OLG Frankfurt/M. 2000), die die Bindungstoleranz, d. h. die Respektierung der gewachsenen Beziehungen und Bindungen des Kindes an beide Eltern und die Bereitschaft, den Umgang zum anderen Elternteil aufrecht zu erhalten, zum wesentlichen Kriterium für die Einschätzung der Erziehungsfähigkeit und der Sorgerechtszuteilung machen (s. dazu auch Weisbrodt 2000).
Auch die neuen Schweizer Scheidungsgesetze ab 1. Januar 2000 verpflich-

ten beide Eltern die Beziehung zum Kind nach Trennung und Scheidung aufrecht zu erhalten (vgl. Metzger 1999).
Das französische Scheidungsgesetz verfolgt auf diesem Hintergrund die Nichtherausgabe eines Kindes mit Mitteln des Strafrechts (Art. 357, Code pénal).
In einigen amerikanischen Staaten (z. B. Kalifornien und Pennsylvania) werden bei Nichtherausgabe eines Kindes bzw. Umgangsvereitelung hohe Geld- oder Haftstrafen verhängt (vgl. Gardner 1998, S. 445).
Man kann sagen: Das Kind ist – bei ansonsten ähnlichen Voraussetzungen beider Eltern – bei dem Elternteil am besten aufgehoben, der die Beziehung zum jeweils anderen respektiert und aktiv fördert (vgl. auch Fischer 1997, S. 240).

III. Warum sind beide Eltern für das Kind so wichtig?

Vater und Mutter, mit ihren je unterschiedlichen Geschlechterrollen, Genen, Persönlichkeitsanteilen, mit ihren Begabungen und Schwächen, repräsentieren sich von der Verschmelzung von Ei- und Samenzelle an im gemeinsamen Kind. Das Kind trägt die Anteile beider sozusagen in sich. Das Selbst (Wesen) des Kindes bekommt seine Struktur und Substanz – ich möchte sagen seine „Essenz" – von beiden Eltern. Zu diesen Fragen sind die Ergebnisse der Adoptionsforschung auch sehr interessant (vgl. Ebertz 1987; Schütt-Baeschlin 1992; Berna 1999).
Früher galt die Zweierbeziehung *(Dyade)* zwischen Mutter und Kind als vorrangig, heute weiß man aus der pränatalen und Säuglingsforschung, dass das Kind von der Zeugung an ein Pol in der Dreiecksbeziehung *(Triade)* ist. Die Väterforschung hat die Bedeutung des Vaters für die Entwicklung des Kindes nachgewiesen (vgl. Fthenakis 1988, Bd. I und II; Fthenakis 1999).
Schon während der Schwangerschaft, also intrauterin, nimmt das Kind (z. B. über Regungen der Mutter oder über die Stimme des Vaters) seinen Vater wahr und erlebt sich im Zusammenspiel zwischen Vater und Mutter. Im ersten Lebensjahr hat die Mutter-Kind-Symbiose eine besondere Intensität und Funktion. Das Kind ist zu Beginn seines Lebens in besonderer Weise auf eine liebevolle, nährende, Sicherheit gebende, bestätigende Beziehung zu seiner Mutter angewiesen. Ein Verlust wäre sehr bedrohlich (vgl. Winnicott 1990; Dührssen/Lieberz 1999). Die Mutter vermag diese Funktion umso besser auszufüllen, je sicherer und eingespielter sie sie im Kontakt mit dem Vater erlebt. Ab dem zweiten und besonders ab dem dritten und vierten Lebensjahr beginnt sich – so ist sozusagen der natürliche Verlauf – das Kind von der Mutter weg zu entwickeln, sich zu lösen – und

dazu braucht es den Vater. Für Individuation, Ablösung und Autonomie braucht es wesentlich den Vater (Mahler et al. 1989; Petri 1999; Dolto 1996). Wo dieser – aus welchen Gründen auch immer – fehlt, bleibt das Kind sehr häufig innerlich und äußerlich an der Mutter buchstäblich „hängen" – mit den entsprechenden Folgen für seine Persönlichkeitsentwicklung. Ungelöste Symbiose-Komplexe spielen bei vielen psychischen Krankheitsbildern im Erwachsenenalter eine erhebliche Rolle, z. B. Angstneurosen, Süchte, Ess-Störungen, Psychosomatosen (vgl. u. a. Mentzos 1998). Bei einer Exklusivität der Zweierbeziehung zwischen Kind – Mutter bzw. Kind – Vater lernt das Kind nicht ausreichend den Umgang mit dem „**Dreieck**" zwischen ihm, Vater und Mutter. In einer späteren eigenen Ehe, z. B. wenn eigene Kinder kommen, zieht der/die Erwachsene sich dann häufig aus der Eltern- oder aus der Partnerrolle zurück, überlässt das Kind dem anderen oder verfällt selbst in eine Art „Kindrolle", was zu schweren Partnerkonflikten führen kann. Zu wenig Erfahrung im „Dreieck" (Mutter – Vater – Kind) kann auch zu Problemen in der späteren **Beziehungsgestaltung** in Gruppen führen (z. B. symbiotische Beziehungsmuster, zu enge oder zu distanzierte Beziehungsgestaltung, Isolation).
Auch für die **Identitätsbildung** brauchen Jungen und Mädchen Erfahrungen mit Mutter **und** Vater. Das Mädchen lernt bei der Mutter, wie es Frau, der Junge vom Vater, wie er Mann wird. Unsicherheit in der Geschlechtsrollenentwicklung, weil einer der beiden Eltern fehlte, kann später zu Problemen im Umgang mit dem eigenen und mit dem anderen Geschlecht führen (vgl. Fischer 1999).
Zusammenfassend lässt sich sagen: Mädchen **und** Jungen brauchen die interessierte und liebevolle Zuwendung und das Vorbild von **Mutter und Vater,** um eine männliche bzw. weibliche Identität, ein gesundes Selbstkonzept/Selbstwertgefühl und ein stabiles Beziehungs- und Bindungsverhalten entwickeln zu können (vgl. Mahler et al. 1989; Winnicott 1990).
Beim Verlust eines Elternteils wird das Selbst, die Struktur und der Kern eines Kindes tiefgreifend erschüttert. Das Kind fühlt sich wie zerbrochen. Es erlebt den Verlust eines Elternteils als gegen sich gerichtet: „Ich bin schuld" oder „Ich bin es nicht wert, dass Mama/Papa bleibt." Wird – wie beim PA-Syndrom – der Beziehungsverlust aktiv durch die Programmierung durch einen Elternteil verursacht, besetzt das Kind einen Teil von sich negativ, eine Seite seines Wesens wird psychisch buchstäblich amputiert, mit entsprechend schweren Folgen für die Persönlichkeitsentwicklung und besonders hinsichtlich der Langzeitperspektive.
Der Verlust der Beziehung ist verbunden mit einem unglaublichen Schmerz des Kindes, der sich ganz unterschiedlich äußern kann (z. B. Verhaltensauffälligkeiten, Depressionen, Ängste, psychosomatische Symp-

tome u.a.). Häufig werden diese Signale vom Umfeld nicht registriert oder richtig erfasst und eine angemessene Hilfestellung unterbleibt. Um die Situation irgendwie aushalten zu können, wird der Schmerz vom Kind verdrängt oder abgespalten. Man merkt dann nach außen scheinbar nichts mehr. Später tauchen diese Kinder häufig mit körperlichen oder psychischen Symptomen und Verhaltensproblemen oder als Erwachsene mit gravierenden psychischen und/oder psychosomatischen Problemen in psychiatrischen und psychotherapeutischen Praxen und Kliniken auf.
Als besonders gefährdet müssen Kinder gelten, die nach außen ein scheinbar völlig unauffälliges Verhalten zeigen. Sie passen sich an, sind verstummt und „weinen nach innen", ohne ihre Not noch äußern zu können, sodass sie auch nicht mehr gehört werden. Hierzu lohnt sich die Lektüre des Buches von H. Figdor, Wiener Kinderpsychoanalytiker, „Kinder aus geschiedenen Ehen: Zwischen Trauma und Hoffnung", Mainz [3]1992.
In der Praxis bedeutet das natürlich eine enorme Herausforderung für Trennungspaare. In einer Situation, in der die verschiedensten Gefühle (Wut, Angst, Ärger, Kränkung, Rachegefühle) mobilisiert sind, soll ihnen die *Trennung von Paar- und Elternebene* gelingen. Und genau das ist zu leisten, wenn man das Wohl des oder der gemeinsamen Kinder und nicht eigennützige Motive – so verständlich diese auch sein mögen – im Auge haben will. Mein Ex-Mann, meine Ex-Frau mögen mir als Partner noch so zuwider sein, als Vater oder Mutter für das Kind – aus der Sicht des Kindes – sind sie in ihrer ganzen Unterschiedlichkeit einmalig und unersetzbar. Das Kind braucht beide und will in der Tiefe seines Herzens beide auch nach der Trennung als Paar lieben und die gewachsene Bindung zu ihnen aufrecht erhalten dürfen.
Normalerweise ist jede Mutter und jeder Vater mit den natürlichen Fähigkeiten ausgestattet – manchmal vielleicht mehr oder weniger entwicklungsbedürftig –, um seinem Kind Mutter oder Vater sein zu können. Das kann durch keinen anderen (z.B. Zweitpartner) ersetzt werden. Durch Trennung/Scheidung verändert Familie zwar ihre Gestalt – man zieht z.B. räumlich auseinander –, von der gewachsenen Beziehungsebene her – und dies besonders in Bezug auf das Kind – bleibt sie dennoch – wenn auch verändert – erhalten (vgl. Krähenbühl et al. 1991 und Keyserlingk 1994).

Für eine grundlegende Darstellung dieser Zusammenhänge verweise ich auf das umfangreiche Lehrbuch von Thure von Uexküll: „Psychosomatische Medizin" ([5]1996) und auf das exzellente Buch von Francoise Dolto: „Scheidung, Wie ein Kind sie erlebt" ([2]1996). Die 1988 verstorbene französische Kinderanalytikerin und Kinderpsychotherapeutin verfügte aus mehr als 40 Jahren Praxis mit Scheidungskindern und Scheidungsfamilien über herausragende Erkenntnisse und Erfahrungen, die weltweit Beachtung fanden.

IV. Was passiert beim PAS-Syndrom?

(vgl. hierzu auch Boch-Galhau 1999; und Boch-Galhau/Madert 1999)

PAS heißt soviel wie „Eltern-Kind-Entfremdungssyndrom“ oder „Eltern-Feindbild-Syndrom“, das durch Manipulation oder Programmierung durch einen oder auch beide Elternteile erzeugt wird. PAS bedeutet einen Zustand von unbegründeter, kompromissloser Zuwendung eines Kindes zu einem, dem „guten, geliebten Elternteil“, mit dem es zusammenlebt und ebenso kompromissloser, feindseliger Abwendung vom anderen, dem angeblich „bösen und verhassten“ Elternteil, mit dem es nicht mehr zusammenlebt; dies im Kontext von Umgangs- und Sorgerechtskonflikten der Eltern bei Trennung und Scheidung. Wichtige Mittel dabei sind Kontaktunterbrechung und Abwertung des außerhalb lebenden Elternteils.
Die „internationale statistische Klassifikation der Krankheiten und verwandter Gesundheitsprobleme“ (ICD 10/1994) erfasst das Phänomen „Entfremdung“ bei „Familienzerrüttung durch Trennung oder Scheidung“ unter der Diagnoseziffer Z 63.5. Laut Pamela Stuart, ehemalige Leiterin der PAS-Research Foundation in Washington, ähnelt der psychologische Prozess der Entfremdung bei PAS dem in Sektensystemen oder auch bei Geiselnahmen, bekannt als „Stockholmsyndrom“. Das Opfer identifiziert sich aus Angst und Abhängigkeit derart radikal mit dem Aggressor, dass es jeden Einfluss und Hilfe von außen zurückweisen kann. Bekanntes Beispiel in jüngster Zeit war die Situation des kubanischen Flüchtlingsjungen Elian Gonzales (vgl. Erklärung der PAS-Research-Foundation zum Fall Elian Gonzales, 27. April 2000).
Natürlich gibt es auch andere Ursachen für Umgangs- und Kontaktverweigerungen eines Kindes nach Trennung und Scheidung. Diese müssen im Einzelnen sehr genau untersucht, identifiziert und behandelt werden. **Hierbei sprechen wir dann nicht von PAS.**
Bei PAS setzt der entfremdende Elternteil das Kind unter Missbrauch seiner meist uneingeschränkten Einfluss- und Verfügungsmacht – bewusst oder unbewusst – einer gezielten Beeinflussung aus (bei Gardner 1998, S. 73 ff. als „Brainwashing – Gehirnwäsche“ bezeichnet), die vom anderen Elternteil ein unzutreffend negatives, realitätsverzerrtes Bild und eine Minderachtung erzeugt. Dies hat deutlich missbräuchliche Qualität und schwerwiegende psychische Folgen für das Kind und für den entfremdeten

Elternteil und dessen Angehörige (vgl. Kodjoe 2000).[1] Bei Kritikern des PAS-Konzeptes wird diese Tatsache nicht ausreichend berücksichtigt.
Mangels noch nicht entwickelter Differenzierungsfähigkeit kann sich das Kind nur an Extremen orientieren. So ruft die mit dem negativen Fremdbild einhergehende Einstellung einen psychodynamischen Prozess hervor, der schließlich keines weiteren Anstoßes mehr bedarf und sozusagen zum „Selbstläufer" wird. Das Kind leistet schließlich seinen eigenen Beitrag dazu, indem es sich mit einer solchen Abscheu vom entfremdeten Elternteil abwendet, dass es ohne Zutun von außen jeden Kontakt mit ihm zurückweist. Es lehnt den außerhalb lebenden Elternteil aufgrund von Gehörtem, Übernommenem, nicht von Erfahrenem ab. Das lässt sich bei Befragungen deutlich erkennen. In PAS-Familien wird sehr schnell auf den Willen des Kindes verwiesen. Nicht was es braucht, ist wichtig, sondern was es will. Ein drei- oder fünfjähriges Kind zum Beispiel soll in solchen Familien entscheiden, ob es den Vater oder die Mutter besuchen will oder nicht. Abgelehnt werden dabei ganz normale, oft sehr kompetente Eltern, die ihre Kinder lieben und von diesen geliebt werden bzw. wurden, also nicht etwa vernachlässigende, misshandelnde oder gar missbrauchende Eltern.
Auf die negativen Folgen von mangelnder elterlicher Führung und von unangemessener Verantwortungsverschiebung (Parentifizierung) der Eltern auf das Kind weist die bekannte Kinderpsychologin J. Prekop in ihrem Buch: „Der kleine Tyrann – Welchen Halt brauchen Kinder?" (^{3}1999) hin.
Zusammengefasst bewirken beim PAS drei wesentliche Faktoren die aggressive Zurückweisung eines Elternteils und die Übernahme der ablehnenden Gefühle des betreuenden Elternteils durch das Kind (vgl. Kodjoe/Koeppel 1998):

- Die teils bewusste, teils unbewusste Manipulation und Programmierung des Kindes durch den Elternteil, mit dem es ständig zusammenlebt, mit dem Ziel, die Liebe des Kindes zum anderen Elternteil zu zerstören und diesen aus dem Leben des Kindes auszugrenzen.
  Das Kind gerät in einen schweren Loyalitätskonflikt und schlägt sich aus Abhängigkeit auf die Seite des Elternteils, mit dem es zusammenlebt und auf den es angewiesen ist. („Wes' Brot ich ess, des' Lied ich sing.") Der andere wird gefühlsmäßig abgespalten.
- Vor dem Hintergrund von meist erheblich realitätsverzerrten Negativdarstellungen und Abwertungen des außerhalb lebenden durch den be-

1 In einer amerikanischen Studie mit 700 PAS-Familien über 12 Jahre wurde der Prozess der Programmierung mit seinen Hintergründen, Motiven, Techniken detailliert untersucht, beschrieben und Hinweise für notwendige Interventionen gegeben (vgl. Clawar/Rivlin 1991).

treuenden Elternteil übernimmt das Kind dessen Darstellungen und seine negativen Gefühle, macht sie zu seinen eigenen und entwickelt daraus manchmal sogar eigene Geschichten und Szenarien, die noch über die Darstellung des manipulierenden Elternteils hinausschießen. Häufig werden Dinge ausgesagt, die nachweislich gar nicht stattgefunden haben.

- Äußere Lebensbedingungen, finanzielle Möglichkeiten, Wegziehen in eine andere Stadt oder ins Ausland, systematische Entfremdung durch Umgangsvereitelung, Verstärkung bei der Programmierung durch Angehörige können schließlich die Eltern-Kind-Entfremdung unterstützen und das Feinbild-Syndrom beim Kind fixieren.

Es kommt zu einer stabilen Koalition zwischen Kind und ständigem Elternteil, sodass dieser schließlich gar nicht mehr aktiv zu sein braucht. Teilweise nimmt die Ablehnung die Form von Ritualen an, wie es sehr gut in dem oben genannten Artikel von W. Klenner (1995) beschrieben wird.

Vielen ist die Entwicklung mehr oder weniger intensiv und schmerzlich bekannt. Betroffen sind Frauen **und** Männer – überwiegend allerdings Männer/Väter (vgl. Gardner 1998, S. 127 f.; vgl. Clawar/Rivlin 1991, S. 170). Das hängt u. a. mit der überwiegenden Sorgerechtsübertragung auf Frauen/Mütter zusammen, bei denen das Kind dann auch meistens lebt. Mir sind aber auch schlimme Fälle von Programmierung durch Väter bekannt, wenn diese das Kind überwiegend betreuen.

Zunächst funktioniert nach einer Trennung der Umgang relativ gut. Plötzlich treten mehr oder weniger intensive Umgangsstörungen auf. Das Kind ist an den Umgangswochenenden öfters krank, kann oder will aus irgendeinem Grund nicht, immer mehr Termine fallen aus und werden nicht nachgeholt. Die Argumente lauten: „Das Kind soll zur Ruhe kommen", „Das Kind kann jederzeit gehen, aber es *will* nicht und man kann es nicht zwingen." (Anmerkung: Wer würde denn etwa einem schulschwänzenden oder schulphobischen Kind ohne entsprechende Hilfsmaßnahmen erlauben, einfach zu Hause zu bleiben? Vgl. Warshak 2000, S. 235). Das Kind kommt äußerlich und scheinbar – möglicherweise – „zur Ruhe". Was im Kind durch den Beziehungsabbruch aber tatsächlich geschieht, haben J. Bowlby (1961), R. Spitz (1965), J. Robertson/J. Robertson (1979) untersucht und als die Phasen der **Auflehnung, der Verzweiflung und der Verleugnung/Loslösung** beschrieben. Die Loslösung ist eine Form der Resignation i. S. einer reaktiven Depression, die wiederum zum Formenkreis der langfristig wirkenden Entwicklungs-, Bindungs- und Beziehungsstörung im Sinne einer **„psychischen Deprivation"** im Kindesalter gehört (vgl. Klenner 1995,

S. 1531; Endres/Moisl 1998, S. 11 ff.). In der Pädiatrie (z. B. Eltern-Kind-Einheiten, Rooming in) gehört das der Vergangenheit an, in Familienrechtsverfahren leider noch nicht.
Teilweise wird schließlich auch vor dem ungerechtfertigten Vorwurf des sexuellen Missbrauchs nicht zurückgeschreckt, um den Umgang sicher zu beenden. Im Zusammenhang mit Sorge- und Umgangsrechtsstreitigkeiten bestätigt sich der Verdacht des sexuellen Missbrauchs in mehr als 90 % nicht (vgl. Schade 1995, S. 36).
Die fatalen Schäden, die ein solcher Vorwurf beim Kind – und natürlich auch beim fälschlich Beschuldigten – zur Folge hat, werden meist nicht bedacht, manchmal aber auch einkalkuliert. (Vgl. die erschütternden Berichte von Thomas Alteck: „Missbrauch des Missbrauchs, ein Vater wehrt sich gegen den Verdacht der sexuellen Kindesmisshandlung“ und Bernd Herbort: „Bis zur letzten Instanz“ 1996.)

Anmerkung: Ich kann auf die Themen „Realer sexueller Missbrauch“, „Missbrauch des Missbrauchs“ als Strategie oder als Pathologie, „unzutreffender Missbrauchsvorwurf bei PAS“ und differentialdiagnostische Überlegungen hier nicht näher eingehen. Ich möchte hierzu auf das Kapitel 9 bei Gardner (^{2}1998) „Differentiating between the parental alienation syndrome and bona fide abuse/neglect“, seinen Artikel mit gleichem Thema in American Journal of Fam. Therapy 27, Nr. 2 (1999), S. 97–107 und auf ein französisches Buch von P. Bensussan „Inceste le piège du soupçon“ (1999) hinweisen. Wichtige differentialdiagnostische Hinweise finden sich auch in den beiden Büchern von R. A. Gardner: „Protocols for the sex-abuse evaluation“ (1995) und „Psychotherapie with sex-abuse victims, true, false, hysterical“ (1996).
In jedem Fall schreitet die Entfremdung zwischen Kind und nichtbetreuendem Elternteil fort, die Beziehung ist gefährdet und bricht schließlich ab. U. J. Jopt vergleicht diese Situation für das Kind mit einem „Supergau“ (vgl. den Vortrag „Jugendschutz und Trennungsberatung“, gehalten am 12. November 1997 auf einer Fortbildungsveranstaltung des Landesjugendamtes Rheinland-Pfalz in Mainz).
Statistische Untersuchungen weisen nach, dass etwa 50 % der bundesdeutschen Väter bereits ein Jahr nach der Scheidung keinen Kontakt mehr zu ihren Kindern haben (vgl. Napp-Peters 1985). Ein fataler Befund für Eltern und Kinder, hinter dem leidvolle Schicksale und häufig seelische Katastrophen stehen. Die Gründe für diesen Befund können sehr verschieden sein. Die PAS-Problematik spielt jedoch eine große Rolle. Die Folgen der Traumatisierung reichen beim Kind bis weit ins Erwachsenenalter hinein (vgl. hierzu auch Clawar/Rivlin 1998; Fischer/Riedesser 1998; Gardner

[2]1998; Gardner 2001; Kok, van der/McFarlane/Weisaeth 2000, z. B. S. 287 ff.) und auch der betroffene Elternteil leidet oft lebenslang (vgl. Kodjoe 2000, S. 641 f.; Kolk, van der/McFarlane/Weisaeth 2000, z. B. S. 294 ff.).

V. Woran erkennt man PAS-geschädigte Kinder?

Professor Gardner beschreibt acht hauptsächliche Manifestationen, die auf PAS hinweisen. Diese können in Stärke und Ausprägung variieren. Nicht jedes Kind zeigt – vor allem bei der leichten Form – alle angeführten Symptome. Es wird zwischen

- **leichter,**
- **mäßiger und**
- **schwerer Form**

des PAS unterschieden, was für die Art der notwendigen rechtlichen und psychologischen Interventionen von Bedeutung ist.
(Vgl. Gardner [2]1998, S. 119–125; Kodjoe/Koeppel 1998; Leitner/Schoeler 1998.)

1. Zurückweisungs- und Verunglimpfungskampagne

Frühere, schöne Erlebnisse mit dem abgelehnten Elternteil werden fast vollständig ausgeblendet. Der abgelehnte Elternteil wird ohne große Verlegenheit und Schuldgefühle abgewertet, als böse und gefährlich beschrieben, sozusagen zur „Unperson" gemacht. Die Kinder geraten bei ihren Schilderungen in eine große innere Anspannung und können bei näherem Befragen meist nichts konkretisieren. Sie sagen dann oft: „Es ist so, ich weiß es."

2. Absurde Rationalisierungen

Die Kinder produzieren für ihre feindselige Haltung irrationale und absurde Rechtfertigungen, die in keinem realen Zusammenhang mit tatsächlichen Erfahrungen stehen. Alltägliche Ereignisse werden zur Begründung herangezogen. „Er hat oft so laut geredet" oder „Sie hat mich nicht warm genug angezogen", „Sie will immer, dass wir sagen, wozu wir Lust haben" u. Ä.

3. Fehlen von normaler Ambivalenz

Beziehungen zwischen Menschen sind immer ambivalent. An einem Menschen gefällt mir dieses, jenes aber nicht. Bei PAS-Kindern ist ein Elternteil nur gut, der andere nur böse. Unrealistischerweise wird der eine nur weiß,

der andere nur schwarz gezeichnet. Dieses Phänomen nennen wir **Spaltung** des für die Identität eines Menschen so prägenden „Person-Schemas" bzw. „Inneren Bildes" von Vater und Mutter (Objektrepräsentanzen) (vgl. Fischer/Riedesser 1998, S. 256).
Die Spaltung ist für PAS besonders typisch und muss den Befragenden hellhörig machen. Als Abwehrmechanismus spielt sie bei der späteren Borderline-Persönlichkeitsstörung, einer schweren psychischen Beeinträchtigung im Erwachsenenalter, eine charakteristische Rolle (vgl. Kernberg 1978; Kernberg et al. 1998; Kernberg/Dulz/Sachsse 2000; Rohde-Dachser 1989; Dulz/Schneider [2]1999), weshalb ich an dieser Stelle auf dieses Phänomen besonders hinweisen möchte.

4. Reflexartige Parteinahme für den programmierenden Elternteil

Bei Familienanhörungen wird reflexartig, ohne Zögern und ohne jeden Zweifel für den betreuenden Elternteil Partei ergriffen, oft noch bevor dieser überhaupt etwas gesagt hat. Auch hier können die Vorwürfe auf entsprechendes Nachfragen oft nicht konkretisiert werden.

5. Ausweitung der Feindseligkeit auf die gesamte Familie und das Umfeld des zurückgewiesenen Elternteils

Großeltern, Freunde und Verwandte des außerhalb lebenden Elternteils, zu denen das Kind bisher eine warme und herzliche Beziehung unterhielt, werden plötzlich ohne plausiblen Anlass ebenso feindselig abgelehnt wie der außerhalb lebende Elternteil selbst. Dies wird mit ähnlich absurden und verzerrten Begründungen gerechtfertigt. Das Kind befindet sich dabei häufig in einer tiefen inneren Spannung und Zerrissenheit.

6. Das Phänomen der „eigenen Meinung"

In PAS-Familien wird der „eigene Wille" und die „eigene Meinung" vom betreuenden Elternteil besonders hervorgehoben. PAS-Kinder wissen schon mit drei oder vier Jahren, dass alles, was sie sagen, ihre eigene Meinung ist. Die programmierenden Eltern zeigen sich besonders stolz darauf, wie unabhängig und mutig ihre Kinder sich trauen zu sagen, was sie denken. Oft werden die Kinder aufgefordert, auf jeden Fall „die Wahrheit" zu sagen. Die erwartete Antwort kommt dann auch mit Sicherheit, denn kein Kind kann die Enttäuschung des betreuenden Elternteils riskieren, von dem es ja abhängig ist.
An diesem Punkt zeigt die Programmierung ihre fatalen Folgen: Die Kinder haben verlernt, ihrer eigenen Wahrnehmung zu trauen und sie zu

benennen. Die doppelten, widersprüchlichen Botschaften (double-bind messages), die sie erhalten, können sie nicht erkennen und nicht auflösen: „Geh mit deinem Vater/Mutter (verbal), aber wehe du gehst“ (nonverbal). – Das macht verrückt.

7. Abwesenheit von Schuldgefühlen über die Grausamkeit gegenüber dem entfremdeten Elternteil

Die betroffenen PAS-Kinder haben keine Schuldgefühle, sie unterstellen, der abgelehnte Elternteil sei gefühlskalt, leide nicht unter dem Kontaktverlust zu seinem Kind und es geschehe ihm nur recht, keinen Kontakt mehr zu haben. Gleichzeitig werden finanzielle Forderungen und Ansprüche ohne Skrupel angemeldet, die Kinder empfinden dies „als ihr gutes Recht“. Dankbarkeit zeigen sie nicht.

8. Übernahme „geborgter Szenarien“

PAS-Kinder schildern teilweise groteske Szenarien und Vorwürfe, die sie von den betreuenden Erwachsenen gehört und übernommen, aber nicht mit dem anderen Elternteil selbst erlebt und erfahren haben. Meist genügt die Nachfrage „Was meinst du damit?“, um festzustellen, dass das Kind gar nicht weiß, wovon es spricht. Einem Vater wurde anlässlich eines Schwimmbadbesuches z. B. – unzutreffenderweise – vorgeworfen, er hätte das Kind fast ertrinken lassen – also ein völlig unverantwortlicher und ungeeigneter Vater zu sein.

VI. Welche Folgen hat die Programmierung/Manipulation für die Persönlichkeitsentwicklung des betroffenen Kindes

Nach Gardner (^{2}1998, S. 441) ist die Erzeugung von PAS als „emotionaler Missbrauch“ anzusehen und in seinen destruktiven – möglicherweise lebenslangen – Auswirkungen auf die Persönlichkeit des Kindes ebenso gravierend wie ein sexueller Missbrauch einzuschätzen (vgl. auch Jopt 1999). Auch andere Fachleute bezeichnen die Erzeugung von PAS durch Programmierung/Manipulation als „emotionale/psychische Kindsmisshandlung“ (Fischer 1998; Jopt 1998) bzw. als „narzisstischen Kindsmissbrauch“ (Heyne 1996; Dulz/Schneider ^{2}1999, S. 55 ff.).
Der ICD 10 (1994) erfasst den „psychischen Missbrauch“ unter der Diagnoseziffer T 74.3. Rechtlich gesehen ist PAS nach Meinung von U. Kodjoe/P. Koeppel (1998) als psychische Kindswohlgefährdung durch miss-

bräuchliche Ausübung der elterlichen Sorge unter Ausnutzung des Abhängigkeitsverhältnisses des Kindes im Sinne des § 1666 BGB einzuordnen (vgl. dazu auch OLG Frankfurt/M. 6WF168/00 vom 26. Oktober 2000).
Aus den Erfahrungen in meiner psychiatrisch-psychotherapeutischen Praxis kann ich das nur bestätigen. Der Gefährdungsgrad des Kindes wird m. E. erheblich unterschätzt, wenn z. B. als Problemlösung auch noch ein Umgangsausschluss des entfremdeten und eine Übertragung der Alleinsorge auf den entfremdenden Elternteil entschieden wird.
PAS führt zu einer systematischen Verwirrung des Kindes in der Selbst- und Fremdwahrnehmung und zu einer tiefen Selbstentfremdung. Das PAS-Kind verlernt, den eigenen Gefühlen und der eigenen Wahrnehmung zu trauen. Es ist auf Gedeih und Verderb auf das Wohlwollen des programmierenden und fremdbestimmenden Elternteils angewiesen. Es verliert das Gefühl für die Realität und für seine eigene Kontur. Die eigene Identität wird zutiefst verunsichert, verwaschen und brüchig. Negative Selbsteinschätzung, Selbstwertmangel und tiefe Unsicherheit sind die Folge. In der Begegnung mit einem solchen Menschen hat man oft das Gefühl eines „chamäleonhaften Verhaltens“. Er sagt „ja“, wenn er „nein“ meint.
Unter dem starken Anpassungs- und Loyalitätsdruck lernt das Kind, sich den Erwartungen anderer anzupassen; eine klare Individualität und Autonomie kann sich nicht entwickeln. Es kommt zu schweren, oft kaum noch auflösbaren Persönlichkeitsstörungen, zum Phänomen des „falschen Selbst“ (vgl. Winnicott 1990). Dieses finden wir z. B. bei Essstörungen, Süchten u. a. „Wer bin ich?“, „Was denke ich?“, „Was fühle ich wirklich?“ Das bleibt für die Betroffenen oft lebenslang eine quälende Frage und Unsicherheit. Solche Persönlichkeiten sind später oft auch anfällig für radikale Ideologien, die die Welt in „schwarz“ und „weiß“ einteilen.
Im **Beziehungsverhalten** erlernt das PAS-Kind Muster in den Extremitäten von Unterwerfung und Herrschaft. (Nach oben buckeln, nach unten treten.) Da es seine Erfahrung ist, dass sowohl Liebe als auch Bindung zum Zweck der Kontrolle und Manipulation missbraucht werden können, wird später Intimität und Nähe oft nur schwer zugelassen, aus Angst vor erneuter identitätsvernichtender Vereinnahmung. Schwierigkeiten bei der Gestaltung angemessener Nähe und Distanz in Beziehungen sind die Folgen.
Im Ergebnis und je nach Ausprägungsgrad von PAS ist die Persönlichkeit des Kindes mindestens schwer geschädigt, schlimmstenfalls vernichtet. Ungelöste Symbiose-Komplexe, wie sie bei PAS vorliegen, sind der Kern der sog. „Ich-Krankheiten“, deren Spektrum von psychiatrischen Krankheiten, über das Borderline-Syndrom, Depressionen, Angsterkrankungen, sexuellen Störungen und Deviationen, bis hin zu Sucht- und psychosomatischen Erkrankungen reichen kann. In weniger gravierenden Fällen sind die

offensichtlichen Folgen eher unauffällig, bedeuten dennoch eine erhebliche Beeinträchtigung der Lebensqualität der Betroffenen (vgl. Uexküll 1996; Mentzos 1998; Redlich/Freedman 1976; Dulz/Schneider [2]1999).
Das Selbst und der Kern des betroffenen Kindes wird durch die fremdbestimmte, aktive Zurückweisung, Negierung und Negativbesetzung eines ursprünglich geliebten Elternteils noch tiefer geschädigt als durch den eigentlichen Verlust an sich (wie z. B. beim Tod). Beides – massive Schuldgefühle und der Elternanteil an der eigenen Person – müssen massiv verdrängt bzw. abgespalten, d. h. bildlich gesprochen „amputiert“ werden. Die **Ablösung** sowohl vom idealisierten, betreuenden Elternteil als auch vom abgewerteten zweiten Elternteil in der Pubertät wird dadurch erschwert bis unmöglich gemacht. Auch hieraus können sich weitere langfristige Entwicklungsprobleme ergeben.

Anmerkung: Zur Vertiefung der aufgezeigten Problematik verweise ich auf die Arbeiten von Kernberg (1978), Rohde-Dachser (1989), Dulz/Schneider ([2]1999), Fischer/Riedesser (1998); Kernberg et al. (Hrsg. 1998); Kernberg/Dulz/Sachsse (2000).
Der psychische/emotionale bzw. narzisstische Missbrauch ist deshalb oft so schwer zu identifizieren, weil er ja nicht mit einer Schädigungsabsicht, sondern im Gewande der Liebe daherkommt. Mit seinen fatalen und langfristigen Auswirkungen ist er aber – wie andere Formen des Missbrauchs auch – keinesfalls zu tolerieren. Die Kinder müssen davor geschützt werden. Bei der Einschätzung des angeblichen Kindeswillens ist genau hinzuschauen, ob das Gesagte dem tatsächlichen Kindeswillen entspricht oder auf Manipulationen zurückgeht, und ob Handlungen, z. B. Umgangs- und Kontaktunterbindung, für das Kind tatsächlich erforderlich und förderlich oder im höchsten Maße schädlich sind.
Im Allgemeinen sind Erhalt bzw. Wiederherstellung gewachsener Beziehungen zu Vater und Mutter ein zentraler Aspekt des „Kindswohls“ und die sog. „Bindungstoleranz“ ein wesentliches Kriterium für die Zuordnung des Sorgerechts (vgl. z. B. Urteile Nr. 544 des OLG Celle 19UF 208/93 vom 25. Oktober 1993, des OLG Frankfurt/M. 6UF 18/98 vom 18. Mai 1998 und 6WF 168/00 vom 26. Oktober 2000, OLG Hamm 8UF 339/00 vom 19. März 2001).

VII. Beziehungsdynamik und psychodynamische Hintergründe bei PAS

1. Bei programmierenden Eltern

Wie jede Lebenskrise, so rührt auch die Scheidung unbewältigte Gefühle (Angst, Wut, Trauer, Bedrohung) und Themen aus der eigenen Biografie des Betroffenen (z. B. traumatische Kindheitserlebnisse) auf. Durch die Schmer-

zen der Trennungserlebnisse werden diese alten Gefühle mobilisiert und addieren sich zu den aktuellen Gefühlen. Das erklärt die Intensität und manchmal Irrationalität des emotionalen Erlebens und Verhaltens eines oder beider Partner. Alte Verletzungen, die mit dem eigentlichen Partner gar nichts zu tun haben, werden auf diesen projiziert und die aktuellen Probleme an ihm/ihr festgemacht (vgl. auch Reich 1994; Warshak 2000).
Bei programmierenden Eltern ist eine konstruktive Verarbeitung der schmerzlichen Trennungserfahrung, der Trauer, der Verlust- und Verlassenheitsängste, der enttäuschten Hoffnungen und unerfüllten Erwartungen nicht ausreichend gelungen. Die neuen Chancen für das eigene Leben durch die veränderte Situation können nicht angemessen gesehen und konstruktiv angegangen werden im Sinne einer Neuorganisation der Familienbeziehungen. Der Ex-Partner/die Ex-Partnerin bleibt der Bösewicht, der an allem Unglück schuld ist. Eigene Anteile können kaum gesehen werden.
Eltern, die ihre Kinder gegen den anderen programmieren, handeln oft aus einer panischen Angst heraus, nach dem Partner auch noch das Kind zu verlieren. Oder aus Rachegefühlen, um den anderen zu treffen oder zu quälen. Sie bilden mit dem Kind eine enge Koalition, zu der niemand Zugang hat: „Wir gegen den Rest der Welt.“ Daraus resultiert eine pathogene Angstbindung, in der das Kind sozusagen unentrinnbar gefangen ist. Manchmal kann eine solche Angstbindung paranoide Züge tragen im Sinne einer „folie à deux“, eine psychiatrisch relevante Situation.

Anmerkung: Auf die Problematik „**Kinder psychisch kranker Eltern**“ kann ich hier nicht näher eingehen. Im Zusammenhang mit PAS halte ich jedoch Forschungen zu diesem Thema für angezeigt. Ich möchte auf den Übersichtsaufsatz von Mattejat/Wüthrich/Remschmidt (2000) hinweisen.
Manche unberechtigte Vorwürfe eines sexuellen Missbrauchs müssen meines Erachtens in diesem Licht gesehen werden. Der programmierende Elternteil glaubt in solchen Situationen – allerdings in grober Selbstüberschätzung – das Kind gegen den anderen schützen zu müssen. Letztlich wird das abhängige Kind jedoch, sozusagen zum eigenen Schutz, vereinnahmt und instrumentalisiert. Das mag aus der Sicht des betroffenen Elternteils in gewisser Hinsicht manchmal verständlich sein, für das betroffene Kind ist es fatal.

2. Bei den programmierten Kindern

Bis etwa zum 10. Lebensjahr können Kinder nicht zwischen eigener Wahrnehmung, eigenen Phantasien und Geschichten, die ihnen jemand erzählt, zuverlässig unterscheiden. Der Entwicklungsprozess der Realitätsprüfung wird nachhaltig gestört, wenn die Diskrepanzen zwischen dem, was das

Kind wahrnimmt und dem, was ihm erzählt wird, nicht bemerkt und aufgelöst werden können. Erfundene Gefahren und unwahre Behauptungen über den anderen Elternteil zerstören das Vertrauen des Kindes in seine eigene Wahrnehmung, die ganz anders ist bzw. war.
Das Kind ist gezwungen, die falsche Realität anzunehmen, um die Beziehung zum betreuenden Elternteil nicht aufs Spiel zu setzen. Durch den Kontaktabbruch muss es die Realitätsprüfung aufgeben und macht sich die verzerrten, manipulativen Geschichten des betreuenden Elternteils zu Eigen. Es kommt innerhalb des Kindes zu Abspaltungsmechanismen oder Dissoziationen, wie wir in der Psychiatrie sagen. Kinder, die in einem Klima leben, das vor Wut und Ablehnung gegen einen Elternteil nur so vibriert, übernehmen die Stimmung sehr schnell.
Aus Sicherheitsbedürfnis, Abhängigkeit, Trauer, Wut und Angst, auch den Elternteil, mit dem es zusammenlebt, noch zu verlieren, identifiziert es sich mit dem programmierenden Elternteil und schlägt sich radikal auf seine Seite. Je jünger das Kind, desto schneller vollzieht sich dieser unheilvolle Prozess. Das Kind wird dadurch zumindest vorübergehend und oberflächlich aus dem unerträglichen Loyalitätskonflikt zwischen den beiden Eltern befreit. Es zahlt dabei jedoch einen hohen Preis. „Traumatisierungen, die auf realen Ereignissen basieren, sind therapeutisch über Erinnerung und Durchleben aufzulösen. Dieser therapeutische Ansatz ist jedoch bei programmierten Traumatisierungen, die Reales mit Irrealem vermischen, wenig erfolgreich“ (Kodjoe/Koeppel 1998, S. 16; vgl. auch Fischer/Riedesser 1998; Dulz/Schneider ^{2}1999).

VIII. Welche psychologisch-therapeutischen und rechtlichen Maßnahmen sind möglich und erforderlich im Sinne des Schutzes und der Interessenvertretung des PAS-betroffenen Kindes?

Im Hinblick auf die geschilderten Zusammenhänge bei PAS ist ein frühzeitiges Erkennen und Zusammenwirken aller am Scheidungsverfahren beteiligten und für das Kindswohl zuständigen Personen und Professionen notwendig (Eltern, Familienrichter, ASD, Berater, Gutachter, Anwälte).
Unterbleibt eine rechtzeitige und angemessene Erste Hilfe – gerichtlich wie außergerichtlich – wird es immer schwieriger, die fatale Entwicklung für das PAS-betroffene Kind zu unterbrechen. Hier besteht erheblicher Nachholbedarf. Entscheidend ist, dass sich das Bewusstsein und der Blickwechsel vorwiegend vom Elternrecht verstärkt auf die Rechte und Belange des Kindes vollziehen, so wie es sich beim neuen Kindschaftsreformgesetz vom 1. Juli 1998 schon ausdrückt.

Dabei gelten zwei zentrale Gesichtspunkte:

a) Für optimale Entwicklungsbedingungen braucht ein Kind die Zuwendung, Fürsorge und Förderung durch **beide Eltern** – auch gerade nach Trennung und Scheidung als Lebenspartner.

b) Die Sicherung bzw. Wiederherstellung eines Maximums an gelebter Beziehung des Kindes zu seinen **beiden Eltern** ist die vorrangige Aufgabe der Eltern, der psychosozialen Dienste und der Familiengerichte. Die Kinder sind bei dem Elternteil am besten aufgehoben, der mit dem anderen kooperieren und ihn aktiv und verantwortungsbewusst in die Entwicklung und Erziehung des/der gemeinsamen Kinder auch nach Trennung/Scheidung einbeziehen will und kann.

1. Allgemeine Aspekte

(Ich beziehe mich dabei wesentlich auf Kodjoe/Koeppel (1998, S. 141 f.) und auf Johnston/Roseby (1997).)

a) Präventionsprogramme

Vorträge, Diskussionen in Kindergärten, Schulen und Universitäten, Fortbildungen für Eltern und alle scheidungsbeteiligten Professionen mit dem Ziel der Aufklärung und Wissensvermittlung.

b) Beratung/Therapie

für Eltern im Sorge- und Umgangsrechtsstreit. Einzel- und Familienberatung/-therapie mit Sozialarbeitern, Mediatoren und/oder Therapeuten. Hier spielt die Arbeit mit Trauer, Angst, Wut und Projektionen, die aus der je eigenen Biographie stammen, eine wichtige Rolle (vgl. Reich 1994; Kast 1994); ggf. kann die Einbeziehung kooperativer Anwälte sinnvoll sein.

Gruppeninterventionsprogramme, wie sie heute bereits an vielen Familienberatungsstellen eingesetzt werden (siehe z. B. Fthenakis 1995).

Ziele dieser Maßnahmen, die natürlich Einsicht und Kooperationsbereitschaft voraussetzen, sind Überwinden der Gegnerschaft und Sprachlosigkeit der beiden Eltern, Korrektur von realitätsverzerrten Wahrnehmungen, Wiederherstellung der Elternautonomie, Konfliktlösung bzw. Konfliktreduzierung, Erarbeiten eines gemeinsamen Elternplans, Sensibilisierung für die Bedürfnisse der gemeinsamen Kinder und ihrer Zukunftsperspektiven. Also ein Paradigmenwechsel weg von einseitigen Parteiinteressen und hin zu Elternverantwortung im Sinne der wohlverstandenen Bedürfnisse und Interessen der gemeinsamen Kinder.

c) Psychologisch-therapeutische Interventionen für hochstrittige Familien

Zunächst familiendiagnostisch orientierte Analyse, Diagnostik und Befunderhebung (vgl. z. B. Remschmidt/Mattejat 1998). Psychoedukative Schulung der Eltern und Aufklärungsarbeit über die Bedeutung beider Elternbeziehungen für das Kind, kindorientierte Elternarbeit. Modifizierte systemische Familientherapien (vgl. z. B. Gardner 1998 und 1999; vgl. auch Johnston/Roseby 1997, S. 221–314). Ambulante Hilfs- und Kriseninterventionsangebote bei systemisch arbeitenden Einrichtungen (z. B. „Kreidekreis" in München, Familienambulanz der kinder- und jugendpsychiatrischen Universitätsklinik Marburg u. a., Ehe- und Familienberatungsstellen, Mediatoren, mit PAS- und systemischen Konzepten erfahrene Therapeuten).

Ggf. stationäre Behandlung, Vorsorge- und Rehamaßnahmen unter Einbezug beider Eltern mit entwicklungs- und verhaltensauffälligen Kindern in psychosomatischen, familientherapeutisch erfahrenen Einrichtungen (nach § 23 GRG, § 40 GRG, § 1305 RVO, § 39 BSHG, §§ 5 und 6 JWG z. B. Jugendkurklinik Murnau-Hochried, psychoth. Klinik Tiefenbrunn/Göttingen u. a.). Dies kann erforderlich sein speziell bei Missbrauchs-, Gewalt-, Drogen- und Alkoholproblematik, schweren psychosomatischen Störungen und bei schwerem PAS. Hier sind auch das „Modell Norderney" von U. J. Jopt (vgl. Jopt 1999) und die Reintegrationskonzepte der „Rachel-Foundation" in USA zu nennen.

Aufgabe dieser Maßnahmen wäre bei abgebrochenem Kontakt die Kontakt- und Beziehungsanbahnung zwischen Kind und ausgegrenztem Elternteil, Herstellung von Realität, Korrektur verzerrter Fremd- und Selbstwahrnehmung von Kind und Eltern, Wiederaufbau der zerstörten Gefühlsbeziehung, Wiederherstellung einer funktionierenden Kommunikation, Beginn der Reorganisation der Familienbeziehungen, ggf. individuelle, biografisch bedingte Problembearbeitung, Prophylaxe und je nach Schweregrad Therapie für geschädigte Kinder unter Berücksichtigung von Erkenntnissen der modernen Psychotraumatologie (vgl. Fischer/Riedesser 1998; Endres/Biermann 1998; Streeck-Fischer 1998; Teegen 2000; Kolk, van der/McFarlane/Weisaeth 2000). Auf spezifische therapeutische Vorgehensweisen bei PAS-geschädigten Kindern und auf zu beachtende Prinzipien und Faktoren des therapeutischen Deprogrammierungsprozesses wird ausführlich in den Arbeiten von R. A. Gardner: „Therapeutic Interventions for Children with Parental Alienation Syndrome" (2001) und S. S. Clawar/B. V. Rivlin: „Children held hostage, dealing with programmed and brainwashed children" (1991) eingegangen. Ich verweise auf diese Literatur.

d) Psychologische Intervention auf richterliche Anordnung

Sachverständigengutachten wären zu empfehlen (nicht reine Diagnostik, sondern prozessorientiertes, kindzentriertes, schrittweises Vorgehen). Ziel ist die Wiederherstellung der Kommunikation, die Suche nach einer einvernehmlichen Lösung, Kooperation mit dem Gericht und verantwortlichen Rechtsanwälten, die das Wohl des Kindes vor Parteiinteressen im Blick haben. Rolle und Verantwortung der Rechtsanwälte halte ich für besonders bedeutsam. Evtl. kann eine Probephase sinnvoll sein. Ggf. kann nach § 50 FGG ein Sachverständiger, Verfahrens-/Umgangspfleger oder Therapeut als Umgangsbegleiter und Ansprechpartner bei auftretenden Problemen für beide Eltern und Kinder eingesetzt werden (vgl. z. B. OLG Frankfurt/M. 5WF 112/00 vom 13. Juli 2000; OLG Hamm 8UF 339/00 vom 19. März 2001). Erst nach dieser Phase Erstellung des Gutachtens mit Empfehlungen für das Gericht mit Einschätzung von Bindungstoleranz, Erziehungsfähigkeit und Kooperation bei möglichen Lösungsansätzen.

e) Weitergehende Begleitung

hochstrittiger Familien über einen längeren Zeitraum in erneut auftretenden Krisensituationen mit dem Ziel eine langfristige Befriedung, Reorganisation des veränderten Familiensystems, langfristigen Schutz der Kinder und den „Seelenfrieden“ für die beteiligten Familienmitglieder zu erreichen.

2. Spezielle Aspekte

(Ich beziehe mich hier zusammenfassend auf die Ausführungen von Gardner in seinen Büchern „The Parental Alienation Syndrome“ ²1998, „Therapeutic Interventions for Children with Parental Alienation Syndrome“ 2001 und in seinem Artikel „Family therapy of the moderate type of PAS“ [1999]. Außerdem beziehe ich mich auf die Arbeit von W. Leitner/ R. Schoeler: „Maßnahmen und Empfehlungen für das Umgangsverfahren im Blickfeld einer Differentialdiagnose bei Parental Alienation Syndrom [PAS] unterschiedlicher Ausprägung in Anlehnung an Gardner, 1992/ 1997“, in: „Der Amtsvormund“ Nov./Dez. 1998.)
In dem letztgenannten Artikel setzen sich die Autoren Leitner und Schoeler ausführlich mit den **Empfehlungen von Prof. Gardner** bei den verschiedenen Schweregraden von PAS auseinander. Rechtliche und psychologische Interventionen setzen dabei eine umfassende und detaillierte Diagnosestellung und eine flexible, interprofessionelle Zusammenarbeit voraus.

1. Bei **leichten PAS-Fällen** (die Symptome sind nicht zwangsläufig alle – und wenn – in mäßiger Ausprägung vorhanden, der Umgang funktioniert noch) wird empfohlen, die elterliche Sorge beim betreuenden Elternteil zu belassen, allerdings mit strengen, gerichtlich kontrollierten Bewährungsauflagen hinsichtlich eines angeordneten Umgangsrechtes des nicht betreuenden Elternteils. Diese strukturierenden Maßnahmen hält Gardner für ausreichend und eine Therapie noch nicht für erforderlich.
2. Bei **mäßigen PAS-Fällen** mit erheblicher Ausprägung der Symptome und bereits erheblichen Umgangs- und Übergabeproblemen (sind Kinder erst einmal beim anderen Elternteil, beruhigen sie sich sehr bald und genießen die Umgangszeit mit diesem) wird empfohlen, auf der juristischen Ebene zunächst die elterliche Sorge beim betreuenden Elternteil zu belassen und auf der psychologischen Ebene einen therapeutisch geschulten Verfahrens-/Umgangspfleger oder Therapeuten zu bestellen, der die Besuche einfädelt und begleitet und dem Gericht mitteilt, wenn der Umgang nicht funktioniert. Ggf. sind verschiedenstufige gerichtliche Sanktionen anzudrohen (z. B. Zwangsgeld, Androhung des Sorgerechtsentzugs, Arrest). Eine Anordnung und Durchsetzung des Umgangs kann das Kind dabei häufig im bestehenden Loyalitätskonflikt entlasten, da es sozusagen **gehen muss** und es nicht die Verantwortung für eine evtl. damit verbundene Kränkung des betreuenden Elternteils zu tragen hat. Gardner betont, dass ein vom Gericht eingesetzter Therapeut oder Pfleger mit dem Phänomen PAS und systemischen Sichtweisen vertraut sein sollte. Grenzen setzende, stringente, ggf. direktive Interventionen (vergleichbar mit Ansätzen in der Suchttherapie) mit Rückendeckung des Gerichtes seien unerlässlich, um spezifischen Ausweich-, Vermeidungs- und Spaltungsstrategien in PAS-Familien erfolgreich begegnen zu können. Klassische, allein auf Einsicht und Freiwilligkeit beruhende therapeutische Einzelverfahren hält Gardner bei PAS-Familien nicht für erfolgversprechend. Er weist u. a. auf die Arbeit mit Klienten aus Sektensystemen, Geiselopfern und ehemaligen Kriegsgefangenen des Korea- und Vietnamkrieges hin, die einer anhaltenden und konsequenten Indoktrination unterzogen wurden.
3. Bei **schwerem PAS** und völliger Uneinsichtigkeit des programmierenden Elternteils (nach Gardner ²1998, S. 355 etwa 5 bis 10 % der PAS-Fälle), also wenn ein endgültiger und radikaler Beziehungsabbruch droht bzw. bereits eingetreten ist, wird eine Sorgerechtsübertragung auf den nichtbetreuenden Elternteil empfohlen. Die Ergebnisse einer Verlaufsstudie von Gardner mit 99 PAS-Kindern bestätigen das in eindrücklicher Weise: „Should courts order PAS-children to visit/reside

with the alienated parent? – a Follow-up Study" (Veröffentlichung im Juli 2001 in American Journal of Forensic Psychology, 19, 3/2001). Je nach Situation kann es notwendig sein, das Kind zunächst vorübergehend in einer Übergangsörtlichkeit fremd zu platzieren (Pflegefamilie, Heim, Klinik) – je nach Verhalten des entfremdenden Elternteils. Dort erfolgt unter therapeutischer Hilfestellung ein schrittweiser Kontaktaufbau zum entfremdeten Elternteil mit dem Ziel, dass das Kind in dessen Wohnung umzieht. Wenn möglich und abhängig von der Entwicklung einer Einstellungsänderung des entfremdenden Elternteils ist dann zu versuchen, allmählich eine Umgangsregelung für diesen zu entwickeln. Falls notwendig, kann dies über den Weg supervidierter Kontakte versucht werden, wie sie heute bereits bei Problem-Vätern üblich sind. „Einen Wechsel von einem Elternteil zum anderen können Kinder in der Regel verkraften. Dem manipulierenden Verhalten eines Elternteils ausgesetzt zu bleiben, beeinträchtigt ihre Lebensqualität erheblich und das lebenslang" (vgl. Fischer 1998; auch Clawar/Rivlin 1991).

IX. Abschlussbemerkungen

Als gesellschaftliches Massenphänomen sind Trennung und Scheidung und sind vor allem die Scheidungsfolgen kein privates Problem mehr. Scheidungsfamilien sind, besonders unter dem Aspekt der aufgezeigten – teilweise traumatischen – Langzeitfolgen für die betroffenen Kinder – die nächste Generation einer Gesellschaft –, auf fachlich kompetente und sachgerechte Unterstützung angewiesen. Hier plädiere ich ggf. für eine Pflichtberatung, so wie auch eine Anwaltspflicht im Scheidungsverfahren, eine Pflichtberatung bei Schwangerschaftsabbruch oder psychologische Trainingskurse bei alkoholauffälligen Autofahrern selbstverständlich sind.
Bei der komplexen Psychodynamik des Scheidungsgeschehens ist eine gebündelte Zusammenarbeit aller am Scheidungsverfahren Beteiligten erforderlich. Also Eltern, Beratungsstellen, Sozialarbeiter, Therapeuten, psychologische Gutachter, Familienrichter und Anwälte. Was die Verfahrensbevollmächtigten angeht, sollten diese meines Erachtens in standesrechtlicher oder gesetzlicher Form dazu verpflichtet werden, in kindschaftsrechtlichen Verfahren die Interessen des Kindes (auch an einer schnellen Entscheidung) über die Interessen ihres Mandanten oder ihrer Mandantin zu stellen. Vereinzelt gibt es Anwälte, die Vertretungen für strittige Umgangsverfahren ablehnen und dadurch Eltern, die ihre Kon-

Tabelle 1 Differentialdiagnose der drei Ausprägungsformen von Parental Alienation Syndrome (PAS)

Primäre Symptomatik	Leicht	Mäßig	Schwer
Verunglimpfungs-kampagne	Minimal	Mäßig	Beträchtlich
Schwache, leichtfertige oder absurde Rationalisierungen der Verunglimpfungen	Minimal	Mäßig	Multiple absurde Rationalisierungen
Fehlende Ambivalenz	Normale Ambivalenz	Keine Ambivalenz	Keine Ambivalenz
Phänomen „eigenständiges Denken"	i. d. R. nicht vorhanden	Vorhanden	Vorhanden
Reflexartige Unterstützung des entfremdenden Elternteils in der elterlichen Auseinandersetzung	Minimal	Vorhanden	Vorhanden
Fehlende Schuldgefühle	Normales Schuldgefühl	Geringes bis kein Schuldgefühl	Kein Schuldgefühl
„entliehene Szenarien"	Minimal	Vorhanden	Vorhanden
Ausweitung der Feindseligkeit auf erweiterte Familie des entfremdeten Elternteils	Minimal	Vorhanden	Beträchtlich, oft fanatisch
Zusätzliche differentialdiagnostische Aspekte	**Leicht**	**Mäßig**	**Schwer**
Übergangsschwierigkeiten während der Besuchszeiten	i. d. R. nicht vorhanden	Mäßig	Beträchtlich, Besuch oft unmöglich
Verhalten während der Besuchszeiten	Gut	Zeitweise antagonistisch und provozierend	Keine Besuche, oder destruktives und anhaltend provozierendes Verhalten während der Besuche
Bindung zum entfremdenden Elternteil	Stark, gesund	Stark, leicht bis mäßig pathologisch	Schwer pathologisch, oft paranoide Bindung
Bindung zum entfremdeten Elternteil	Stark, gesund oder leicht pathologisch	Stark, gesund oder leicht pathologisch	Stark, gesund oder leicht pathologisch

Tabelle 1 entnommen aus: Gardner, R. A.: The Parental Alienation Syndrome. Cresskill, New Jersey ²1998.
Gardner, R. A.: Therapeutic Interventions for Children with Parental Alienation Syndrome. Cresskill, New Jersey 2001.

Tabelle 2 Differentielle Behandlung der drei Ausprägungsformen des Parental Alienation Syndroms (PAS)

	Leicht	Mäßig	Schwer
Gerichtliches Vorgehen	Elterliche Sorge verbleibt primär beim entfremdenden Elternteil.	***Plan A*** (gewöhnlich) 1. Elterliche Sorge verbleibt primär beim entfremdenden Elternteil. 2. Bestellung eines PAS-Therapeuten.* 3. Auflagen: Kaution Geldstrafe gemeinnützige Arbeiten Bewährung Hausarrest Haft ***Plan B*** (gelegentlich erforderlich) 1. Übertragung der elterlichen Sorge auf entfremdeten Elternteil. 2. Bestellung eines PAS-Therapeuten.* 3. Äußerst beschränkte und überwachte Besuche beim entfremdenden Elternteil zur Vermeidung von Indoktrination.	1. Übertragung der elterlichen Sorge auf den entfremdeten Elternteil. 2. Vom Gericht angeordnete Übergangs-Örtlichkeit.
Psychotherapeutisches Vorgehen	i. d. R. nicht erforderlich	***Pläne A und B*** Behandlung durch einen vom Gericht bestellten PAS-Therapeuten.*	Übergangs-Örtlichkeit mit Überwachung durch einen vom Gericht bestellten PAS-Therapeuten.*

Tabelle 2 entnommen aus: Gardner, R. A.: The Parental Alienation Syndrome, Cresskill, New Jersey [2]1998
Gardner, R. A.: Therapeutic Interventions for Children with Parental Alienation Syndrome, Cresskill, New Jersey 2001.

Für die freundliche Genehmigung dieser beiden Tabellen sei Prof. Dr. Gardner gedankt.

* In Deutschland sind bisher PAS-Therapeuten unbekannt, deshalb kämen m. E. mit PAS-vertraute Therapeuten, Mediatoren oder Verfahrens-/Umgangspfleger hier in Frage.

flikte auf dem Rücken der Kinder austragen, einen wichtigen Impuls geben (vgl. Metzger 1999). Das sind allerdings Ausnahmen. Allzu oft wird noch Benzin zum Löschen des Feuers benutzt und die Kinder tragen die Folgen.

Jugendämter und Familiengerichte sollten eindeutig und konsequent – ggf. unter Hinweis auf § 171 StGB (betrifft Verletzung der Fürsorge und Erziehungspflicht) – zum Schutz des Kindes intervenieren, wenn einer oder beide Elternteile das Kind gegen den anderen instrumentalisieren, die Beziehung durch Programmierung oder Umgangsvereitelung zu zerstören drohen und dadurch eine erhebliche Entwicklungsgefährdung des Kindes induzieren. Beiden Eltern muss unzweideutig verdeutlicht werden, dass solches Verhalten zum Schutz der Kinder vonseiten des staatlichen Wächters nicht toleriert wird und Konsequenzen zur Folge hat (vgl. auch OLG Frankfurt/M. 6WF 168/00 vom 26. Oktober 2000).

Wichtig scheint mir, dass Jugendämter und Gerichte zu keiner Zeit zulassen, dass der Kontakt zwischen Kind und außerhalb lebendem Elternteil einseitig und ohne zwingenden Grund unterbrochen wird. Wer in besonders schwierigen Fällen – dazu zähle ich z. B. auch eine anhaltende systematische Umgangsvereitelung und/oder eine schwere PAS-Problematik – kapituliert, handelt zum Schaden des Kindes. Denn die Traumatisierung durch den erzwungenen Verlust einer Elternbeziehung ist tiefgreifend und reicht bis weit ins Erwachsenenalter hinein.

In einem Kind durch Programmierung und Manipulation PAS zu erzeugen ist in Anbetracht der daraus resultierenden schweren Persönlichkeitsschäden kein „Kavaliersdelikt".

Im Fall von **schwerem PAS** schreibt Prof. Gardner: „Nichtstun verdammt beide – sowohl den zum Opfer gemachten Elternteil als auch das Kind – zu gegenseitiger lebenslanger Entfremdung. Es gibt absolut keinen Grund zu glauben, dass solche Kinder, wenn sie erwachsen geworden sind, erkennen werden, was mit ihnen geschehen ist und sie sich dann mit dem entfremdeten Elternteil wieder versöhnen. Selbst wenn der Versuch unternommen wird, solch eine Versöhnung herbeizuführen, ist nicht wahrscheinlich, dass er sich als erfolgreich erweist. Zu diesem Zeitpunkt ist dann die Wahnvorstellung des Kindes, der zum Opfer gemachte Elternteil sei verabscheuungswürdig, so tief in seinen Gehirnwindungen verwurzelt, dass nichts dies zu ändern vermag. Obendrein wird in den vielen Jahren, in denen es absolut keinen Kontakt miteinander gegeben hat, das Fundament auf dem Beziehungen wachsen, ausgehöhlt sein, wenn es nicht schon völlig zerstört ist." (Aus einem Brief von Prof. Gardner an die Autoren W. Leitner und R. Schoeler, abgedruckt in Leitner/Schoeler 1998, S. 862 f.)

Aus meiner Praxis kenne ich Fälle, in denen sich z. B. in der Pubertät oder nach dem 18. Lebensjahr das Blatt – teilweise radikal – gewendet hat und das Kind sich dem bis dahin abgelehnten Elternteil wieder zuwandte. Die Pubertät bringt ja bisweilen dramatische Persönlichkeitsveränderungen mit sich, die wie Metamorphosen (Raupe → Puppe → Schmetterling) anmuten. Das mag für PAS-Betroffene ein schwacher Trost sein. Ich kenne allerdings ebenfalls Beispiele, in denen bis ins fortgeschrittene Erwachsenenalter – in einigen Fällen auch zeitlebens – kein Kontakt mehr zustande kam – mit all dem Leid, das damit verbunden ist. Gardners Hinweise können also von allen Eltern und scheidungsbeteiligten Professionen nicht ernst genug genommen werden. Es geht um wesentliche Entwicklungs- und Lebensperspektiven von betroffenen Scheidungskindern, ihren Eltern und unserer Gesellschaft von morgen überhaupt.

Einige interessante Gerichtsurteile zum Thema:

BVG (1BvR602/92) vom 18. Februar 1993
OLG München vom 12. April 1991, in: FamRZ91, S. 1343 f.
OLG Frankfurt am Main (6UF125/92) vom 29. Januar 1993
OLG Celle (19UF208/93) vom 25. Oktober 1993; in: FamRZ1994, Heft 14, S. 924–926
OLG Frankfurt am Main (6UF18/98) vom 18. Mai 1998
OLG Nürnberg (10UF441/98) vom 15. Juni 1998
OLG Bamberg (7WF122/94) vom 14. März 1995; in: NJW 1995, Heft 25, S. 1684–1685
OLG Bamberg (7UF42/85); in: FamRZ 1985, Heft 11, S. 1175–1179
OLG Köln (25UF236/98) vom 6. Juli 1999; in DA 8/2000, S. 691
KG Berlin (17UF1413/99) vom 30. Mai 2000; in: FamRZ 2000, Heft 24 S. 1606 ff.
OLG Frankfurt/M. (5WF 112/00) vom 13. Juli 2000
OLG München (12WF 1140/00) vom 21. September 2000
OLG Frankfurt/M. (6WF 168/00) vom 26. Oktober 2000
OLG Hamm (8UF 339/00) vom 19. März 2001
AG Rinteln (2XV178) vom 27. April 1998
AG Laufen (002F 00475/99) vom 26. Juli 2000
EGMR Sache Elsholz ./. BRD Urteil v. 13. Juli 2000 – 25725/94, ins Deutsche übersetzt in: DA 8/2000, S. 679–689

Peter Koeppel:

2.4. PAS und das deutsche Kindschaftsrecht (juristischer Aspekt)

Ich bin Rechtsanwalt und befasse mich ausschließlich mit dem Kindschaftsrecht, genauer gesagt mit anwaltlichen Vertretungen in sorge- und umgangsrechtlichen Verfahren. Dies sowohl überregional vor deutschen Familien- und Oberlandesgerichten wie auch in Verfassungsbeschwerden sowie Menschenrechtsbeschwerden zum Europäischen Gerichtshof für Menschenrechte (EGMR) in Straßburg oder alternativ zum UNO-Menschenrechtsausschuss in Genf.

I. Was heißt PAS?

Zunächst zur Abkürzung für das in Amerika zuerst von Richard Gardner entwickelte und von ihm so benannte *Parental Alienation Syndrome.*
Nach der gemeinsam mit Ursula Kodjoe im Januar 1998 erfolgten Veröffentlichung in der Zeitschrift *Der Amtsvormund*[1] und der dadurch ausgelösten Debatte wurde PAS bereits zu einem eigenständigen Begriff in Deutschland und begann die Abkürzung PAS ein Eigenleben zu führen. Inzwischen wird leider nach meiner Beobachtung viel zu oft und von viel zu vielen betroffenen Elternteilen oder auch Rechtsanwälten[2] PAS ohne exakte Kenntnis seines Inhalts gebraucht.
Dies hat bereits dazu geführt, dass in der Rechtsprechung vielerorts die Abkürzung PAS fast schon so etwas wie verpönt ist. Während in den ersten Monaten nach der ersten Veröffentlichung vom Januar 1998 im *Amtsvormund* mehrere Gerichte daraus zitierten und ebenfalls von PAS sprachen, findet sich in jüngster Zeit sehr viel häufiger die deutsche Umschreibung ‚Eltern-Kind-Entfremdung' oder auch nur ‚Entfremdung'. Sie können hier unschwer erkennen, wohin die unsachgemäße Argumentation auf PAS durch manche Rechtsanwälte und ihre Mandanten führen kann. Ich für meinen Teil darf dazu bemerken, dass ich grundsätzlich kein Problem habe, auf das Kürzel PAS zu verzichten und statt dessen von Eltern-Kind-Entfremdung zu sprechen. Jede Inflationierung eines Begriffs, noch dazu eines missverstandenen, ist von Übel.

---

1 DAVorm 1998, Sp. 9–27

2 Der besseren Lesbarkeit wegen verwende ich im Folgenden für alle Funktionsbezeichnungen nur die männliche Form, was selbstverständlich keine Zurücksetzung der Rechtsanwältinnen, Richterinnen, Gutachterinnen, Professorinnen bedeutet, sondern diese einschließt.

PAS (nach Gardner) ist ein so genanntes psychologisches Theorem oder auch Konstrukt und beschreibt die Störung von Kindern im von Trennung betroffenen Familiensystem. PAS hat also zur Voraussetzung regelmäßig zwei im Trennungskonflikt stehende Elternteile und ein gemeinsames Kind. PAS kann aber auch vorliegen bei Konflikten zwischen leiblichen und Pflegeeltern oder zwischen Eltern und Großeltern um ein Kind.
PAS ist eine psychische Störung, die einen gewissen zeitlichen Ablauf bedingt. Seine letzte Stufe stellt – nach Gardner – die feindselige Ablehnung eines Elternteils durch das Kind mit eigenen Szenarien dar.
Die Abkürzung PAS hat in Deutschland ein Eigenleben begonnen. Es wird heute von „PAS-Eltern", „PAS-Kindern" und neudeutsch sogar von „Verpasung" gesprochen oder geschrieben. Die im Anschluss an unseren Aufsatz vom Januar 1998 entstandene Fachdiskussion wird dementsprechend als „PAS-Debatte" zwischen „PAS-Befürwortern" und „PAS-Gegnern" bezeichnet.

II. Die deutsche PAS-Debatte

Diese hat schnell eingesetzt. Sie wird äußerst rege in Fachzeitschriften geführt, deren Zielgruppen die Verfahrensbeteiligten von Sorge- und Umgangsrechtsverfahren, d. h. Familiengerichte, Jugendämter, Rechtsanwälte und Gerichtssachverständige sind. Zu nennen sind hier die juristischen Zeitschriften Kindschaftsrechtliche Praxis (KindPrax), das Zentralblatt für Jugendrecht (ZfJ), der Amtsvormund (DAVorm). An erster Stelle hätte ich die Zeitschrift für das gesamte Familienrecht (FamRZ) nennen müssen, welche sich jedoch bisher auffällig aus der PAS-Debatte heraushält.
Es versteht sich, dass die so genannten PAS-Kritiker oder auch PAS-Gegner fast ausnahmslos Autoren sind, die als Gerichtssachverständige bzw. Gutachter in Sorge-/Umgangsrechtsverfahren tätig sind.
Es fällt bei der Durchsicht der deutschsprachigen PAS-kritischen Veröffentlichungen auf, dass diese kaum ohne aggressive Formulierungen auskommen. Hierzu meine ich, dass sich solche Kritiker schon hierdurch wissenschaftlich disqualifizieren. Der sowohl als Gutachter wie auch als Privatdozent und Familientherapeut tätige Psychologe Günter Rexilius bringt dies in der Einleitung zu seinem Beitrag ‚Kindeswohl und PAS' wie folgt zum Ausdruck[3]:
„Wissenschaftliche Diskurse im englischsprachigen Umfeld zeichnen sich

3 KindPrax 1999, 149

in aller Regel durch Toleranz gegenüber denjenigen aus, die andere Auffassungen oder Positionen vertreten, durch gelassene und sachliche Reaktionen auf Kritik, die zumeist konstruktive Tendenzen aufweist und die abweichende, vielleicht kontroverse Meinung respektiert. In Deutschland scheint dem Angehörigen der *scientific community* so etwas wie ein Kriegsbeil schon in die Wiege gelegt worden zu sein, denn an die Stelle fruchtbarer Debatte und anregenden Austauschs von Gedanken oder Forschungsergebnissen tritt allzu oft eine groteske Fehde, meinungsverschiedene KollegInnen gebärden sich als GegnerInnen, die dem feindseligen Habitus mehr Gewicht geben als dem gemeinsamen Bemühen um einen beide interessierenden Gegenstand des Denkens und Handelns.
Zur Zeit erhitzt PAS einige Gemüter. Salzgeber & Stadler halten KollegInnen, die in PAS eine Möglichkeit sehen, die unterbrochenen Kontakte zwischen Eltern und Kindern in Trennungssituationen zu verstehen und wiederherzustellen, vor, dieses sog. Entfremdungs-Syndrom ‚als Allheilmittel oder psychologisch verbrämte Keule' zu betrachten, bleiben den Nachweis einer derart polemischen Einschätzung aber schuldig. Jopt hält dagegen, es sei falsch, das PAS-Syndrom als ‚alten Wein in neuen Schläuchen' zu bagatellisieren. Er zielt wohl auf seine Münchener Kollegen, die zunächst kritisch-distanziert anmerken, dass die aktuelle Diskussion um die Wahrung des Kindeswohls bei Trennung und Scheidung einem Lagerkampf gleiche, um ihn prompt mit schärferer Munition weiterzuführen, indem sie dem anderen Lager vorwerfen, dass von ihm die im Regelfall facettenreiche Gestalt von Kind-Eltern-Beziehungen einem tabubelegten Harmonisierungsdiktat im Sinne politischer/ideologischer Werthaltungen geopfert wird."[4]

Ich möchte zunächst auf einige ausgewählte Argumente der Ursula Kodjoe und mich kritisierenden Autoren eingehen:

1. Zu dem Vorwurf der Autoren Stadler und Salzgeber, Inhaber der den deutschen so genannten Gutachtermarkt besonders in Bayern immer stärker beherrschenden GWG[5], in ihrem so überschriebenen kritischen Artikel, dass es sich bei PAS um *„alten Wein in neuen Schläuchen"* handele:
   Dem ist teilweise sogar zuzustimmen. Denn selbstverständlich gibt es nicht erst seit Gardner oder auch Clawar & Rivlin[6] Eltern, die im Trennungskonflikt ihre Kinder gegen den anderen Elternteil instrumentali-

4 siehe Jopt 1999
5 GWG = Gesellschaft für wissenschaftliche Gerichts- und Rechtspsychologie
6 Clawar/Rivlin 1991

sieren. Und dennoch ist es das Verdienst der US-amerikanischen Forschung, all diese auftretenden Störungen, Manipulationen, Instrumentalisierungen, Programmierungen von Kindern in von Trennung betroffenen Familiensystemen in einem logischen und wissenschaftlichen Zusammenhang dargestellt zu haben. Dabei gibt es insbesondere im Hinblick auf die aktive Beteiligung des durch PAS gestörten Kindes durchaus auch Merkmale, die bis dato in Deutschland in dieser Deutlichkeit nicht bekannt und beachtet wurden.

2. Weiter wird kritisiert, dass im Rahmen von PAS aus Amerika *martialische* (kriegerische) *Ausdrücke* importiert würden.
   Dem möchte ich entgegnen mit der Frage, ob es nicht ebenso martialisch ist, wenn PAS-Kritiker von der „Keule" sprechen, die gegen das „Feindbild" Mutter geschwungen würde. Ist doch die Keule die erste Waffe in der Menschheitsgeschichte.
3. Des Weiteren wird kritisiert, dass die PAS-Anhänger dem *Kind alle Schuld zuschieben* würden. Dies halte ich nun wirklich für eine absolut irreführende Behauptung, will doch gerade Gardner das Kind vor PAS-Schädigung durch den Elternteil schützen.
4. Weiter wird behauptet, dass mit PAS das abgeschaffte *Schuldprinzip* durch die Hintertür wieder eingeführt werden solle.
   Ich meine, wer so etwas behauptet, hat wohl noch nicht verstanden, dass das Kind im Trennungskonflikt vor Schädigung so gut als möglich bewahrt werden muss. Und das heißt nichts anderes als Schutz des Kindes vor schädigender Instrumentalisierung.

Es fällt auf, dass die Kritiker sämtlich psychologische Sachverständige sind, welche Gutachten im Auftrag von Familiengerichten anfertigen. Ich bezeichne solche Sachverständige dann als Berufsgutachter, wenn sie ausschließlich in gerichtlichem Auftrag tätig sind und keinerlei andere psychologische Tätigkeit, wie z. B. in therapeutischer Praxis oder auch als Hochschullehrer ausüben. Hierzu vertrete ich die Rechtsauffassung, dass solchen „Berufsgutachtern" die erforderliche Unabhängigkeit fehlt. Denn sie sind wirtschaftlich existentiell von Aufträgen der Familiengerichte abhängig. Diese von mir erstmals in Bad Boll im November 1998[7] vorgetragene Ansicht wurde dort von keinem der zahlreichen Tagungsteilnehmer angezweifelt. Sie wird von allen von mir angesprochenen Professoren, die neben ihrer Lehrtätigkeit und daraus resultierenden Bezügen auch gutachterlich tätig sind, voll und ganz geteilt.

7 vgl. Koeppel 1998, S. 112, 114

Interessant ist, dass außer den psychologischen Sachverständigen aber auch Professoren der Kinder- und Jugendpsychiatrie, nämlich Ulrike Lehmkuhl und Gerd Lehmkuhl sich gegen PAS wenden bzw. das PAS-Konzept kritisieren.[8]
Diesen kinderpsychiatrischen Autoren kann das soeben erschienene Buch ‚Das Drama der Vaterentbehrung' des Berliner Professors der Kinder- und Jugendpsychiatrie, Horst Petri, entgegengehalten werden. Petri, der keine Gutachten für Familiengerichte mehr fertigt, sondern als Psychoanalytiker und -therapeut in eigener Praxis arbeitet, schreibt zur Rechtslage seit 1. Juli 1998:

> „Auch das ‚Neue Kindschaftsrecht' wird Zeit brauchen, um sich mit diesem Gewicht gegen die Verwilderungen durchzusetzen, die unter dem Einfluss extremistischer Individualisierungsbedürfnisse und einer hedonistischen Gebrauchskultur derzeit weite Teile der Nachscheidungslandschaft beherrschen. Im Zeichen dieser Verwilderung steht ein im deutschsprachigen Raum erst andiskutiertes Phänomen, das in Amerika bereits unter Strafe gestellt wird: das PAS. Das ‚parental alienation syndrom', wörtlich übersetzt, das ‚elterliche Entfremdungs Syndrom' meint die verbreitete Tendenz alleinerziehender Elternteile, mehrheitlich von Müttern, ihre Kinder in einer Weise gegen den getrennt lebenden Partner zu indoktrinieren – viele sprechen in diesem Zusammenhang von systematischer ‚Gehirnwäsche' –, dass die Kinder von sich aus den Kontakt zu ihm abbrechen. Durch die Beeinflussung wird ihre Angst, auch den verbleibenden Elternteil durch Liebesverlust oder real zu verlieren, so groß, dass sie eine pathologische Loyalität zu ihm entwickeln und den getrennten Elternteil in ihrem Gefühlsleben abspalten. Die dabei eintretende Entfremdung wird in vielen Fällen zur Ursache des Kontaktabbruchs. Das inzwischen gut erforschte PAS macht deutlich, dass es nicht allein die Väter sind, die von sich aus die Flucht ergreifen; oft werden sie auch durch die gegen sie inszenierte Intrige in die Flucht getrieben.
> Das ‚neue Kindschaftsrecht' setzt diesen und ähnlich verbreiteten Formen der Verwilderung ethischer Grundsätze und des seelischen Missbrauchs der Kinder eindeutige Grenzen. Damit wird es zu einem entscheidenden Instrument, das Drama der Vaterentbehrung umzuschreiben."[9]

Mir scheint, dass die Auseinandersetzung der deutschen Kinder- und Jugendpsychiater mit PAS und seinem Schöpfer, ihrem amerikanischen

8 Lehmkuhl/Lehmkuhl KindPrax 5/1999
9 Petri 1999, S. 199 f.

Kollegen Gardner, gerade erst begonnen hat. Dabei zeigt sich auf deutscher Seite, wer die katastrophalen langfristigen Folgen der Vaterentbehrung für die Gesellschaft bereits erkannt hat und wer auf der anderen Seite eher *political correct* dem Zeitgeist entsprechend als Gutachter weiterhin Mütterbonus geben will.[10]

III. PAS in der deutschen Rechtsordnung

Die Instrumentalisierung eines Kindes im Sinne des *Parental Alienation Syndrome* stellt eine seelische Gefährdung des Kindes dar. Dieser Gefährdungstatbestand wird im deutschen Familienrecht von § 1666 Abs. I BGB erfasst. Er lautet:

> „Wird das körperliche, geistige oder *seelische* Wohl des Kindes oder sein Vermögen durch missbräuchliche Ausübung der elterlichen Sorge ... gefährdet, so hat das Familiengericht, wenn die Eltern nicht gewillt oder nicht in der Lage sind, die Gefahr abzuwenden, die zur Abwendung der Gefahr erforderlichen Maßnahmen zu treffen."

Damit ist PAS gemäß Gesetz justiziabel.
Entsprechend schreibt jüngst auch die am Düsseldorfer OLG amtierende Familienrichterin Gisela Wohlgemuth in ihrem Aufsatz ‚*Parental Alienation Syndrome*'[11]

> „... sollte in Erwägung gezogen werden, ob es – neben Sanktionen wegen Verstoßes gegen das Umgangsrecht – nicht weiter führt, wegen Gefährdung des Kindeswohls Maßnahmen nach § 1666 BGB zu ergreifen."

Es ist bedauerlich, dass PAS bisher nicht an passenderer Stelle Eingang in den wichtigsten Kommentar zum BGB, den sog. ‚Palandt', gefunden hat, denn dieser bestimmt weitgehend die Rechtsprechung. Während er in seiner Kommentierung zu § 1666 BGB PAS überhaupt noch nicht erwähnt, vermerkt der Bearbeiter des Familienrechts, Uwe Diederichsen, zu § 1626 unter ‚Prinzip des persönlichen Kontakts des Kindes mit Eltern und anderen Pflegepersonen' am Ende der Randziffer 29:

> Vergleiche im übrigen zur modernen Diskussion zur reaktiven Elternablehnung infolge Entfremdung des Kindes von einem Elternteil (Parental Alienation Syndrome – PAS):

10 vgl. zum sog. Mütterbonus Koeppel 1998 (Fußnote 7) und den dortigen Hinweis auf das Ergebnis einer einschlägigen Untersuchung
11 Forum Familien- und Erbrecht (FF), 1999, 138 (139)

Bakalar ZfJ 98, 268; Rummel ZfJ 97, 202; Leitner/Schoeler DAV 98, 849; Kodjoe/Koeppel KindPrax 98, 138; Salzgeber u. a. sowie Rexilius KiPrax 98, 107 u 149.[12]

IV. Was bedeutet PAS für die kindschaftsrechtliche Praxis?

Es ist Aufgabe des Familienrichters als staatlicher Wächter, das Wohl des Kindes zu schützen. Dies setzt zunächst ausreichende entwicklungspsychologische Kenntnisse unter Einschluss von PAS voraus. Sodann erfordert es, PAS-Gefährdung von Kindern möglichst früh zu erkennen, um Schädigungen zu verhindern oder zu minimieren. Das bedeutet also weiter, dass sorge- und umgangsrechtliche Verfahren beschleunigt durchgeführt werden müssen.

1. Verbesserte richterliche Fortbildung

Bereits in unserem ersten PAS-Artikel haben Ursula Kodjoe und ich die mangelnde Fortbildung der Familienrichter in Pädagogik und Psychologie beklagt.[13] Auch Willutzki forderte diese fehlende Fortbildung auf der Tagung ‚Psychologie und Familienrecht' in Bad Boll im Dezember 1998 mit deutlichen Worten ein:

> „… erwächst die klare Forderung, dass sowohl in die Universitätsausbildung des Juristen wie in die Fortbildung der Richterschaft ebenso wie der Anwaltschaft die Psychologie eingebaut werden muss. Hier liegt sicherlich noch vieles im Argen und ist nahezu alles noch verbesserungsbedürftig. Meinen Kampf um eine obligatorische Ausbildungsnotwendigkeit gerade auch der Richterschaft werde ich auch auf die Gefahr hin fortsetzen, als Nestbeschmutzer missverstanden zu werden …"[14]

Wie in Bad Boll zu erfahren war, wird eine obligatorische psychologische Fortbildung von den Familienrichtern mit dem Argument abgelehnt, dass dies gegen die richterliche Unabhängigkeit verstoßen würde. Die schon 1980 erhobene Forderung des Bundesverfassungsgerichtes, wonach sich Familien- und Vormundschaftsrichter durch Aus- und Weiterbildung mit

---

12 vgl. Palandt [59]2000. – Die Abkürzungen wurden aufgelöst.
Abgesehen davon, dass der erste und die PAS-Debatte auslösende Artikel in DAVorm (= DAV) unerwähnt bleibt, sind die erwähnten Fundstellen relativ willkürlich; Rummel wird fälschlich erwähnt.

13 Kodjoe/Koeppel DA 1/1998, Sp. 24–26

14 in Materialien 9/98 der Evang. Akademie Bad Boll, S. 16

den Grundzügen der Pädagogik und der Psychologie vertraut machen sollten, müsste gesetzlich verankert werden.[15] Deshalb scheint es mir dringend erforderlich zu sein, diese Aus- und Fortbildungsverpflichtung des Familienrichters entweder in einer Novelle zum Richtergesetz oder im Rahmen der Reform des Gesetzes über die Angelegenheiten der Freiwilligen Gerichtsbarkeit (FGG) zu normieren.
Ich halte es für mehr als problematisch, wenn ein nicht genügend in Psychologie aus- und fortgebildeter Richter sich in kindschaftsrechtlichen Verfahren von Gutachtern und deren psychologischen Sachverstand abhängig macht, zumal die ständige Rechtsprechung vom Richter fordert, dass er ein Gutachten nachvollziehen können müsse.

2. Kindesanhörung und PAS

Die Anhörung der Kinder ist in Deutschland in allen Sorge- und Umgangsrechtsverfahren obligatorisch. Aufgrund einer schon frühen Entscheidung des Bayerischen Obersten Landesgerichtes[16] sollen Kinder sogar schon ab dem vierten Lebensjahr angehört werden.
Auch aus dem Familienvölkerrecht, nämlich hier der UN-Kinderrechte-Konvention (KRK), ergibt sich die Verpflichtung zur Anhörung der Kinder in den sie betreffenden Gerichtsverfahren.[17]
Schon vor der Verbreitung der PAS-Erkenntnisse waren Kindesanhörungen jedoch bereits recht problematisch[18]. Dies deswegen, weil Familien- und Vormundschaftsrichter in den wenigsten Fällen die kinderpsychologischen und pädagogischen Kenntnisse haben, um Kinder der verschiedenen Altersstufen so sachgerecht zu befragen, dass sie den wirklichen Willen der Kinder ermitteln können. Teilweise fehlt es bereits an Grundkenntnissen richtiger Fragetechnik, in manch anderem Fall wird die obligatorische Kindesanhörung in wenigen Minuten absolviert, um dann mit einer daraus entnommenen Äußerung des Kindes eine Sorge- oder Umgangsentscheidung zu begründen. Ich könnte Ihnen aus meinen Akten ungezählte Entscheidungen vorlegen, wo Umgang mit der Begründung vom Gericht abgelehnt wird, weil das Kind in der Anhörung erklärt habe, den Vater – oder die Mutter – nicht sehen zu wollen.
Mit PAS ist die Kindesanhörung vor Gericht noch problematischer geworden. Ohne sich mit diesem Syndrom beschäftigt zu haben, kann ein Richter

15 BVerfG v. 5. 11. 1980, NJW 1981, 217 ff. = FamRZ 1981, S. 124 ff.
16 BayObLG FamRZ 1984, S. 312
17 vgl. Art. 12 KRK
18 vgl. Kluck FPR 1995, H. 4, S. 90

die Äußerungen eines instrumentalisierten Kindes mit Sicherheit nicht richtig deuten.
Denn er muss wissen, wie die kindlichen Äußerungen und der wahre Kindeswille zu differenzieren sind, und bei der Deutung des von ihm zu schützenden Kindeswohls nicht nur die kurz-, sondern vielmehr die mittel- und langfristigen Entwicklungsinteressen des Kindes bedenken.
Kardinalfehler ist es bei Verdacht einer PAS-Schädigung, Geschwister gemeinsam anzuhören, denn das zweite Kind wird in der Regel nichts anderes sagen können, als das Meinungsführer-Kind sagt. Ein weiterer schwerer Fehler ist es – aber das gilt natürlich für jede Kindesanhörung, auch ohne PAS-Verdacht –, während der Kindesanhörung den betreuenden und möglicherweise instrumentalisierenden (programmierenden) Elternteil in unmittelbarer Nähe vor der Tür warten zu lassen.
Die Kindesanhörung durch den Familienrichter hat mit der Kindschaftsrechtsreform ein noch größeres Gewicht erhalten. Sie gibt dem ‚staatlichen Wächter' die Möglichkeit festzustellen, ob das Kind vom betreuenden Elternteil gegen den anderen in kindeswohlschädigender Weise beeinflusst wird. Sie ist deshalb in Sorge- und Umgangsrechtsverfahren so früh als möglich durchzuführen.

3. Erforderliche Beschleunigung der Sorge- und Umgangsrechtsverfahren

Nicht nur die Kindesanhörung ist möglichst früh durchzuführen, sondern das gesamte Sorge- und Umgangsrechtsverfahren sollte wesentlich zügiger, als es die Regel in Deutschland ist, durchgeführt werden. Nur so kann in strittigen Verfahren eine PAS-Gefährdung des Kindes frühzeitig festgestellt und im Rahmen des Möglichen verhindert werden.
Das Erfordernis der Beschleunigung sorge- und umgangsrechtlicher Verfahren in Deutschland kann im Interesse der betroffenen Kinder nicht laut genug erhoben werden. Das schließt ein, dass die Jugendämter wesentlich schneller und tatkräftiger ihre gesetzlichen Aufgaben gemäß KJHG und FGG erfüllen. Des Weiteren sollten auch in besonders schwierigen Fällen eingeschaltete Gutachter wesentlich zügiger arbeiten. In Bad Boll trug ich hierzu unwidersprochen vor, dass Gutachten grundsätzlich spätestens innerhalb von drei Monaten nach Auftragserteilung vorgelegt werden sollten.[19]
Das Problem der Verfahrensdauer hat kürzlich St. Heilmann in der lesenswerten Monographie ‚Kindliches Zeitempfinden und Verfahrensdauer' (München 1998) sehr einleuchtend aufgezeigt und zu Recht auf die Gefahr

19 Koeppel 1998, S. 117 f.

faktischer Präjudizierung bei kleineren Kindern hingewiesen.[20] Heilmann bemängelte auch das KindRG, da es die unzureichende Berücksichtigung des kindlichen Zeitempfindens im Verfahrensrecht nicht beseitigt und damit den verfassungs- und völkerrechtlichen Anforderungen nicht gerecht wird.
Die Rechtsprechung des EGMR fordert eine Anpassung der Verfahrensdauer an das Alter des Kindes.

4. Familiensystemische Pflichtberatung

Es besteht heute in den einschlägigen Fachkreisen weitgehend Übereinstimmung über die familiensystemische Sicht- und Arbeitsweise bei der Beurteilung und Beratung von Eltern und Kindern im Trennungskonflikt. Ebenfalls setzt sich zunehmend die Erkenntnis durch, dass der vom Gericht in strittigen Fällen eingeschaltete psychologische Gutachter auch ohne ausdrücklichen Auftrag zunächst immer versuchen muss, im Interesse des Kindes zwischen den beiden Eltern zu vermitteln und Elternstreit soweit als möglich abzubauen.[21]
Familiensystemische Beratung sämtlicher Familienmitglieder ist sicherlich das Mittel erster Wahl, um die zu PAS und damit zur Schädigung eines Kindes führenden Ursachen abzubauen. Denn es muss stets das Ziel aller staatlichen Bemühungen, also der Jugendhilfe wie Gerichte als Wächter des Kindeswohls sein, einem im Trennungskonflikt gestörten Familiensystem soweit zu helfen, dass dem betroffenen Kind möglichst wenig Schaden zugefügt wird und es nicht infolge des Paarkonfliktes seiner Eltern einen Elternteil verliert.
Deshalb wäre die Anordnung einer Pflichtberatung auch nach dem Verhältnismäßigkeitsgrundsatz gegenüber jeder Sorge- oder Umgangseinschränkung vorzuziehen, um nicht zu sagen geboten.
Das deutsche Kindschaftsrecht weist jedoch auch nach der Reform eine gerade bei Vorliegen von PAS ganz entscheidende Regelungslücke auf. Es gibt nach geltendem Recht keine Pflichtberatung im Trennungskonflikt. Ursula Kodjoe und ich haben diese bereits in unserer ersten Veröffentlichung zu PAS eingefordert. Wir meinen, dass der Schutz des Kindes vor dem Verlust eines Elternteils und seines Rechts auf Entfaltung seiner Persönlichkeit dem pflichtgebundenen Freiheitsrecht der Eltern vorgeht.
Das Argument deutscher Psychologen, dass eine Beratung unter Zwang nicht erfolgreich sein könne, ist kaum stichhaltig. Denn wenn das so wäre,

20 vgl. dazu Heilmann 1998, 15–24 u. 311–315; zusammengefasst bei Koeppel 1998, S. 117 f.
21 vgl. Koeppel 1998, S. 115 f.

hätte doch die vom Gesetzgeber normierte Schwangerenberatung auch keinen Sinn.
Im Übrigen hat man in den USA in den Einzelstaaten, welche Pflichtberatung vor jedem Scheidungsverfahren zur Auflage machen, beste Erfahrungen gemacht.
Für mich stellt sich übrigens die Frage, ob ein Familiengericht nicht auch ohne einzelgesetzliche Grundlage im Interesse des Wohles von scheidungsbetroffenen Kindern Eltern eine Beratung zur Auflage machen kann. Für eine erste familiengerichtliche Entscheidung solchen Inhalts sehe ich aus verfassungs- und menschenrechtlicher Sicht auf dem Wege zum BVerfG und gegebenenfalls weiter zum EGMR durchaus Chancen, denn der Staat hat die grund- und menschenrechtliche Pflicht, den Einzelnen, hier insbesondere das Kind, vor Grund- und Menschenrechtsverletzungen Privater, hier eines die gemeinsame Sorge oder den Umgang obstruierenden Elternteils zu schützen.

V. Ausblick in eine Rechtsentwicklung, die den wahren Interessen der von Trennung betroffenen Kinder und somit der Zukunft der Gesellschaft Rechnung trägt

1. Der auszufüllende Rechtsbegriff ‚Wohl des Kindes'

Den wahren Interessen der von Trennung betroffenen Kinder entspricht es ohne Zweifel, so gut es eben geht, für die gesamte Dauer ihrer Kindheit und Jugend beide Eltern zu behalten. Damit kann der zentrale, das gesamte Kindschaftsrecht beherrschende unbestimmte Rechtsbegriff *Wohl des Kindes* definiert werden als das kurz- und insbesondere mittel- und langfristige Entwicklungsinteresse des Kindes an einer gesunden Entwicklung und seiner späteren Beziehungsfähigkeit. Es besteht ausreichende Forschungsevidenz, dass von Trennung und Scheidung betroffene Kinder in ihrer Beziehungsfähigkeit als Erwachsene beeinträchtigt sind.[22]

2. Gemeinsame Elterliche Sorge als Regelfall

Der Gesetzgeber hat dem durch Einführung der *Gemeinsamen Elterlichen Sorge (GES) als Regelfall* so gut er konnte[23] Rechnung getragen. Auf den

22 so zuletzt auch Horst Petri 1999, S. 162
23 Mit der Einführung der ‚Täglichen Sorge' wurde die bis dato geltende GES leider abgewertet. Dies war nach Meinung von Rechtspolitikern der Preis, der im Kompromiss der Parteien erforderlich war.

noch nicht ganz beendeten Meinungsstreit[24] darüber soll hier nicht weiter eingegangen werden. Aus zwei jüngsten richtungweisenden Urteilen sei jedoch zitiert:
Das OLG München lehnte am 15. 3. 1999 den Antrag einer Mutter ab, ihr über das Aufenthaltsbestimmungsrecht hinaus die Alleinsorge zu übertragen und führte in der ausführlichen Begründung u. a. aus:

> „Jedes Kind hat von Geburt an ein unveräußerliches Recht auf die gelebte Beziehung zu beiden Eltern. Diese Eltern-Kind-Beziehung dauert ein Leben lang und endet nicht mit der Trennung der Eltern. Das Eltern-Kind-Verhältnis ist die Basis für eine gesunde körperliche, seelische und intellektuelle Entwicklung des Kindes. Nur eine positive Beziehung zu beiden Eltern hat günstige Auswirkungen auf das Selbstwertgefühl, auf die eigene Beziehungsfähigkeit, auf die Lebenszufriedenheit und die Lebensqualität des Kindes. In diesem Sinne sind die Vorzüge der gemeinsamen elterlichen Sorge gegenüber der Alleinsorge gerade darin zu sehen, dass die Bindungen des Kindes zu beiden Eltern besser aufrechterhalten und gepflegt werden und dass das Verantwortungsgefühl und damit die Verantwortungsbereitschaft beider Eltern gegenüber dem Kind erhalten bleiben und gestärkt werden können, wodurch sich die Chancen vergrößern, dass das Kind trotz der Trennung zwei in jeder Hinsicht vollwertige Elternteile behält (vgl. Johannsen/Heinrich/Jaeger, Eherecht, 3. Aufl., RdNr. 34 zu § 1671).“[25]

Das Bundesverfassungsgericht merkte in einem Beschluss vom 31. 8. 1999 in der Begründung *obiter dictum* an:

> „Der Gesetzgeber hat durch das Gesetz zur Reform des Kindschaftsrechts ... die gemeinsame Sorge auch bei Scheidung der Eltern nunmehr als Regelfall vorgesehen. ...“[26]

3. Doppelnamen für Scheidungskinder

Dazu noch ein Blick auf einen eng zusammenhängenden Rechtsbereich, nämlich das durch die Kindschaftsrechtsreform auch veränderte Scheidungskinder-Namensrecht.
Gemäß dem neuen § 1618 BGB können nunmehr Kinder, deren betreuende Mutter nach Scheidung wieder heiratet, auf Antrag einen Doppel-

---

24 vgl. hierzu die seit Inkrafttreten des KindRG ergangenen Entscheidungen der Oberlandesgerichte wie auch des BGB
25 OLG München v. 15. 3. 1999, NJW 2000, 368
26 FamRZ 1999, 1577 (1578)

namen erhalten, der sich aus ihrem bisherigen (meist väterlichen) Ehenamen und dem neuen Familiennamen ihrer Mutter zusammensetzt. Damit bleiben diesen Kindern ihre genetischen Wurzeln, nämlich Vater und Mutter, im Namen erhalten. Es ist zu hoffen, dass die familiengerichtliche Rechtsprechung[27] von dieser Möglichkeit in Zukunft im Interesse des Wohles der betroffenen Kinder auch Gebrauch macht.

4. Ausblick

Alle Kinder haben ein natürliches, von der Verfassung und den Menschenrechtskonventionen geschütztes Grund- und Menschenrecht auf Mutter und Vater. Bei Trennung und Scheidung ihrer Eltern werden nicht die Kinder von einem Elternteil geschieden. Es muss auch nach elterlicher Trennung das Recht des Kindes auf lebendigen Kontakt, d. h. auf eine gelebte Liebesbeziehung mit dem abwesenden Elternteil gewährleistet sein. Dies ist ein Grund- und Menschenrecht sowohl des Kindes wie auch des nicht mehr täglich sein Leben begleitenden Elternteils – sei es Mutter oder Vater.
Und weil das so ist, hat kein Elternteil, sei es Vater oder Mutter, das Recht, das Kind gegen den anderen Elternteil im Sinne von PAS zu entfremden. Diese im Gesetz ausdrücklich normierte *Wohlverhaltenspflicht*[28] muss stärker beachtet, Verstöße gegen die Wohlverhaltenspflicht müssen von den Familiengerichten erforderlichenfalls geahndet werden. Die zuvor zitierte Familienrichterin Wohlgemuth zeigt den rechtlichen Weg.
Noch besser für die Kinder wäre es allerdings, wenn in Zukunft weniger Versuche der Entfremdung vom anderen Elternteil mehr erfolgen. Das würde nicht nur zur Entlastung unserer Familiengerichte beitragen, sondern täte den Kindern und damit der Zukunft unserer Gesellschaft gut. Den Weg hierzu weist der Berliner Psychiater und Psychotherapeut Horst Petri in seinem bereits zuvor erwähnten jüngsten Buch.

Nachtrag vom Januar 2001:

In der Zwischenzeit erlangten die PAS-Forschungsergebnisse von Richard Gardner in den USA eine möglicherweise entscheidende gerichtliche Anerkennung:

Ein US-Bezirksgericht hat am 22. Nov. 2000 entschieden, dass das Parental

---

27 Aufgrund der neuen lex specialis des § 1618 BGB haben die Verwaltungsgerichte für diese Fälle ihre sachliche Zuständigkeit gemäß NÄG verloren.

28 § 1684 Abs. II Satz 1 BGB lautet: Die Eltern haben alles zu unterlassen, was das Verhältnis des Kindes zum jeweils anderen Elternteil beeinträchtigt oder die Erziehung erschwert.

Alienation Syndrome (PAS) allgemeine Akzeptanz in der Fachwelt („general acceptance in the scientific community") erlangt hat und daher die Kriterien des Frye Test zu seiner Zulässigkeit erfüllt.
Kilgore v. Boyd, 13th Circuit Court, Hillsborough County, FL., Case No. 94-7573. Nov 22, 2000.
Der Frye Test ist der Standardtest zur Zulässigkeit des Sachverständigenbeweises und basiert auf einer Gerichtsentscheidung aus dem Jahr 1923, in der es heisst:

„Just when a scientific principle or discovery crosses the line between the experimental and demonstrable stages is difficult to define. Somewhere in this twilight zone the evidential force of the principle must be recognized, and while courts will go a long way in admitting testimony deduced from a wellrecognized scientific principle or discovery, the thing from which the deduction is made must be sufficiently established to have gained general acceptance in the particular field in which it belongs."
(„Der genaue Zeitpunkt, zu dem ein wissenschaftliches Prinzip oder eine Entdeckung die Grenze zwischen dem Experimentalstadium und dem Stadium des Beweisbaren überschreitet, ist schwer zu definieren.
Irgendwo innerhalb dieser Grauzone muss die Beweiskraft des Prinzips erkannt werden. Die Gerichte haben weitreichende Befugnisse, eine Aussage zuzulassen oder abzulehnen, die aus einem anerkannten wissenschaftlichen Prinzip hergeleitet wurde, aber das Prinzip, von dem die Aussage hergeleitet wurde, muss ausreichend etabliert sein, um allgemeine Akzeptanz in der Fachwelt erhalten zu haben.")
Frye v. United States. 293 F. 1013 (D.C. Cir. 1923)
Es bleibt zu hoffen, dass diese amerikanische Entwicklung der Anerkennung von PAS in Deutschland einen beschleunigenden Impuls gibt. Es bedarf bestimmt nicht einer deutschen Neuerfindung von PAS.

Wera Fischer:

2.5. Funktion des Verfahrenspflegers bei Umgangsstreitigkeiten (sozialpädagogischer und mediatorischer Aspekt)

I. Gesetzliche Rahmenbedingungen

Die Möglichkeit, dem Kind einen Verfahrenspfleger zu bestellen in Gerichtsverfahren, die seine Person betreffen, ist noch relativ neu. Sie wurde mit der Kindschaftsrechtsreform im Juli 1998 eingeführt und hat zum Ziel, dem Kind eine eigenständige Interessensvertretung zu sichern.
Das Kind ist normalerweise an gerichtlichen Verfahren lediglich durch die richterliche Anhörung persönlich beteiligt. Die Vertretung der kindlichen Interessen erfolgt **mittelbar:** durch seinen gesetzlichen Vertreter, die Beteiligung des Jugendamts und die Amtsermittlungspflicht des Richters.
Der gesetzliche Vertreter vertritt jedoch die Kindesinteressen *neben* den eigenen. Auch der Richter hat im Konfliktfall neben den Interessen des Kindes die der Eltern zu berücksichtigen. Das Jugendamt kann wegen seiner vorgerichtlichen und über das Gerichtsverfahren hinausgehenden Unterstützungstätigkeit für die gesamte Familie ebenfalls an einer parteilichen Vertretung der Kindesinteressen gehindert sein. Sachverständige sollen „unparteiisch" sein und dürfen deshalb ebenfalls nicht zum Interessensvertreter eines Einzelnen (hier des Kindes) werden. Es gibt also niemand, der *ausschließlich* für die Interessenvertretung des Kindes zuständig ist. Diese Lücke sollte durch den § 50 FGG geschlossen werden. Danach **kann** das Gericht dem minderjährigen Kind einen Verfahrenspfleger bestellen, soweit dies zur Wahrung seiner Interessen erforderlich ist (§ 50 FGG, Abs. I). Das Gericht muss einen Verfahrenspfleger bestellen, wenn

- die Interessen des Kindes in einem erheblichen Gegensatz zu dem seines/seiner gesetzlichen Vertreter stehen
- Eingriffe in das Sorgerecht erforderlich sind, die mit der Trennung des Kindes von seiner Familie verbunden sind oder mit der Entziehung der gesamten Personensorge (§ 1666 BGB)
- die Wegnahme des Kindes von Pflegepersonen (bei längerfristiger Unterbringung in Pflegestellen), vom Stiefelternteil oder vom nichtehelichen Vater erforderlich ist[1].

1 Mit den beiden zuletzt genannten Beispielen sind Fälle gemeint, in denen der leibliche Elternteil mit dem Kind mit einer anderen Person zusammenlebte, diese Gemeinschaft beendet wird und der frühere Partner nicht bereit ist das Kind herauszugeben.

Sieht der Richter in solchen Fällen von der Bestellung eines Verfahrenspflegers ab, muss er dies begründen.
Auch die Eltern selbst können einen Rechtsanwalt oder Verfahrensbevollmächtigten mit der Vertretung ihres Kindes beauftragen. Allerdings habe ich bisher in Umgangsstreitigkeiten noch nicht erlebt, dass Eltern von dieser Möglichkeit Gebrauch gemacht haben. Dies dürfte in der Praxis bereits daran scheitern, dass die Eltern sich auf eine Person einigen müssten.
Die Verfahrenspflegschaft **endet** mit Abschluss des Gerichtsverfahrens. Ein Verfahren kann dadurch beendet werden, dass der klagende Elternteil seinen Antrag bei Gericht zurückzieht oder durch eine rechtskräftige Gerichtsentscheidung. Die Verfahrenspflegschaft umfasst also ggf. die Interessensvertretung des Kindes durch den gesamten Instanzenzug.
Die durch die Verfahrenspflegschaft entstehenden **Kosten** trägt die Staatskasse. Sie können aber bei Leistungsfähigkeit der Verfahrensbeteiligten (Kläger/Beklagte) an diese als Verfahrenskosten weitergegeben werden, nicht jedoch an das Kind.
Die Bestellung erfolgt in aller Regel **formlos**. Sie ist nicht mit dem **Entzug** von **Rechten** für den oder die gesetzlichen Vertreter verbunden, d. h. die Vertretung durch den Verfahrenspfleger erfolgt parallel und hat demnach ergänzende Funktion. Das bedeutet auch, dass der Verfahrenspfleger nicht gegen den Willen des oder der Sorgeberechtigten handeln kann und für seine Ermittlungstätigkeit auf die Mitwirkung des/der gesetzlichen Vertreters angewiesen ist. Der gesetzliche Vertreter muss beispielsweise Erzieher/Lehrer/Ärzte/Therapeuten von ihrer Schweigepflicht befreien. Er muss damit einverstanden sein, wenn der Verfahrenspfleger sich alleine mit dem Kind treffen will oder Kontakte des Kindes mit dem anderen Elternteil herstellen will. Konfliktfälle sind deshalb zumindest für den Bereich der Umgangsstreitigkeiten häufig vorprogrammiert. Der Verfahrenspfleger kann auf die enge Zusammenarbeit mit dem Gericht angewiesen sein, um seine Aufgabe zu erfüllen. Das Gericht muss dann durch entsprechende Anordnungen den Weg frei machen für die Ermittlungstätigkeit des Verfahrenspflegers (z. B. Anordnung der Übergabe des Kindes an den Vater, um eine Interaktionsbeobachtung zu ermöglichen).
Was das Gerichtsverfahren betrifft, so hat der Verfahrenspfleger lediglich dieselben Rechte wie das Kind (Teilnahme am Verfahren, rechtliches Gehör). Die Interessensvertretung schließt aber ein, Beschwerde einlegen zu können gegen Entscheidungen des Gerichts.

II. Aufgaben des Verfahrenspflegers

Über die Aufgaben des Verfahrenspflegers ist im Gesetz **nichts** ausgesagt. Dementsprechend wird über die Art und Weise der Aufgabenerfüllung viel gestritten. Diskutiert wird, Aufgabe des Verfahrenspflegers sei es

- die Meinung des Kindes ins Verfahren einzubringen (Sprachrohrfunktion/advokatorische Vertretung)
- eine Problemlösung mit den Eltern zu erarbeiten (mediatorische Funktion).

Deshalb kann ich über die Aufgabenwahrnehmung keine allgemeingültigen Aussagen machen; ich gebe lediglich wieder, wie ich die Aufgabe des Verfahrenspflegers verstehe. Aus meiner Sicht wird die Sprachrohrfunktion der Interessensvertretung von Kindern in Umgangsrechtsverfahren nicht gerecht. Sie berücksichtigt nicht, dass die Möglichkeiten des Kindes, seine Bedürfnisse hinsichtlich des anderen Elternteils zu äußern, eingeschränkt sein können. **Die Aufgabe des Verfahrenspflegers besteht meines Erachtens darin, die Wünsche und Bedürfnisse des Kindes hinsichtlich beider Elternteile auch dann noch zum Tragen zu bringen, wenn das Kind selbst aufgrund seiner emotionalen Abhängigkeit daran gehindert ist.**
Die Aufgabe darin zu sehen, eine Problemlösung mit den Eltern zu erarbeiten, lässt übersehen, dass sowohl deren Möglichkeiten, die Bedürfnisse des Kindes hinsichtlich des anderen Elternteils wahrzunehmen als auch ihre Bereitschaft, den Interessen des Kindes ausreichend Rechnung zu tragen, eingeschränkt sein können. Soll die Verfahrenspflegschaft einen Nutzen für das zu vertretende Kind bringen, dann kann die **Funktion nur darin bestehen, die objektiven Kindesinteressen sichtbar zu machen, sie gegenüber Eltern und Gericht zu vertreten und notfalls gegen die Elterninteressen mit Hilfe des Gerichts durchzusetzen.**
Wenn sich aufgrund des Ergebnisses der Arbeit des Verfahrenspflegers eine Einigung der Eltern auf der Basis der Kindesinteressen ergibt, dann ist das im Interesse des Kindes zu begrüßen. Sie ist aber nach meiner Auffassung nicht das vorrangige Ziel und in den meisten Fällen auch nicht zu erwarten, weil schon vorausgegangene Beratungsangebote nicht den gewünschten Erfolg hatten und entsprechende Hinweise von einem oder beiden Eltern nicht angenommen wurden.
Welche Auffassung sich in der Praxis durchsetzen wird, ist noch offen. Vieles spricht dafür, dass es die „Sprachrohrfunktion" sein wird. Sie bedarf keiner besonders geschulten Fachkräfte, ist einfacher umzusetzen und damit billiger.

III. Zur Notwendigkeit der Bestellung eines Verfahrenspflegers bei Umgangsrechtsstreitigkeiten

Bei Umgangsrechtsverfahren besteht der Streit der Eltern in der Regel darin, ob bzw. wie viel Kontakt das Kind mit dem umgangsberechtigten Elternteil haben soll. Meist ist es der betreuende Elternteil, der sich gegen das Besuchsrecht des anderen Elternteils wehrt oder einer Ausdehnung der Kontakte nicht zustimmt. Bisher sind mir zumindest keine Fälle bekannt geworden, in denen der betreuende Elternteil sich an das Gericht wandte, weil der außerhalb lebende Elternteil sich nicht oder zu wenig ums Kind kümmerte. Rechtliche Hindernisse dafür gibt es nicht, denn Eltern haben nach dem Gesetz nicht nur das **Recht** zum Kontakt mit dem Kind, sondern auch die **Pflicht**. Deshalb könnte und müsste die Interessensvertretung des Kindes auch darin bestehen, außerhalb lebende Elternteile dazu zu bringen, ihrer Verpflichtung dem Kind gegenüber nachzukommen. Solche Fälle spielen aber, wie gesagt, in der Praxis (noch) keine Rolle, und dies, obwohl neben den Eltern selbst auch die Jugendämter verpflichtet sind, das Gericht zu informieren (§ 50 II KJHG), um dessen Tätigwerden zu ermöglichen. Das lässt darauf schließen, dass es noch an dem nötigen Bewusstsein dafür fehlt, was Kindern zugemutet wird, wenn sie den Kontakt zum anderen Elternteil verlieren.
Die Ursache des Elternstreits ist meist in der Dynamik zu suchen, die sich entwickelt, wenn Eltern ihre Partnerschaft beenden. Das Bild vom früheren Partner verändert sich in negativer Weise und damit auch die Gefühle für ihn und die daraus resultierenden Bedürfnisse. Die Beendigung der Liebesbeziehung und die damit verbundenen Verletzungen haben meist zur Folge, dass die Partner

- mit dem anderen nichts mehr zu tun haben wollen
- von diesem in Ruhe gelassen werden wollen
- das eigene Leben künftig ohne den anderen gestalten wollen
- den anderen als Person abwerten, um sich die Trennung zu erleichtern.

Die Liebesbeziehungen des Kindes hingegen bestehen unverändert fort. Deshalb will das Kind

- auch weiterhin mit beiden Elternteilen auf positive Weise verbunden bleiben, jeden achten können und stolz auf beide sein
- sich die innere Verbundenheit mit jedem Elternteil erhalten durch kommunikativen Austausch und gemeinsame Unternehmungen/Erlebnisse
- sich die Vertrautheit erhalten, anstatt sich zu entfremden

- die Erfahrung machen, weiterhin für jeden wichtig zu bleiben und es wert zu sein, dass sich auch künftig beide Eltern um es kümmern
- sich jedem gegenüber loyal verhalten können, um sich die Liebe beider Eltern zu erhalten.

1. Unterschiedliche Bedürfnisse und Interessenslage von Eltern und Kind

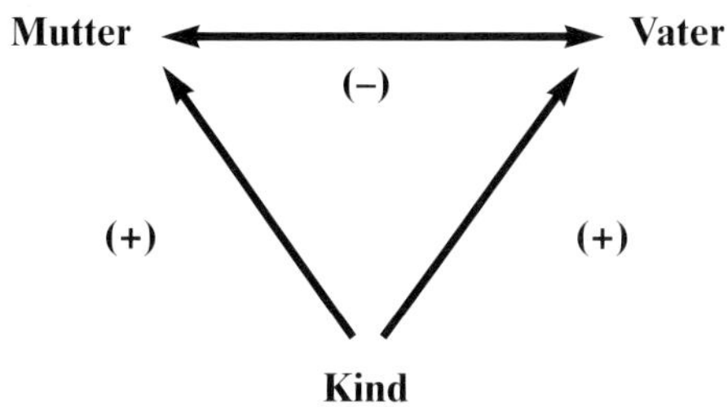

Dieser Interessensgegensatz wird von den Eltern häufig nicht wahrgenommen. Sie setzen das eigene Erleben mit dem des Kindes gleich. Eltern glauben dann, das Kind wolle ebenfalls mit dem früheren Partner nichts mehr zu tun haben, „nachdem was er/sie *uns* alles angetan hat".
Das verloren gegangene Vertrauen in den Partner bleibt meist nicht ohne Auswirkungen auf die Elternschaft. So führen die mit dem Ablösungsprozess einhergehenden gegenseitigen Abwertungen der Partner häufig dazu, dass nicht nur die Qualität des anderen als Partner/Partnerin in Frage gestellt wird, sondern auch als Vater/Mutter. Oder die aus der Paarebene resultierenden Bedürfnisse nach Abstand/Ruhe werden auf die Elternebene ausgedehnt. Eltern lassen sich dann weder telefonisch noch schriftlich erreichen, sind zu gemeinsamen Elterngesprächen nicht mehr bereit oder weigern sich, den anderen Elternteil über Dinge zu informieren, die die Kinder betreffen. Oder die Eltern machen die während der Ehe erlittenen Verletzungen zur Grundlage ihrer Entscheidungen für die Zeit nach der Trennung. Sie argumentieren dann: „Du hast dich früher nicht um die Kinder gekümmert, deshalb brauchst du das heute auch nicht zu tun."

2. Einfluss der Paarbeziehung auf die Elternschaft

Hinzu kommt die Angst, das Kind an den anderen Elternteil zu verlieren. Häufig ist der Elternteil, der nicht mehr mit dem Kind zusammenlebt, bestrebt möglichst viel mit dem Kind zusammen zu sein. Das reduziert seine Verlustängste. Der Elternteil, der mit dem Kind zusammenlebt, ist meist versucht seine Verlustängste dadurch zu reduzieren, indem er die Zeiten, die das Kind mit dem anderen Elternteil verbringt, einschränkt. Liebes-

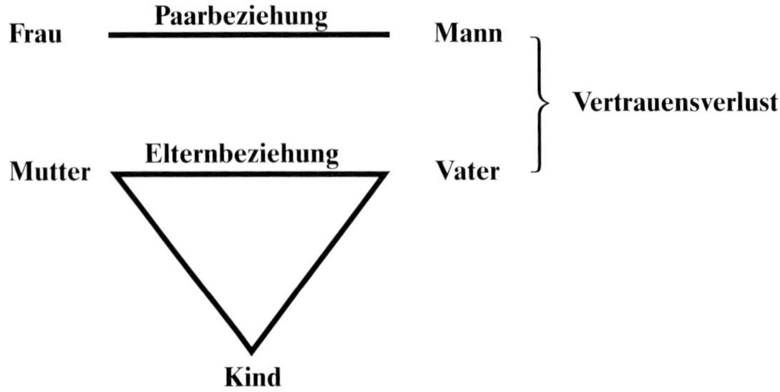

und Loyalitätsbezeugungen, die das Kind jedem Elternteil gegenüber abgibt („Ich will bei dir bleiben."/„Bei dir ist es am schönsten.") tragen zur Reduzierung solcher Verlustängste bei, werden aber von jedem Elternteil auf der Basis der eigenen Interessen und dem Erfahrungshintergrund der sich verändernden Beziehung bewertet. Deshalb werden die Aussagen des Kindes nicht selten als Äußerung gegen den anderen Elternteil verstanden: Sein Vater/seine Mutter geht nicht gut mit dem Kind um; deshalb will das Kind lieber bei mir bleiben. Daraus werden dann Schutzinteressen für das Kind abgeleitet (die Kontakte tun dem Kind nicht gut/überfordern das Kind), anstatt wahrzunehmen, dass die Liebe des Kindes zum anderen Elternteil unverändert fortbesteht.

Die fehlende Wahrnehmung der Bedürfnisse des Kindes hinsichtlich des anderen Elternteils kann soweit gehen, dass dem anderen Elternteil abgesprochen wird, dass es ihm überhaupt um das Kind geht. Seine Bemühungen mit dem Kind in Kontakt zu bleiben werden als gegen sich selbst gerichtet erlebt: Meinem Mann/meiner Frau geht es überhaupt nicht um sein/ihr Kind. Er/Sie tut das alles nur um *mir* weh zu tun. Deshalb wehren sich Eltern gegen die weiteren „Einmischungen" des anderen anstatt zu erkennen, dass dieser im Interesse des gemeinsamen Kindes handelt, wenn er beispielsweise Kontakte mit der Schule/dem Kindergarten pflegt, sich um die gesundheitlichen Belange kümmert und sich an Entscheidungen beteiligt, die das Kind betreffen.

Zur Pflegerbestellung reicht aus, wenn die Eltern sich mit konträren Anträgen gegenüberstehen und die Umstände des Einzelfalls nahe legen, dass ein solcher Interessenskonflikt bestehen könnte.[2] Die Pflegerbestellung setzt also nicht voraus, dass zunächst abschließend geklärt wird, ob der Interessenskonflikt die Eltern daran hindert, die kindlichen Interessen

2 Gressmann, neues Kindschaftsrecht, Vertretung von Minderjährigen, Rz 547

tatsächlich zu vertreten. Dennoch ist nach meiner Erfahrung die Pflegerbestellung bei Umgangskonflikten eher die Ausnahme als die Regel. Eine Erklärung für den zurückhaltenden Einsatz von Verfahrenspflegern bei Umgangsstreitigkeiten könnte darin liegen, dass Richter diesen Interessensgegensatz und die daraus resultierenden Einschränkungen für die Interessensvertretung des Kindes nicht erkennen.

IV. Kriterien für eine kindgerechte Ausgestaltung des Umgangs

Interesse des Kindes ist, das Beziehungsdreieck zwischen Vater-Mutter-Kind so weit zu erhalten, dass die aus der Elternschaft resultierenden Aufgaben weiterhin erfüllt werden können. Weder die Ausgrenzung des zweiten Elternteils aus der Elternverantwortung noch die Reduzierung seiner Elternrolle auf die eines Besuchers liegen im Interesse des Kindes. Dazu bedarf es häufig der Bewusstseinsänderung bei allen am Verfahren beteiligten Personen. Sie müssen akzeptieren,

- dass der zweite Elternteil weiterhin zur Familie des Kindes dazugehört
- das Kind künftig Mitglied zweier Haushalte ist,
- dass diese Haushalte künftig zwar unabhängig voneinander existieren, aber über die Kinder miteinander verbunden bleiben.

Den für die Kernfamilie entwickelten Anforderungen für eine optimale Entwicklung der Kinder entspricht bei getrennt lebenden Eltern eine aus zwei Haushalten heraus funktionierende Familie[3]:

3. Funktionale Elternschaft aus getrennten Haushalten

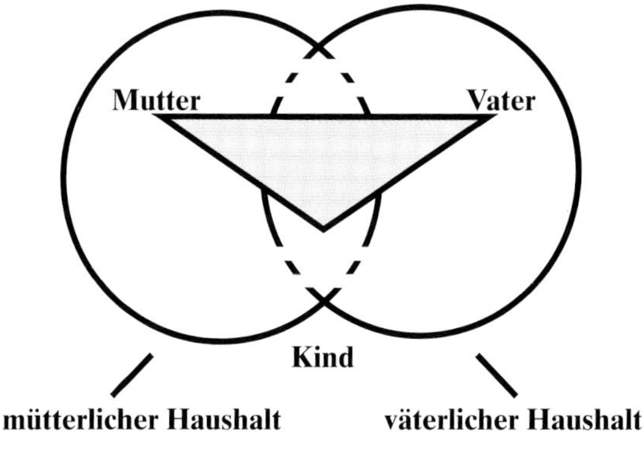

3 ausführlicher siehe: Fischer 1997

Eltern müssen deshalb, um den Bedürfnissen des Kindes Rechnung tragen zu können, das eigene Bedürfnis, mit dem früheren Elternteil nichts mehr zu tun haben zu wollen, zurückstellen. Sie müssen bereit sein, sich auch weiterhin mit dem früheren Partner als Vater/Mutter der Kinder auseinander zu setzen, anstatt die Beziehung abzubrechen. Vom betreuenden Elternteil ist zu fordern, dass er *auch* dem getrennt lebenden Elternteil Raum für elterliche Aktivitäten überlässt, anstatt ihn aus solchen Funktionen auszugrenzen. Vom außerhalb lebenden Elternteil ist zu fordern, dass er sich weiterhin in ausreichendem Maße auch um das Kind kümmert und Elternaufgaben übernimmt, anstatt sich zurückzuziehen.
Die Wahrung der Kindesinteressen kann von den Eltern erfordern, nahe beieinander wohnen zu bleiben. Dies ist insbesondere dann notwendig, wenn die Kinder noch sehr klein sind und häufige Kontakte mit dem außerhalb lebenden Elternteil notwendig sind, um die Beziehung nicht zu beeinträchtigen. Eltern müssen deshalb akzeptieren, dass sie auch künftig nicht davon befreit sind Kompromisse zu schließen, was die Befriedigung eigener Bedürfnisse (neue Partnerschaften, berufliche Veränderungen usw.) betrifft. Ein Umzug, das Verheimlichen der neuen Adresse oder das Zulegen einer geheimen Telefonnummer, befriedigt zwar in der Regel das Bedürfnis des Erwachsenen nach Abgrenzung vom früheren Partner, nicht jedoch die Bedürfnisse des Kindes nach ausreichender Nähe mit dem anderen Elternteil. Deshalb kann es erforderlich sein, von Eltern zu verlangen, dass sie Voraussetzungen schaffen, dass das Kind und der andere Elternteil auch telefonischen Kontakt halten können. Von dem Elternteil, der umzieht, ist zu erwarten, dass er die Verantwortung dafür übernimmt, dass dadurch die andere Elternbeziehung nicht unnötig beeinträchtigt wird. Das kann bedeuten, ihm den erhöhten zeitlichen und finanziellen Aufwand für das Bringen und Abholen aufzuerlegen.
Für Babys und Kleinkinder kann die Interessensvertretung darin bestehen, Voraussetzungen zu schaffen, damit das Kind von Anfang an auch eine Beziehung zum anderen Elternteil entwickeln kann. Denn es ist wissenschaftlich erwiesen, dass sich die Beziehungen des Kindes zu seinen Eltern von Anfang an parallel entwickeln. Es ist die zweite Elternbeziehung, die dem Kind hilft, sich aus der Symbiose mit der Mutter adäquat zu lösen.
Bis zum Schulalter haben Kinder noch sehr eingeschränkte Möglichkeiten, Vorstellungen über Zeit zu entwickeln. Besuchsregelungen müssen deshalb in besonderem Maße dem Zeitempfinden des Kindes und dem Bedürfnis nach Stabilität, Kontinuität und Regelmäßigkeit hinsichtlich beider Elternbeziehungen gerecht werden. Deshalb gilt es diesen Bedürfnissen bei getrennt lebenden Eltern aus zwei Haushalten heraus Rechnung zu tragen anstatt aus einem.

Die häufig vertretende Auffassung, das Kind sei für Kontakte mit dem anderen Elternteil noch zu klein, was dann in der Forderung mündet, es solle abgewartet werden, bis das Kind die Trennung vom betreuenden Elternteil besser verkrafte, wird der Situation kleiner Kinder ebenso wenig gerecht, wie die Auffassung, kleine Kinder können schon deshalb nicht unter der Trennung vom zweiten Elternteil (meist dem Vater) leiden, weil sie noch keine (sichere) Bindung zu ihm entwickelt hätten. Denn auch ganz kleine Kinder nehmen die vorgehende Veränderung wahr und reagieren darauf mit Verunsicherung. Sie leiden unter dem Weggang eines Elternteils, weil bestimmte Bedürfnisse nicht mehr erfüllt werden, und reagieren darauf meist körperlich (Unruhe, Schlafstörungen, Weinerlichkeit, Magen-Darm-Probleme usw.).
Bei Kindern im Teenageralter kann die Interessensvertretung erforderlich machen, sicherzustellen, dass dem Kind neben der Beziehungspflege mit den Eltern genügend Zeit zur Pflege von Kontakten mit Gleichaltrigen bleibt.

V. Umgangsprobleme und mögliche Interventionen

1. Wenn Kinder den anderen Elternteil nicht besuchen wollen

- Es kann daran liegen, dass dieser Elternteil **nicht adäquat** mit ihm umgeht. Dann besteht die Interessensvertretung des Kindes darin, dessen Elternkompetenz zu erweitern und seine Empathie für das Kind zu verbessern. Deshalb ist auch in dieser Situation meist die richtige Intervention, die Zeit, die beide miteinander verbringen, auszudehnen. Denn es ist die Erfahrung im Umgang miteinander, was die Beziehungsqualität häufig verbessert.
- Dort, wo aufgrund von Persönlichkeitseinschränkungen eines Elternteils (z. B. Suchterkrankung/psychiatrische Erkrankung usw.) ein kindgerechter Umgang nicht zu erreichen ist, gilt es zu erkennen, welche Rahmenbedingungen das Kind braucht, um sich genügend sicher zu fühlen und ausreichend geschützt zu sein. Dies gilt auch bei begründetem Verdacht auf sexuellen Missbrauch oder Hinweisen auf eine tatsächlich zu befürchtende Entführung. Ein Ausschluss der Kontakte liegt, von wenigen Ausnahmen abgesehen, nicht im Interesse des Kindes, weil dadurch fast immer Zustände festgeschrieben und positive Veränderungen verhindert werden.
- Manchmal macht dem Kind Probleme, dass seine Eltern durch die Trennung im Umgang mit ihm sehr **verunsichert sind**. Das ist beispielsweise

dann der Fall, wenn Eltern aufgrund der Trennungssituation dem Kind keine festen Grenzen mehr setzen: *„Wenn du mich nicht fernsehen lässt, komme ich das nächste Mal nicht mehr"/„Wenn es mir bei dir nicht gefällt rufe ich die Mama an, die kommt mich dann holen"* sind nicht selten die Reaktionen des Kindes darauf. Hier macht die Interessensvertretung des Kindes erforderlich, dass die Eltern sich in ihrer Elternautorität gegenseitig mehr stützen: *„Ich erwarte von dir (Kind), dass du tust, was dein Vater/deine Mutter von dir verlangt und dass du die Regeln im dortigen Haushalt akzeptierst."* Häufig wird jedoch die Autorität des anderen Elternteils als Erzieher unterlaufen, indem dem Kind mitgeteilt wird: *„Wenn du nach Hause willst, ruf mich an, ich komme dich abholen./ Du brauchst nicht zu tun, was dir deine Mutter/dein Vater sagt."*

- Kindern kann auch Probleme bereiten, dass es zur **Rivalität** um die Liebe des betreuenden Elternteils unter den Geschwistern gekommen ist. Solche Rivalität kann aber auch in Bezug auf den neuen Partner und/oder dessen Kindern eine Rolle spielen. Die Geburt eines weiteren Kindes kann ebenfalls geeignet sein, das Kind daran zu hindern, den anderen Elternteil zu besuchen. Dann ist es erforderlich, dass die Eltern dem Kind verdeutlichen, dass neue Partnerschaften, neue Kinder nichts an der Zuneigung zu ihm ändern, anstatt die Kontakte zum außerhalb lebenden Elternteil einzuschränken oder zu unterbrechen.
- Das Kind glaubt vom Stiefelternteil weniger geliebt zu werden als die anderen Kinder, wenn es den leiblichen Elternteil weiterhin besucht. Das Kind braucht dann Unterstützung dabei, mit der Situation klar zu kommen „zwei Väter/zwei Mütter" zu haben.
- Nicht selten ist es die Gestaltung der **Übergabesituation**, die dem Kind Probleme macht. Sei es, dass die Eltern die Begegnungen dafür nutzen, noch offene Fragen, die aus der Beendigung der Partnerschaft resultieren zu klären; oder aber nicht zurückgegebene Kleidung des Kindes, fehlende Spielsachen, nicht gerichteter Übernachtungskoffer bieten Anlass zum Streit. Dadurch wird dem Kind vermittelt, immer wieder Anlass zu sein für Ärger anstatt für Freude. Hier wäre die richtige Intervention, separate Elterngespräche einzuführen. Häufig haben die Eltern keine Austauschmöglichkeit mehr, weil ein Elternteil gemeinsame Gespräche verweigert. Dem Kind den Wechsel von einem Elternteil zum anderen zu erleichtern, kann auch erforderlich machen, dass der betreuende Elternteil den abholenden Elternteil in die Wohnung bittet, um einen fließenden Übergang zu ermöglichen. Oder es kann erforderlich sein, dass der betreuende Elternteil das Kind zum anderen Elternteil bringt, um ihm auch auf der nonverbalen Ebene zu signalisieren: es ist in Ordnung, dass du Zeit mit dem anderen Elternteil verbringst. Oder

die Zeitabstände sind zu lang und das Kind wird immer wieder der Erfahrung ausgesetzt, der andere habe es jetzt endgültig verlassen, was dem Aufbau einer vertrauensvollen Beziehung im Wege steht.
Hier wäre die richtige Intervention die Zeitabstände zu verkürzen, mehr Nähe herzustellen, indem der andere Elternteil mehr in die Elternaufgaben integriert wird.

- Das Kind ist zwischen die Fronten geraten und lehnt deshalb den Kontakt mit dem anderen Elternteil ab. Die meisten Kinder geraten in einen Loyalitätskonflikt, wenn die Liebesbeziehung der Eltern zerbricht. Sie wissen dann nicht, ob sie weiterhin beide Eltern lieben dürfen und sind auf die Unterstützung beider Eltern angewiesen. Jeder Elternteil muss dem Kind explizit erlauben, den anderen weiterhin lieben zu dürfen und diese Liebe offen zu zeigen. Jeder muss dem Kind vermitteln, dass es in Ordnung ist, dem andern Elternteil gegenüber anders zu empfinden als er/sie selbst. Bleibt diese Hilfe aus, bleibt das Kind im Loyalitätskonflikt gefangen. Meist versucht es dann, sich jedem Elternteil gegenüber loyal zu zeigen, indem es wechselnde Allianzen eingeht (Mama, ich will bei dir bleiben/Papa ich will noch nicht nach Hause). Eltern brauchen dann nicht selten Hilfe, das Verhalten ihres Kindes richtig zu verstehen. Die Gefahr, das Verhalten des Kindes misszuverstehen ist groß, weil die Eltern beispielsweise nicht mehr mitbekommen, dass das Kind dem anderen Elternteil signalisiert noch bleiben zu wollen. Sie beurteilen die Situation dann ausschließlich danach, was sie selbst mit dem Kind erleben, nämlich dass das Kind sich von ihm nicht trennen will. Das verführt dann zu der Schlussfolgerung, das Kind wolle den anderen Elternteil nicht besuchen, weil es ihm dort nicht gefalle, oder der andere nicht gut mit dem Kind umgehe. Fotografien können dann hilfreich sein, um zu demonstrieren, wie wohl sich das Kind auch beim anderen Elternteil fühlt.

2. Wenn Eltern den Umgang vereiteln

Häufig ist es jedoch die **Haltung des betreuenden Elternteils,** die dem Kind die innere Freiheit nimmt, sich für Kontakte mit dem anderen Elternteil zu entscheiden. Die Interessensvertretung des Kindes macht dann erforderlich, die Bedeutung des zweiten Elternteils für die kindliche Entwicklung klarzustellen und einzufordern, dass der betreuende Elternteil auch Verantwortung für den Erhalt der zweiten Elternbeziehung übernimmt. Meist stellt sich dann heraus, dass der betreuende Elternteil dabei Unterstützung braucht, wie er das Kind zu Kontakten mit dem anderen Elternteil motivieren kann. Häufig ist es Eltern nicht bewusst auf welche Weise sie das

Kind daran hindern, mit dem anderen Elternteil in Verbindung zu bleiben. Hilfreich kann es sein mit den Eltern zu erörtern, wie sie sich ein „Ja" vom Kind in anderen Situationen holen. Die meisten Eltern besitzen die Fähigkeit ihre Kinder zu etwas zu motivieren, zu dem sie von vornherein nicht bereit sind, es zu tun. Die Verantwortung für die zweite Elternbeziehung zu übernehmen erfordert von den Eltern das gleiche konsequente Verhalten, das sie anwenden würden, wenn das Kind nicht bereit ist in die Schule zu gehen oder einen notwendigen Zahnarztbesuch zu akzeptieren. Videoaufzeichnungen können hilfreich sein, um den Eltern aufzuzeigen, durch welche nonverbalen oder doppelten Botschaften sie das Kind hindern, sich für Kontakte mit dem anderen Elternteil auszusprechen.
Wenn das Kind die ablehnende Haltung des betreuenden Elternteils übernommen hat (PAS[4]), gilt es herauszufinden, was das Kind in Bezug auf den „abgelehnten" Elternteil glaubt, fühlt, weiß, erwartet oder befürchtet; wie es welche Situation/welches Verhalten bewertet, wie es zu dieser Einschätzung gekommen ist und welche Bereitschaft vorhanden ist, andere, neue Erfahrungen zusammen mit diesem Elternteil zu machen.

VI. Möglichkeiten des Verfahrenspflegers, die erforderlichen Veränderungen mit Hilfe des Gerichts zu bewirken

Das Gesetz geht heute davon aus, dass es grundsätzlich dem Kindeswohl entspricht, wenn das Kind den Umgang mit beiden Eltern pflegt, unabhängig davon, ob seine Eltern getrennt leben, geschieden sind oder nicht (§ 1626 III BGB). Die im Bereich der elterlichen Sorge festgelegte Bedeutung des Umgangs mit beiden Eltern wird durch die Vorschriften des Umgangsrechts weiter konkretisiert: Dem Kind ist das Recht auf Umgang mit beiden Eltern eingeräumt (§ 1684 I, 1. Hs BGB). Dieses Recht wird als so bedeutsam erachtet, dass der Gesetzgeber diesem nicht nur das Recht der Eltern, sondern auch deren Pflicht gegenüber gestellt hat, den Umgang zu pflegen (§ 1684 I, 2. Hs BGB). Die Eltern sind darüberhinaus verpflichtet, sich „wohlzuverhalten", d. h. alles zu unterlassen, was das Verhältnis des anderen Elternteils zum Kind beeinträchtigen könnte. Allgemein anerkannt ist, dass § 1684 II BGB nicht nur die Verpflichtung zur Unterlassung, sondern auch zum positiven Tun enthält[5, 6]. Das heißt, beide Eltern müssen

4 Parental Alienation Syndrome, ausführliche Informationen siehe die Kapitel 2.2., 2.3. und 2.4. in diesem Band
5 Palandt/Diederichsen, 58. Auflage, § 1684 BGB Rz. 12
6 FamRefKommentar Bäumel u. a./Rogers § 1684 BGB Rz. 8

aktiv die Beziehung des Kindes zum anderen Elternteil fördern und soweit Schwierigkeiten entstehen, Anstrengungen unternehmen, um diese zu überwinden[7].
Dieselbe Verpflichtung besteht für den Inhaber der elterlichen Sorge aufgrund seines Sorgerechts. Er ist verpflichtet, durch erzieherische Einwirkung das Kind zu Kontakten mit dem anderen Elternteil zu veranlassen und notfalls durch seine Autorität dessen Widerstand zu überwinden[8]. Er trägt die Verantwortung dafür, dass den Bedürfnissen des Kindes Rechnung getragen wird.

Das bedeutet, die zuvor beschriebenen pädagogischen Anforderungen an die Eltern sind auch rechtlich von den Eltern einzufordern.

Die gerichtliche Einforderung der aktiven Unterstützung der Kontakte zum anderen Elternteil ist immer dann erforderlich, wenn dies auf freiwilliger Basis nicht zu erreichen war. In aller Regel ist es für Eltern einfacher, den Anforderungen, die sich aus der Elternschaft ergeben, auszuweichen, anstatt sich ihnen zu stellen. Deshalb macht es Sinn, Eltern negative Konsequenzen in Aussicht zu stellen, um die Bereitschaft zu erhöhen, entsprechende Mühen auf sich zu nehmen. Es ist nachvollziehbar, dass Eltern sich ungern bei der Erbringung bestimmter Erziehungs- oder Motivationsleistungen begleiten lassen. Solche Maßnahmen durch das Gericht in Aussicht zu stellen, kann die Bereitschaft von Eltern, sich künftig im Interesse des Kindes zu verhalten oder sich entsprechende Beratungshilfe auf freiwilliger Basis zu holen, erhöhen.[9] Damit macht das Gericht deutlich, dass von Eltern zu erwarten ist, dass sie sich Hilfe von Dritten holen, wenn sie es beispielsweise nicht schaffen, das Kind zu Kontakten mit dem anderen Elternteil zu motivieren.
Das gleiche gilt auch hinsichtlich der Bereitschaft zu gemeinsamen Elterngesprächen. Auch hier ist von den Eltern zu erwarten, dass sie sich Hilfe holen, anstatt die Kontakte abzubrechen. Negative Konsequenzen, um die Bereitschaft von Eltern zu kindeswohlkonformem Verhalten zu erhöhen, können u. U. auch sein: Kostenrechtliche Entscheidungen zu Lasten des Elternteils zu treffen, der die Maßnahme erforderlich machte; erhöhter Zeit- und Kostenaufwand für das Holen und Bringen dem Elternteil zuzumuten, der den Umzug will. Darüber hinaus besteht bei Umgangsvereite-

7 Palandt/Dieterichsen § 1684 BGB Rz. 52
8 Palandt/Dieterichsen § 1684 BGB Rz. 58; OLG Hamm, FamRZ 1996, 363; OLG Frankfurt/M., FamRZ 1993, 729
9 In diesem Zusammenhang möchte ich auf die interessanten Ausführungen von Figdor 1997 verweisen.

lung die Möglichkeit unter bestimmten Umständen den Ehegattenunterhalt zu kürzen.
Aus dem gleichen Grund kann der Einsatz von Zwangsmitteln (§ 33 FGG) gerechtfertigt sein. Mittel, die das FGG zur Durchsetzung seiner Entscheidungen vorsieht, sind das Zwangsgeld und die Zwangshaft. Meines Erachtens werden solche Maßnahmen häufig zu Unrecht als „wirkungslos" eingeschätzt. Meine Erfahrung ist, dass sie nicht konsequent genug umgesetzt werden. So wird häufig Zwangsgeld erst gar nicht angeordnet mit dem Argument, die finanzielle Situation des Elternteils lasse ein solches Vorgehen nicht zu. Übersehen wird, dass Zahlungsunfähigkeit normalerweise die Ladung zur eidesstattlichen Versicherung zur Folge hat. Die meisten Eltern setzen sich ungern einer solchen Situation aus und sind nicht bereit die damit verbundenen Nachteile für die Zukunft in Kauf zu nehmen. Deshalb macht es in den meisten Fällen Sinn, diese Möglichkeit auszuschöpfen, um eine Umsetzung bestehender Gerichtsbeschlüsse wahrscheinlicher zu machen.
Das Argument, bei Zwangshaft sei die Verhältnismäßigkeit der Mittel nicht gewahrt, verliert dann seine Gültigkeit, wenn abgewogen wird, zwischen den langfristigen Schäden für das Kind, wenn der Gerichtsbeschluss nicht umgesetzt wird und den Zumutungen für den Elternteil aufgrund der Haft. Das Argument, Zwangshaft stehe dem Kindeswohl generell entgegen, gilt es zumindest in solchen Situationen zu hinterfragen, wenn eine Betreuung des Kindes in dieser Zeit durch den anderen Elternteil oder eine andere vertraute Bezugsperson sichergestellt werden kann.
Voraussetzung für die Anordnung von Zwangsmaßnahmen ist, dass sie zuvor angedroht wurden und sich auf eine vollzugsfähige, klare Gerichtsentscheidung beziehen, in der eine konkrete Verpflichtung ausgesprochen ist: z. B. das Kind zu einem bestimmten Zeitpunkt zu übergeben.
Auch Motivationsleistungen sind solche vollstreckungsfähigen Leistungen, wenn sie im Gerichtsbeschluss konkret genug beschrieben sind.
Schließlich sind Zwangsmittel nur möglich, wenn eine *schuldhafte Nichterfüllung* der Verpflichtung vorliegt. Diesen Sachverhalt festzustellen ist für das Gericht immer dann schwierig, wenn ein Elternteil behauptet, das Kind weigere sich beharrlich den anderen Elternteil zu besuchen und seine Einwirkungsmöglichkeiten seien erschöpft. Dies macht in der Regel die Überprüfung durch den Verfahrenspfleger erforderlich. Dann bleibt das Gericht für seine Entscheidungsfindung nicht mehr auf die unterschiedliche und zumeist widerprüchliche Wahrnehmung der Eltern angewiesen.
Dies gilt auch, wenn Umgangsrechtsbeschlüsse dadurch unterlaufen werden, dass mitgeteilt wird, das Kind sei krank. Auch hier ist in der Regel erforderlich, dass der Verfahrenspfleger sich einen eigenen Eindruck von

der kindlichen Situation verschafft. Das verschafft dem Gericht eine objektive Entscheidungsgrundlage. Denn nicht jede Erkrankung macht Kontakte mit dem anderen Elternteil unmöglich. Aber auch die meisten vorgelegten ärztlichen Atteste sind ungeeignet, um daraus ablesen zu können, ob die Umsetzung des Beschlusses tatsächlich nicht möglich war. Häufig sind lediglich die Angaben und Einschätzungen des vorsprechenden Elternteils durch den Arzt/Psychologen wiedergegeben.
Erfahrungsgemäß ist es sinnvoll, die Weigerung des Elternteils, die gerichtlich geforderte Leistung zu erbringen oder zuzulassen, bereits mit Erlass des Beschlusses mit Zwangsmitteln zu belegen. Dadurch wird die Verbindlichkeit der Entscheidung verdeutlicht und die Bereitschaft erhöht, sich an die gerichtliche Entscheidung tatsächlich zu halten.
Weigert sich ein Elternteil dennoch, gerichtliche Anordnungen zu befolgen und bleiben die angedrohten und umgesetzten Zwangsmaßnahmen tatsächlich wirkungslos, dann stellt sich die Frage nach der Erforderlichkeit des Eingriffs in das Sorgerecht: durch Einsatz eines Umgangspflegers, Sorgerechtswechsel, Wechsel des Kindes in den Haushalt des anderen Elternteils oder auch die vorübergehende Herausnahme des Kindes aus dem aktuellen Konfliktfeld.
Die Verhältnismäßigkeit der Mittel setzt allerdings voraus, dass zuvor *alle niedrigeren* Eingriffsmöglichkeiten ausgeschöpft sind. Erfahrungsgemäß ist es von Vorteil, Eltern bereits von Anfang an die nächst größeren Eingriffe in ihre Rechte aufzuzeigen, falls das jetzt zur Anwendung kommende mildere Mittel nicht ausreichen sollte oder die jetzt angeordnete Maßnahme an der fehlenden Bereitschaft der Eltern zur Mitarbeit scheitert.
Konsequenzen für Eltern zu fordern, die sich über bestehende Gerichtsbeschlüsse hinwegsetzen, stößt nicht selten auf Widerspruch. Aus meiner Sicht ist es richtig, solche Maßnahmen mit der gebotenen Sorgfalt einzusetzen. Es darf nicht aus den Augen verloren werden, dass es weiterhin in der Macht der Eltern bleibt, solche negativen Maßnahmen für sich zu vermeiden. Sie sind es, die die Möglichkeit haben für sich jegliche Hilfe in Anspruch zu nehmen, um die geforderten Unterstützungsleistungen erbringen zu können. Das Kind hingegen hat diese Chance nicht. Es ist und bleibt darauf angewiesen, dass die **Eltern** ihm veränderte Bedingungen schaffen.

VII. Schlussbemerkung

Ich bin mir der Härte der vorgeschlagenen Vorgehensweise bewusst, zumal die meisten Eltern nicht aus Bösartigkeit handeln und sich auch nicht im Klaren darüber sind, welchen Schaden sie ihren Kindern zufügen.

Die Motive von Eltern resultieren aus den erlebten Kränkungen und Verletzungen, die sie auf der Paar- oder Elternebene erfahren haben. Dennoch darf das Verständnis für die Situation der Eltern nicht dazu führen, die Interessen der Eltern über die des Kindes zu stellen. Die Entscheidung, vor der Verfahrenspfleger oder auch Gerichte regelmäßig stehen, besteht darin, ob dem Kind oder dem Erwachsenen Einschränkungen zugemutet werden sollen. Welchen Zwängen und Nöten Kinder ausgesetzt sind, die aufgrund der Trennung einen Elternteil verlieren, und die Folgen, die sich für ihr weiteres Leben daraus ergeben, sind bekannt.
Der Erfolg der Verfahrenspflegschaften bei Umgangsstreitigkeiten wird deshalb künftig davon abhängen, was wir bereit sind, Eltern zuzumuten, um Kindern zu ihrem Recht zu verhelfen. Das macht offensichtlich nicht nur eine Bewusstseinsveränderung bei den Eltern, sondern auch bei den beteiligten Fachleuten erforderlich.
Von Verfahrenspflegern erfordert es die Bereitschaft, die Gerichte so zu unterstützen, dass Entscheidungen im Sinne des Kindes möglich werden. Von den Richtern erfordert es Mut, die Interessen der Kinder auch oder gerade gegenüber uneinsichtigen Eltern in Schutz zu nehmen. Sie setzen sich zur Zeit noch dem Risiko aus, Entscheidungen zu treffen, die in der nächsten Instanz keinen Bestand haben werden. Dieser Mut ist jedoch erforderlich, um die Rechtssprechung im Sinne der Kinder allmählich zu verändern. Ein solches Handeln liegt letztendlich im Interesse der Richter selbst. Denn dies wird nicht ohne Rückwirkung auf die Beratungsqualität bleiben. Wenn auch auf der gerichtlichen Ebene Priorität hat, den Bedürfnissen der Kinder Rechnung zu tragen anstatt denen der Erwachsenen, sind Eltern eher bereit, solchen Forderungen auf freiwilliger Basis Folge zu leisten. Auch auf diese Weise lässt sich Bewusstsein verändern und verhindern, dass Eltern die gerichtliche Lösung ihres Streits suchen.

§ 50 FGG

(1) Das Gericht kann dem minderjährigen Kind einen Pfleger für ein seine Person betreffendes Verfahren bestellen, soweit dies zur Wahrung seiner Interessen erforderlich ist.

(2) Die Bestellung ist in der Regel erforderlich, wenn
1. das Interesse des Kindes zu dem seiner gesetzlichen Vertreter in erheblichem Gegensatz steht,
2. Gegenstand des Verfahrens Maßnahmen wegen Gefährdung des Kindeswohls sind, mit denen die Trennung des Kindes von seiner Familie oder die Entziehung der gesamten Personensorge verbunden ist (§§ 1666, 1666a BGB) oder

3. Gegenstand des Verfahrens die Wegnahme des Kindes von der Pflegeperson (§ 1632 Abs. 4 BGB) oder von dem Ehegatten oder Umgangsberechtigten (§ 1682 BGB) ist.
   Sieht das Gericht in diesen Fällen von der Bestellung eines Pflegers für das Verfahren ab, so ist dies in der Entscheidung zu begründen, die die Person des Kindes betrifft.

(3) Die Bestellung soll unterbleiben oder aufgehoben werden, wenn die Interessen des Kindes von einem Rechtsanwalt oder einem anderen geeigneten Verfahrensbevollmächtigten angemessen vertreten werden.

(4) Die Bestellung endet, sofern sie nicht vorher aufgehoben wird,
1. mit der Rechtskraft der das Verfahren abschließenden Entscheidung oder
2. mit dem sonstigen Abschluss des Verfahrens.

(5) Der Ersatz von Aufwendungen und die Vergütung des Pflegers erfolgen aus der Staatskasse. Im Übrigen sind §§ 1835, 1836 Abs. 1 Satz 1.2 und 4, Abs. 2 bis 4 der BGB entsprechend anzuwenden.

Joël Binckli:

2.6. Trennung von Kindern und Geschwistern (soziologischer und politischer Aspekt) – Eine Fallgeschichte

Mein Name ist Joël Binckli, ich bin 21 Jahre alt und studiere Soziologie und Geschichte. Meine Biographie und die Trennung von meinen Geschwistern von mir und von meinen Eltern sind Gegenstand meiner Ausführungen.
Alles begann 1986, als ich sechs Jahre alt war und die erste Klasse der Grundschule besuchte. Es war ein ganz normaler Schultag und die Unterrichtsstunde hatte gerade begonnen. Auf einmal klopfte es an der Tür, meine Lehrerin öffnete und rief mich dann zu sich. Draußen standen zwei Männer, die sich als Kriminalpolizisten ausgaben und mir eröffneten, dass sie mich zu einer ärztlichen Untersuchung mitnehmen müssten. Total perplex und verwirrt holte ich meine Sachen und ging mit ihnen mit. Sie brachten mich in das gerichtsmedizinische Institut zu einer Ärztin, die mich dann untersuchte. Ich hatte panische Angst und war ziemlich hysterisch, da ich überhaupt nicht verstand was hier vorging. Als Erklärung sagten sie mir lediglich, dass meine Eltern mich misshandeln würden und ich daher erst einmal in ein Kinderdorf gebracht werden würde. Dort würde es mir besser gehen als bei meinen Eltern. Jetzt verstand ich gar nichts mehr. Meine Eltern mich misshandeln? In ein Kinderdorf soll ich gebracht werden?
Zeitgleich zu dieser Aktion standen Mitarbeiter des Jugendamtes Freiburg und der Polizei vor der Tür der Wohnung meiner Eltern und versuchten hineinzukommen, indem sie angaben, sie seien von den Stromwerken. Auf meine vier Geschwister passte zu der Zeit eine französische Freundin meiner Eltern auf, da mein Vater bei der Arbeit und meine Mutter beim Einkaufen war. Die Jugendamtsmitarbeiter und die Polizisten warteten, bis mein Vater und meine Mutter eintrafen, und sagten meinen Eltern, dass sie ihre Kinder misshandeln würden und sie deshalb die Kinder untersuchen müssten. Das taten sie dann auch sofort und gingen dabei nicht gerade behutsam vor.
Versetzen Sie sich mal in die Lage meiner kleinen Geschwister, welche von wildfremden Menschen aus dem Mittagsschlaf geweckt werden und dann irgendwelche Untersuchungen nach Misshandlungsspuren über sich ergehen lassen müssen, während ihre Eltern von Polizisten festgehalten werden, obwohl die Kinder nach der Mutter schreien. Eine schreckliche Situation für die Kinder, aber auch für die Eltern.
Nachdem sie alle meine Geschwister untersucht hatten, stellten sie fest, dass die zweijährige Lea blaue Flecken hatte, deshalb wurde sie zu einer Untersuchung mitgenommen. Die anderen drei Kinder durften vorerst zu

Hause bleiben. Diese ganze Aktion fand in der Mittagszeit statt, sodass kein Anwalt erreichbar war.
Nach der medizinischen Untersuchung, bei der ich dann mit Lea zusammentraf, wurden wir in ein Kinderdorf außerhalb Freiburgs gebracht. Lea war total apathisch und sprach kein Wort. Sie stand unter Schock. Dieser Zustand wurde auf die „Misshandlungen" in der Familie zurückgeführt, nicht auf die gewaltsame Herausnahme.
Im Kinderdorf fand ich mich überhaupt nicht zurecht. Ich konnte das alles nicht verstehen. Warum sollte ich nicht mehr zu Hause sein? Die Trennung von meinen Eltern und Geschwistern machte mir schwer zu schaffen. Auf meine Fragen bekam ich lediglich zur Antwort: „Deine Eltern sind schlecht und haben euch misshandelt und deshalb seid ihr hier. Euch geht es hier besser!" Doch mir ging es überhaupt nicht gut. Ich musste mich von heute auf morgen in ein neues Umfeld einleben, kam in eine neue Schule und überall waren nur fremde Leute.
Nach einer Woche wurden wir erneut aus diesem Umfeld, in das wir gerade begonnen hatten uns einzuleben, herausgerissen und in ein Kinderheim nach Müllheim gebracht. Dieses Kinderheim in Müllheim ist mir noch wesentlich schrecklicher in Erinnerung, als das Kinderdorf in Sulzburg. In Müllheim wurden Lea und ich getrennt und kamen in verschiedene Häuser. Dort sah ich dann überraschenderweise auch meine anderen Geschwister, die inzwischen auch aus meiner Familie herausgerissen worden waren. Ich benutze ganz bewusst dieses Wort: „herausgerissen", da man eine solche Vorgehensweise mit ihren emotionalen und psychischen Konsequenzen meiner Meinung nach nur so benennen kann.
In der Woche nachdem Lea und ich wegkamen, versuchten meine Eltern verzweifelt etwas dagegen zu unternehmen und setzten sich mit dem Amtsgericht in Verbindung. Sie wandten sich an die zuständige Familienrichterin. Sie wollten wissen, wo wir sind und warum das alles passiert sei. Erneut wurden sie mit dem Vorwurf konfrontiert, ihre Kinder misshandelt zu haben. Der Rat an meine verzweifelte Eltern lautete lediglich: „Lassen sie die Kinder dort, wo sie sind, das ist besser so." Meine Eltern waren darüber so überrascht und konnten sich keinen Reim darauf machen, da die Richterin doch unsere Familie gar nicht kannte. Die Richterin räumte ihnen dann einen Termin ein, bei dem dann alles Weitere besprochen werden sollte.
Die dazwischenliegende Zeit war für meine Geschwister Rebecca, Priscille und meinen kleinen Bruder Philippe schrecklich gewesen. In dieser letzten Woche, in der sie noch zu Hause waren, hatten besonders Rebecca und Priscille entsetzlich gelitten. Beide waren nur noch mit Mühe dazu zu bewegen, etwas zu essen. Sie hatten Angst, alleine in der Wohnung zu bleiben. Man konnte sie nicht mehr alleine in ihrem Zimmer schlafen lassen.

Ihr Schlaf war nachts nur noch sehr unruhig, sie weinten im Schlaf und wachten oft in panischer Angst auf. Tagsüber mussten meine Eltern mit ihnen aus der Wohnung gehen, weil sie so unter der Situation litten. Ständig fragten sie, wann Lea und ich wiederkämen. Sie waren immer sehr erleichtert, wenn sie in einer befreundeten Familie mit anderen Kindern waren. Das bedeutete für sie, aus der „Gefahr" zu sein, selbst auf die gleiche Weise abgeholt zu werden wie Lea. Leider war das ein tragischer Trugschluss.

Rebecca und Priscille lebten in ständiger Angst, dass die Polizei und das Jugendamt wiederkommen und auch sie wegholen würden. Sie konnten nicht verstehen, warum Lea und ich nicht mehr nach Hause kamen. Es war für sie alles unbegreiflich.

Von einem Tag auf den anderen war nichts mehr so wie vorher, als wir noch eine glückliche, fröhliche Familie waren.

An diesem besagten Tag, es war der 5. Juni 1986, brachten meine Eltern meine Geschwister Rebecca, Priscille und Philippe zu einer befreundeten Familie aus unserer freikirchlichen Gemeinde. Dort war eine ausgebildete Erzieherin, die auf meine Geschwister aufpasste. Meine Eltern gingen zu diesem Termin ins Amtsgericht. Ich habe ihn vorhin schon erwähnt.

Als sie vor dem Raum warteten, kam die Sozialarbeiterin vom Jugendamt, die meine Schwester Lea von meinen Eltern weggerissen hatte, mit einem weiteren Jugendamtsmitarbeiter. Sie schauten meine Eltern etwas seltsam an und gingen dann ins das Zimmer der Richterin. Bald darauf wurden auch meine Eltern hereingerufen. Die Sozialarbeiterin verließ den Raum, der andere Sozialarbeiter blieb da. Die Anhörung wurde eröffnet und die Richterin stellte jede Menge Fragen zum Glauben meiner Eltern. Zur Erziehung meiner Eltern stellte sie absolut keine Fragen. Meine Eltern versuchten immer wieder, ihre Erziehungsprinzipien zu erläutern.

Ganz unvermittelt wollte die Richterin plötzlich wissen, wo jetzt meine Geschwister seien, wer sie denn jetzt beaufsichtige. Meine Eltern erzählten in völligem Vertrauen in den Rechtsstaat und seine Vertreter, nichts Böses ahnend, dass sie gut aufgehoben seien bei einer befreundeten Familie und dort von einer Erzieherin betreut werden. Nun wollte die Richterin die Adresse und die Telefonnummer wissen. Weil das meiner Mutter nun doch etwas seltsam vorkam, fragte sie nach, warum sie dies denn wissen wolle. Diese Person solle als Zeugin vernommen werden. Meine Eltern gaben ihr die Adresse. Daraufhin verließ der anwesende Sozialarbeiter den Raum, wahrscheinlich um zu telefonieren und die Adresse der Polizei weiterzugeben. Bald darauf war die Anhörung zu Ende. Meine Eltern waren innerlich sehr unzufrieden und sagten der Richterin, dass sie eigentlich mit ihr über unser Familienleben sprechen möchten, damit sie sich ein Bild von uns

machen könne. Dies lehnte sie freundlich mit dem Argument ab, dass dazu jetzt keine Zeit wäre, doch sicherlich würde es ein anderes Mal Gelegenheit dazu geben. Meine Eltern hatten in den vergangenen 14 Jahren nie mehr eine Gelegenheit dazu, weil es anscheinend niemand interessierte, wie es wirklich bei uns zu Hause war.
Die Richterin war die ganze Zeit über sehr freundlich, sodass man ihr niemals etwas Böses zugetraut hätte.
Als nun das Gespräch zu Ende war, fuhren meine Eltern direkt zu unseren Freunden, um meine Geschwister abzuholen.
Dort angekommen, kamen ihnen schon auf dem Parkplatz unsere Freunde entgegen und sagten ihnen, dass die Polizei und das Jugendamt da gewesen war und die anderen drei Kinder mitgenommen hatten. Sie hätten noch einen Anwalt anrufen wollen, doch das hätte die Polizei verhindert.
Sie erzählten, wie Rebecca ein total versteinertes Gesicht bekommen hätte, als sie die Sozialarbeiter und die Polizisten gesehen hat und mit ihnen mitgehen musste. Sie hatte zuvor das erste Mal seit einer Woche wieder gelacht. Die anderen anwesenden Spielkameraden bekamen das alles hautnah mit. Vier Polizisten und zwei Sozialarbeiter, die sich in der ganzen Wohnung verteilt hatten, um jeglichem Widerstand entgegenzuwirken, jagten den Kindern natürlich Angst ein.
Viele von den Kindern hatten lange Zeit mit diesem Erlebnis zu kämpfen und hatten psychische Probleme wie z.B. Heulkrämpfe oder Angstzustände.
Nun hatten also meine Schwestern Rebecca und Priscille genau das erlebt, wovor sie sich, seit Lea und ich im Heim waren, gefürchtet hatten.
Auch meinen kleinen Bruder Philippe, der gerade erst vier Monate alt war, nahmen sie mit, sie fragten nicht einmal nach, ob er noch gestillt wird oder was er für eine Nahrung bekommt oder ob vielleicht sonst etwas bei ihm zu beachten sei. Nein, er wurde einfach mitgenommen, wie man eine Stoffpuppe mitnimmt.
So kamen also auch meine anderen drei Geschwister ins Kinderheim nach Müllheim. In jenem Kinderheim gab es mehrere Häuser, in denen jeweils eine Wohngruppe wohnte. Jedoch kamen wir nicht alle zusammen in ein Haus. Nein, wir wurden auf die verschiedensten Häuser verteilt und sahen uns daher auch sehr selten. Ich erinnere mich noch gut, dass mir damals auffiel, dass Rebecca und Priscille sehr apathisch waren, kaum etwas sprachen, genauso wie es bei Lea gewesen war.
Es war für uns alle eine schreckliche Zeit. Einerseits war es schön, wieder mit meinen Geschwistern zusammen zu sein, obwohl wir räumlich ja getrennt waren, dadurch, dass wir in verschiedenen Häusern waren. Doch andererseits fehlten meine Eltern. Es war einfach schrecklich dort zu sein

und zu wissen, ich habe doch meine Eltern. Was machen diese, was denken sie über die ganze Situation, warum holen sie uns nicht hier raus? Es waren Fragen über Fragen, die da dauernd in meinem Kopf herumschwirrten, aber keine Antworten. Da war immer diese Sehnsucht, dieses Verlangen, nach Hause zurückzukehren, in die Geborgenheit der Familie und natürlich auch in das gewohnte Umfeld.
Im Heim konnte ich mich nicht richtig einleben. Man versuchte sich, so weit wie möglich, nach außen hin anzupassen. Was aber in mir vorging, das hatte keiner gemerkt. Es war eine Zeit, an die ich mich selbst heute noch nur sehr ungern erinnere. Eine Zeit, in der ich mich jeden Abend, wenn die Schlafzimmertür zufiel und es keiner merkte, in den Schlaf heulte, morgens aufwachte mit Tränen in den Augen, weil ich die ganze Nacht geträumt hatte, von der Polizei, die an der Tür stand und klopfte und sagte: „Hallo, wir müssen dich jetzt mit in ein Heim nehmen. Du wirst ganz allein sein, deine Eltern bleiben ganz weit weg!" Es waren ständig wiederkehrende Alpträume. Das war natürlich eine riesige psychische Belastung, unter der ich damals stand, und ich denke, meinen Geschwistern ging es damals ähnlich. Wir hatten es alle sehr schwer uns einzuleben, trotzdem mussten wir irgendwie überleben.
Ich musste dann *wieder* in eine neue Schule. Es war für mich innerhalb von 10 Tagen der zweite Schulwechsel, wieder ein neues Umfeld. Ich hatte den Wechsel von meinem gewohnten Umfeld von Zuhause ins Kinderdorf Sulzburg, in eine neue Schule erlebt. Dann eine Woche später, ein erneuter Wechsel ins Kinderheim Müllheim, das von der Struktur her schon viel unpersönlicher war, mit einem ständigen Erzieherwechsel aufgrund des Schichtdienstes. Es waren Erzieher, die sich nicht richtig um einen kümmerten, die einen mehr oder weniger das machen ließen, was man wollte. Auf meine Fragen nach meinen Eltern und wenn ich ihnen sagte, dass ich nach Hause wollte, hatten sie immer nur dieselbe Standardantwort: „Deine Eltern haben euch misshandelt, euch ging es schlecht bei ihnen. Eure Mama und Papa sind schlecht, deshalb seid ihr hier und jetzt geht es euch gut." Es waren genau dieselben Antworten, die ich auch schon im Kinderdorf bekam. Es war immer dieselbe Lüge. Ich aber wusste ganz genau wie es mir innerlich ging – mir ging es nicht gut. Ich war psychisch total fertig.
In der neuen Schule in Müllheim musste ich mich wieder neu in eine Klasse einleben. Ich hatte damit sehr große Schwierigkeiten. Es fiel mir unheimlich schwer, irgendwelche sozialen Kontakte aufzubauen und Freundschaften zu knüpfen oder mich mit irgendwelchen anderen Kindern anzufreunden. Ich zog mich total zurück und baute um mich herum einen Panzer auf. Einen Panzer der Unnahbarkeit, keiner sollte merken, wie es in mir aussah

und was in mir vorging. Es war eine vollkommen automatische Reaktion, ich konnte das nicht kontrollieren.
Mit der Zeit bekamen meine Eltern irgendwie heraus, in welchem Kinderheim wir waren, denn man hatte ihnen nicht gesagt, wohin ihre Kinder gebracht wurden. Über einen Anwalt versuchten sie verzweifelt zu erreichen, uns sehen zu dürfen, aber sie konnten nichts ausrichten. So sprachen sie auch einmal bei dem Leiter des Kinderheimes vor. Daraufhin wurden in dieser Zeit einfach alle Außentüren in den Häusern verschlossen, damit wir nicht heraus konnten und so vielleicht unsere Eltern sehen könnten, damit ja kein Kontakt zwischen meinen Eltern und uns stattfand.
Eines Tages sah ich in der Schule in Müllheim während der Hofpause plötzlich meinen Vater am Ende des Schulhofes stehen. Voller Freude lief ich zu ihm hin und war überglücklich ihn endlich wieder zu sehen und bat ihn sofort inständig, mich doch wieder mit meinen Geschwistern nach Hause zu holen, weil ich es im Heim nicht mehr aushalte. Ich traf mich dann in einem Zeitraum von etwa einigen Wochen mehrmals in der Hofpause an der Schule mit meinem Vater. In der Zwischenzeit wurden meine Geschwister und ich mit dem Psychologen des Kinderheimes bekannt gemacht und wurden mit der Zeit immer mehr in dessen Familie eingeführt. Der Psychologe, seine Frau und seine kleine Tochter nahmen uns immer öfter auf Ausflüge oder auch zu ihnen nach Hause mit.
Nach einiger Zeit stand dann fest, dass wir dann am Anfang der Sommerferien in diese Familie umziehen würden und dort sozusagen in eine Pflegefamilie kämen. Doch das wäre keine Verbesserung der Situation gewesen. Ich empfand es damals lediglich wieder als ein neues Umfeld, als eine neue Situation, auf die ich mich einstellen musste, und ich sah es als genauso schrecklich an wie im Heim.
Jedes Mal, wenn ich meinen Vater sah, flehte ich ihn an, mich doch bitte, bitte, bitte unter allen Umständen nach Hause zu holen, mit meinen Geschwistern zusammen. Ich machte ihm sogar Vorschläge, wie er es machen könnte. Eines Tages hielt es mein Vater nicht mehr aus und er sagte: „O. K., komm jetzt mit!" Wir gingen zu seinem Auto und wir fuhren von der Schule weg, durch Müllheim durch. Ich erinnere mich noch ganz genau an diesen Augenblick und ich werde ihn nie vergessen. Ich sagte zu meinem Vater: „Papa, die anderen. Wir müssen die anderen noch holen! Wir müssen Rebecca, Priscille, Lea und Philippe noch holen! Ich gehe nicht ohne sie!" Ich fühlte damals eine große Verantwortung für sie und merkte, ich kann die anderen doch nicht im Stich lassen. Ich konnte es nicht! – „Ich kann doch jetzt nicht einfach wieder heim gehen und sie müssen dableiben." Aber mein Vater sagte zu mir: „Jetzt komm du erst einmal mit und die anderen holen wir später nach." Er wollte dies auch so tun. Doch es kam

alles ganz anders. Ich ließ mich von seinem Vorhaben überzeugen und ging mit ihm. Er fuhr mich dann an einen versteckten Ort, an den dann auch meine Mutter nachkam.
Ich war überglücklich, dass ich wieder mit meinen Eltern zusammen sein konnte und dass ich endlich aus dem Heim heraus war. Trotzdem war dieses Glücksgefühl überschattet von den Erinnerungen an meine Geschwister, an die ganzen Erlebnissen, die ich durchgemacht hatte. Es fiel mir immer noch schwer nachts zu schlafen, ohne Albträume zu bekommen. Oftmals bekam ich Heulkrämpfe. Sobald meine Mutter aus dem Raum ging, wollte ich nicht allein bleiben und fragte sie sofort, wohin sie gehe. Ich hatte es äußerst schwer, mich wieder an das normale Leben zu gewöhnen. Meine Mutter erzählte mir später über diese Zeit, dass ich total verängstigt gewesen sei. Bei dem Wort Psychologe bekam ich Heulkrämpfe und Angstzustände, auch war es unmöglich, dass sie mich in den ersten Wochen auch nur einen Augenblick allein im Zimmer lassen konnte. Sobald ich irgendwo ein Baby weinen hörte, schrie ich los: „Das ist Philippe!"
Trotzdem merkte ich, wie es mir gut tat wieder mit meinen Eltern zusammen zu sein und langsam fing ich an wieder aufzublühen und konnte mich wieder einigermaßen entspannen.
Und die Probleme hörten nicht auf, nein, die fingen jetzt erst richtig an. Die Polizei begann uns zu suchen und mein Bild wurde in der Bildzeitung veröffentlicht. In zahlreichen Zeitungen, Zeitschriften, Radios, also in den ganzen Medien gingen Suchmeldungen herum. An allen Grenzen, an die Polizei wurden Fahndungsmeldungen durchgegeben. Sogar Interpol wurde eingeschaltet. So mussten wir uns ziemlich versteckt halten. Mein Vater musste, nachdem er mich an einen sicheren Ort gebracht hatte, wieder zurück zu seiner Arbeit. Meine Eltern hatten, nachdem mich mein Vater mitgenommen hatte, sofort das Gericht und Jugendamt schriftlich benachrichtigt, aus welchen Gründen mein Vater dies getan hatte.
Als mein Vater dann am nächsten Tag wie gewohnt zur Arbeit ging, tauchte in der Mittagspause plötzlich die Kriminalpolizei auf und verhaftete ihn wegen Kindesentführung und Fluchtgefahr. Er sagte, dass er doch nur sein eigenes Kind mitgenommen hätte. Aber er hatte nun kein Sorgerecht mehr für mich und meine Geschwister und so konnten sie ihn mitnehmen. Er kam sechs Monate in Untersuchungshaft.
Jedenfalls mussten meine Mutter und ich uns verstecken. Wir brauchten nun einen Ort, wo wir uns für längere Zeit verstecken konnten. Irgendwie musste auch das Problem gelöst werden, wie ich zur Schule gehen konnte. So beschloss meine Mutter, da sie ausgebildete Grundschullehrerin ist, dass sie mich selber unterrichten würde. So eine Art privater Unterricht, eine Heimschule. Sie ließ sich von einer befreundeten Lehrerin einen Lehrplan

geben und machte einen Stoffverteilungsplan für das nun beginnende zweite Schuljahr.
Wir fanden dann einen Platz, an dem wir unterkommen konnten. Dort begann dann eine der ereignisreichsten Zeiten meines Lebens – meine Untergrundzeit. Dass sie drei Jahre dauern würde, ahnten wir damals noch nicht.
Es war eine Zeit des ewigen Sichversteckens, in täglicher Angst lebend, entdeckt zu werden und von der Polizei gefunden zu werden. Und dann erneut von meiner Mutter getrennt zu werden und wieder zurück in dieses schreckliche Heim zu kommen, wohin ich auf gar keinen Fall wieder wollte. Dazu kam noch, dass ich von meinen Geschwistern immer noch getrennt war und nicht wusste, wie es ihnen ging, und keinerlei Lebenszeichen von ihnen hatte. Keinen Brief, keinen Anruf, absolut keinen Kontakt.
Das Landgericht in Freiburg befasste sich vor meiner Rückführung damit, ob man nicht das jüngste Kind, meinen Bruder Phillippe (6 Monate), meinen Eltern zum Wohle des Kindes zurückgeben sollte. Doch nun beantragte das Jugendamt, das Baby nicht den Eltern zurückzugeben, da diese mich „entführt“ hätten. Das Landgericht gab diesem Antrag statt.
So blieb Phillippe im Heim, denn auf einmal brauchte er für eine gesunde Entwicklung seine Mutter nicht mehr: eine „Entscheidung zum Kindeswohl“.
Jeden Morgen hatte ich nun regulären Einzelunterricht in allen Fächern, die auch an einer normalen Schule unterrichtet werden. Das einzige Fach, das uns Probleme bereitete, war Sport. Improvisation war angesagt, mit Kniebeugen, Liegestützen und sonstigen Gymnastikübungen versuchten wir uns fit zu halten. Wir hatten ja keine Möglichkeit rauszugehen, denn wir konnten unser Versteck nur nachts verlassen, damit die Nachbarn nicht bemerkten, dass wir dort wohnten! Wir konnten uns nur mit allergrößter Vorsicht bewegen, denn die Leute, die uns beherbergten, waren natürlich berufstätig und tagsüber nicht da und außerdem gab es im ganzen Haus keine Kinder. Den Nachbarn wäre es sofort aufgefallen, wenn in der Wohnung laute Geräusche zu hören gewesen wären und vielleicht hätten sie sogar die Polizei geholt, weil sie einen Einbrecher in der Wohnung vermuteten.
Von meinen Geschwistern wussten wir nichts. Wir wussten weder, wo sie waren – nach meiner Rückführung waren sie in eine Pflegefamilie gekommen und von Müllheim weggezogen –, noch wussten wir, wie es ihnen ging. Jegliche Post, auch die Weihnachtspakete von uns, den Großeltern und Freunden wurden vom Jugendamt einfach zurückgeschickt. Es war wirklich eine totale Kontaktsperre.

Das letzte Mal wurden sie damals dann von einer Freundin meiner Eltern in Kandern auf einem Pferdemarkt gesehen.
Irgendwann erreichte uns dann ein Entwicklungsbericht des Pflegevaters und Psychologen.
Es war deutlich herauszulesen, dass meine Geschwister die Trennung von ihren Eltern und ihrem Bruder nur sehr langsam und schwer verarbeiten konnten.
Trotzdem beschloss das Amtsgericht Freiburg ohne eine Anhörung oder Verhandlung, dass der Familie Binckli jeglicher Kontakt mit ihren Kindern untersagt wird. Auch diese Entscheidung wurde zum „Kindeswohl" gefällt.
Unsere direkte Wohnungsnachbarin war so entsetzt über all das, was mit uns geschah, dass sie von sich aus zum Jugendamt ging. Sie wollte dort erzählen, wie sie unsere Familie im Alltag erlebt hatte. Aber die zuständige Mitarbeiterin hatte nur einen Kommentar für sie übrig: „Die Bincklis haben ihnen nur die heile Familie vorgespielt!" Entsetzt entgegnete unsere Nachbarin: „Selbst wenn die Eltern dies getan hätten, die Kinder hätten sich niemals so verstellen können. Und ich habe die Kinder, ob mit oder ohne Eltern, immer fröhlich und ungezwungen erlebt." Aber das interessierte niemanden auf dem Jugendamt. Da sie hier nichts erreichte, ging sie zum Kinderschutzbund, der sich daraufhin sehr für uns einsetzte, besonders die damalige Freiburger Leiterin und der Bundesvorstand. Ein psychologisches Gutachten, das über mich angefertigt wurde, bestätigte, dass ich kein misshandeltes Kind sei. Das Gutachten wurde vom Gericht nicht berücksichtigt, da es sich um keinen Gerichtspsychologen handelte. Es ist zu akzentuieren, dass hier offenbar die Qualität des Gutachtens vom Gericht angezweifelt wurde.
Ich war aber in keiner Weise bereit mich von einem Gerichtspsychologen untersuchen zu lassen, da uns inzwischen gerichtliche Gutachten vorlagen, die aufgrund der Akten über mich und meine Geschwister erstellt wurden, in denen ich als „das am meisten gestörteste Kind der Familie" betitelt wurde.
Dieses gerichtliche Gutachten kommt zu dem Ergebnis, dass die Kinder nicht mehr in unsere Familie zurückgegeben werden sollten, kann aber gleichzeitig keinerlei der sonst für Misshandlungsfolgen typischen Auffälligkeiten nachweisen.
Inzwischen wurde der „Fall Binckli" immer bekannter. In zahlreichen Zeitschriften wurde über unsere Geschichte berichtet und die unmenschliche Vorgehensweise des Jugendamtes und der Justiz angeprangert.
Die schweizerische Monatszeitschrift Ethos rief eine Unterschriftenpetition ins Leben, an der sich über 2000 Menschen beteiligten, doch das

Jugendamt reagierte nicht darauf. Zahlreiche Menschen schrieben an den damaligen Leiter des Jugendamtes in Freiburg. Der schickte die meisten Briefe mit dem Vermerk zurück, dass er „... derart primitive Schriftstücke" (sic!) nicht in seinen Akten aufbewahrt.

Der Deutsche Familienverband veranstaltete in Stuttgart einen Informationsabend mit unserem Anwalt. Hier machte das Jugendamt Stuttgart deutlich, dass „Helfen statt Strafen" der oberste Grundsatz des Jugendamts sein sollte. Das Freiburger Jugendamt hat entgegen diesem Grundsatz gehandelt und ist nicht bereit, diesen Fehler anzuerkennen und zu revidieren.

Viele fragten sich, wie wohl mein Alltag aussah. Für die meisten war es unvorstellbar, was es heißt versteckt leben zu müssen. Man muss auf so viele Kleinigkeiten achten, um nicht entdeckt zu werden und dadurch auch natürlich auf sehr viel verzichten. Ich hatte, abgesehen von gelegentlichen Besuchen bei befreundeten Familien, kaum Kontakt zu gleichaltrigen Kindern.

Es war mir kaum möglich irgendwo im Freien zu spielen oder Sport zu treiben. Alles musste genau geplant werden und war nur in Tagesausflügen möglich, bei denen man nachts aus dem Haus schlich und nachts wieder zurückkam. Aber ich lernte bald, mich mit dieser neuen Situation abzufinden und das Beste daraus zu machen. Ja, wie sah nun mein Alltag aus?

Mein Tag begann mit dem Unterricht am Vormittag, den wir diszipliniert jeden Tag durchführen mussten, um mit dem Lehrplan mitzukommen. Nachmittags machte ich zuerst wie alle anderen Kinder auch meine Hausaufgaben. Meistens widmete ich mich dann meinem allergrößten Hobby, dem Lesen. Ich verschlang jedes Buch, das ich in die Finger bekommen konnte und das mit einer rasenden Geschwindigkeit. Es war für mich keine Seltenheit an einem Tag zwischen 3 und 4 Büchern zu lesen, besonders am Wochenende, wenn keine Schule war und ich mich den ganzen Tag ruhig beschäftigen musste. Lesen, das bedeutete für mich eine andere Welt, in die ich mich hineindenken konnte und meiner Umgebung und allen Problemen entfliehen konnte. Eines meiner Lieblingsbücher war das Tagebuch der Anne Frank. Ich konnte diesem Mädchen, das da schrieb, sich vor den Nazis verstecken musste und ähnlich wie ich im Untergrund lebte, immer sehr gut nachfühlen. Wir hatten sehr viel gemeinsam und deshalb las ich dieses Buch so oft, dass es heute schon ganz auseinander gefallen ist.

Auch schrieb ich gerne Briefe, Gedichte und Geschichten. Ich beschäftigte mich mit Handarbeiten wie Stricken, Weben etc. Mir wurden alle Arten von Stillarbeiten vertraut. Wenn ich dann einmal die Möglichkeit hatte zu einer anderen Familie zu gehen, musste ich mich am Anfang immer erst eine bisschen eingewöhnen, denn ich war es gewohnt, mich die meiste Zeit allein zu

beschäftigen und war es weniger gewohnt, soziale Kontakte mit Kindern zu pflegen.
Trotzdem genoss ich es jedes Mal und es war immer wie ein Aufatmen, wenn wir unser Versteck verlassen konnten, um irgend etwas zu unternehmen oder Leute zu besuchen.
Aber der Untergrundalltag ging immer weiter und bei den Gerichten bewegte sich nichts. Bis es zu einer neuen Überprüfung in der nächsten Instanz kam, verging immer wieder sehr viel kostbare Zeit. Dann wurden die Beschlüsse sowieso ohne Überprüfung wieder bestätigt.
Meine Eltern schrieben viele Politiker mit der Bitte um ihre Hilfe an, doch auch sie konnten nichts bewirken, da nicht in laufende Verfahren eingegriffen werden darf. Wir trafen viele bekannte Persönlichkeiten und sprachen mit ihnen über diesen Fall. So zum Beispiel auch Helmut Kohl, Richard von Weizsäcker, Carl Carstens, Rita Süßmuth und zahlreiche Bundestagsabgeordnete, die jedes Mal ihr Bedauern über die Situation bekundeten, aber nicht in den Fall eingreifen konnten.
Trotzdem zog der „Fall Binckli" immer größere Kreise und wurde auch im Ausland bekannt. Ein Freundeskreis Familie Binckli wurde gegründet und eine Chronologie des Falls wurde veröffentlicht, die dann auch in Englisch und Französisch übersetzt wurde und immer weitere Verbreitung fand. Immer mehr Menschen schrieben uns und fragten, wie sie sich für den Fall einsetzen könnten. Verschiedene Vereine fingen an sich zu engagieren und versuchten zu vermitteln. Leider erbrachte auch dies keine Wendung.
1989, nach drei Jahren des Untergrundes, entschied das Landgericht Freiburg, dass meine Eltern das Sorgerecht für ihre fünf Kinder nicht zurückbekommen sollten. Gleichzeitig erkannten sie, dass ein weiteres Leben im Untergrund oder eine erneute Wegnahme meiner Wenigkeit von meiner Mutter eher schädlich sein würde.
So konnten wir nach Freiburg zurückkehren und ich konnte in das Gymnasium gehen. Dagegen hatte aber der Pfleger etwas, der für mich eingesetzt war. Er war der Meinung, ich sollte auf die Hauptschule gehen. Mit Hilfe des Oberschulamtes und einer speziellen Aufnahmeprüfung konnte ich dann aber doch auf das Gymnasium gehen.
1991 wurde uns erlaubt meinen Geschwistern an Weihnachten, Ostern und zu ihren Geburtstagen zu schreiben. Das war dann bis 1997 die einzige Kontaktmöglichkeit. 1997 fand dann ein erstes Treffen für drei Stunden an einem neutralen Ort statt, 10 Monate später ein zweites. Bei diesen Treffen standen wir uns eigentlich eher wie Fremde gegenüber, um eine richtige neue Beziehung aufbauen zu können, müssten die Treffen in sehr viel kürzeren Abständen stattfinden. Bis heute kennen wir den Aufenthaltsort der Kinder nicht.

Mit dieser ganzen Geschichte konnte ich nur durch meinen Glauben an Jesus Christus fertig werden. Ich habe so viele scheinbar auswegslose Situationen erlebt, in denen Gebet etwas bewirkt hat. Ohne diesen starken Halt wäre ich wahrscheinlich heute nicht hier.

Da sich viele von Ihnen jetzt fragen, wie es zu dieser ganzen Tragödie, die bis heute noch kein Ende gefunden hat, kommen konnte, möchte ich noch einmal kurz davon erzählen, wieso das Jugendamt überhaupt auf unsere Familie aufmerksam wurde.

Meine damalige Klassenlehrerin in der ersten Klasse hatte beim Sportunterricht blaue Flecken an mir bemerkt und das Jugendamt ohne Rücksprache mit meinen Eltern verständigt und ihm gesagt, dass ich misshandelt würde.

Ich war in dieser Zeit nicht gerade der Musterknabe und irgendwann hatte es meinen Eltern gereicht und sie haben mir den Hintern versohlt, woher dann auch die blauen Flecken kamen. Ich kann aber mit Bestimmtheit sagen, dass dies in dieser starken Form eine einmalige Sache war und mich meine Eltern nie misshandelt haben.

Aber selbst wenn dies der Fall gewesen wäre, rechtfertigt das nicht diese „unmenschliche" Vorgehensweise des Jugendamtes und der Gerichte, die auch 14 Jahre später keinen Fehler zugeben oder geschweige revidieren wollen. Mehrfach sind von anerkannten Juristen, Ärzten, Psychologen und Jugendamtsmitarbeitern auch in Publikationen Verfahrensfehler, Gesetzesbrüche und Fehlerdiagnosen nachgewiesen worden.

Ich kann an Sie als angehende Pädagogen und Pädagoginnen nur appellieren, nicht voreilig zu urteilen und das Gespräch mit den Eltern zu suchen. Es gibt so viele Möglichkeiten der Hilfe und die Herausnahme der Kinder sollte der **allerletzte** Schritt sein. Es gibt Kindesmisshandlung und man sollte das auch nicht totschweigen. Aber ich plädiere für einen angemessenen Umgang mit den Eltern und den Kindern und bin absolut gegen übereilte Reaktionen. Selbst wenn eine Herausnahme unausweichlich ist, sollten die Kinder so schnell wie möglich wieder in die Familie zurückgeführt werden.

Helgard Moll-Strobel:

3. Die Bedeutung von Mutter, Vater und Geschwistern für das heranwachsende Kind und das Triangulierungskonzept

Vorab ist zu fokussieren, dass „Eltern“ für das Kind etwas völlig anderes sind als lediglich die Summe von Mutter und Vater. Eltern verkörpern eine emotional-physische Ganzheit, die zwar in Einzelkonstrukten Form annimmt, jedoch für das Kind selbst eine geschlossene Einheit verifiziert. Dennoch soll in diesem Zusammenhang zunächst die Bedeutung beider Elternteile einzeln für das Kind erörtert und die Notwendigkeit des Umgangs des Kindes mit beiden unterstrichen werden.

3.1. „Die Mutter als Schicksal“[1]

Auch wenn sich das klassische Familienmodell durch neue Rollendefinitionen und Aufgabenbereiche gewandelt hat, gilt nach wie vor, dass zwischen Mutter und Kind in der frühen Kindheit und im vorgeburtlichen Zustand eine dichtere Kommunikation besteht als in der Vater-Kind-Beziehung. Das intensive Nähebedürfnis von Säuglingen und Kleinkindern stimuliert Mütter zu kontinuierlichen Reaktionen. Und auch das Kind muss die mütterlichen Angebote aufnehmen und internalisieren. Auf diese Weise kann ein wechselseitiger Dialog von Sprache, Handlungen und Gefühlsqualitäten einsetzen. Kleinkinder beginnen deshalb bei Mutterverlust im Regelfall in der 2. Hälfte des 1. Lebensjahres vehement zu protestieren. Seit Sigmund Freud (1856–1939) gilt dieses Verhalten als Fremdeln und wird als Zeichen einer festen Mutter-Kind-Bindung gewertet. Allerdings muss in diesem Zusammenhang auch darauf aufmerksam gemacht werden, dass Störungen der seelischen Beziehungen trotz erhaltenem Körperkontakt auftreten können, die als „masked deprivations“ auf den Punkt gebracht werden und sich in einer schwachen mütterlichen Gefühlszuwendung äußern können. Dagegen gibt die positive Rückverbindung zur Mutter dem Kind Schutz, Halt, Sicherheit, Geborgenheit und baut „Urvertrauen“ (Erik Erikson) auf. Bis vor kurzem ging man in der Forschung von der Annahme aus, dass der

1 Felix Schottländer

Verlust des Vaters weniger schwer wiegt, solange eine ausreichende Bemutterung garantiert ist (Schottländer, Schmalohr). Finanzielle Sicherung und die Vertretung der Familie nach außen konstituierte die Funktion des Vaters in der traditionellen Familie.
Über einen langen Zeitraum wurde Weiblichkeit mit Mütterlichkeit gleichgesetzt; aus Sicht vieler Männer wurde letztere als natürliche Bestimmung der Frau geteilt.
Jedoch wurde die Frau historisch ziemlich spät mit der Herausbildung der bürgerlichen Kernfamilie von der Produktionsarbeit entlastet und auf den Aufgabenbereich der Gattin, Hausfrau und Mutter reduziert und geschlechtsspezifische polare Arbeitsteilung herauskristallisiert (Böhnisch/Lenz 1997, S. 9–65).
Die Vater-Kind-Beziehung wurde erst in den sechziger Jahren des 20. Jahrhunderts zum Forschungsgegenstand erhoben (Petzold 1999).
Diese polaren Konturen wurden durch die sich seit 1968 stark entwickelnde Frauenbewegung und die in dieser Zeit entstehenden Transformationen der Familienformen aufgeweicht.
Vaterlose Familien sind durch die Scheidungslawinen und durch einen Teil der Frauenbewegung zur Normalität – ja sogar zum Ideal geworden.

3.2. Die Bedeutung des Vaters für den Entwicklungsverlauf eines Kindes

Die Vaterentbehrung ist ein Prozess, der die gesamte Persönlichkeitsentwicklung über alle Lebensphasen umspannt. Identitätsentwicklung beginnt bei den Wurzeln, denen man entstammt. Der Vater ist wie die Mutter ein Archetyp (C. G. Jung 1875–1963), „ein in den untersten Seelenschichten verankertes Prinzip“ (Petri 1999, S. 25).
In der psychoanalytisch beeinflussten Entwicklungspsychologie unterscheidet man heute drei für die Vater-Kind-Beziehung relevanten Zeitspannen: Die erste liegt zwischen dem 1. und dem 3. Lebensjahr und wird als Triangulierungsphase bezeichnet. Der zweite Zeitraum umfasst die Zeit vom Beginn des 4. Lebensjahres bis zum Ende des 6. Lebensjahres und wird psychoanalytisch mit der Begrifflichkeit „ödipale Phase“ gekennzeichnet. Und der dritte Zeitraum schließt die Pubertät zwischen dem 12. bis 16. Lebensjahr ein und wird psychoanalytisch als „zweite ödipale Phase“ gesehen.

... Triangulierungsphase

Das Konzept der Triangulierung beginnt mit der Ablösung der symbiotischen Bindung an die Mutter zwischen dem 9. und 14. Lebensmonat. Die

Anlehnung an den Vater initiiert beim Kind die sich entfaltende Fähigkeit, die Symbiose mit der Mutter aufzugeben. Der Vaterbezug schützt das Kind dabei vor Verlassenheitsängsten. Dem Kind stehen in der Dreiecksbeziehung zwei getrennte Liebesobjekte zur Verfügung. Sie bieten eine weibliche und eine männliche Identifizierungsmöglichkeit an. Erst durch die Integration beider Anteile wird ein ganzheitlich weiblich-männliches, d. h. androgynes Selbstkonzept aufgebaut.
„Das Familiensystem ist im Gleichgewicht, wenn es der Mutter gelingt, auf die Bedürfnisspannungen des Kindes einfühlend zu reagieren, und wenn der Vater durch ausreichende Anwesenheit dem Kind geeignete Sicherheit bietet und es aus der mütterlichen Hülle befreien kann" (Petri 1999, S. 32). Dies gelingt jedoch nur, wenn der Mann seine Frau gleichzeitig als Partnerin und Mutter bestätigt. Dann ist ihre Ausgeglichenheit so beschaffen, um das Kind freizugeben." Eine gelungene Triangulierung stellt also einen Kreislauf wechselseitig positiver Bezogenheit innerhalb des Beziehungsdreiecks dar" (Petri 1999, S. 33).

... Die Phase vom 4. bis 6. Lebensjahr

Der Diskurs über den Ödipus[1]- und Elektrakomplex[2] wird in der psychoanalytischen Entwicklungspsychologie bis heute geführt. Es ist die der

---

1 **Ödipus**
Sohn des Königs von Theben. Nach der Geburt wird der Junge mit durchbohrten Knöcheln, was zu seinem Namen „Schwellfuß" (= Ödipus) führt, ausgesetzt, da das Orakel von Delphi dem Laios phrophezeit hat, er werde durch die Hand des eigenen Sohnes fallen. Der Knabe wird gefunden und nach Korinth gebracht, wo das kinderlose Königspaar ihn an Sohnes Stelle aufzieht. Als der Jugendliche Andeutungen über die Zweifelhaftigkeit seiner Herkunft erhält, befragt er Rat suchend das Orakel von Delphi. Er erhält die Auskunft, dass er seinen Vater ermorden und seine Mutter heiraten wird. Um der Erfüllung des Spruches zu entgehen, begibt sich Ödipus nicht zurück nach Korinth, sondern wendet sich gen Theben. Unterwegs begegnet er dem Gespann des Laios, seines Vaters. Da Ödipus nicht schnell genug ausweicht, kommt es zum Streit, in dessen Verlauf Ödipus seinen ihm unbekannten Vater erschlägt. Vor Theben löst er das Rätsel der Sphinx, befreit dadurch die Stadt und erhält die Hand der verwitweten Königin, seiner Mutter Iokaste. Aus der Ehe gehen Kinder hervor. Nach einigen Glücksjahren wird die Stadt von Seuchen heimgesucht. Um Abhilfe zu schaffen, fordert das Orakel von Delphi Bestrafung von Laios' Mörder. Ödipus entdeckt die Wahrheit; daraufhin erhängt sich Iokaste. Ödipus beraubt sich des Augenlichts und wird von seinen Söhnen aus dem Land gewiesen. Nach Jahren des unsteten Lebens, begleitet von seiner Tochter Antigone, findet er jedoch einen friedvollen Tod bei Athen.

2 **Elektra**
Diese ist auch eine Gestalt der griechischen Mythologie. Sie ist die Tochter von Agamemnon, des Königs von Mykene und der Klytämnestra. Nach der Ermordung ihres Vaters durch Ägisthus und Klytämnestra führt Elektra sieben Jahre lang am Hofe von Mykene ein Leben in Demütigung und Hass. Als ihr Bruder Orestes im achten Jahr erscheint, treibt sie ihn mit ihrem Gatten Pylades – seinem Freund – dazu, die tödliche Rache an der verhassten Mutter und ihrem Geliebten zu vollziehen.

Latenzzeit vorausgehende kindliche Entwicklungsphase, in der nach Freuds Auffassung inzestuöse Triebregungen an den jeweils gegengeschlechtlichen Elternteil vorherrschen. Pathologische Folgen hat diese Beziehungsstruktur erst bei disharmonischen Paarbeziehungen.
Zu akzentuieren ist in diesem Zeitraum, dass der Vater die Aufgabe hat, dem Kind die Umwelt durch aktive Konfrontation zu vermitteln: Mut, Wagnis, Risiko für den Jungen. Indem der Vater auch die motorisch stärker ausgeprägten Fähigkeiten des Jungen ansporrnt, führt er ihn zugleich durch Einführung fester Regeln zum kontrollierten Umgang mit seinen Aggressionskräften. Er wird dabei zur moralischen Instanz, während die Mutter durch Emotionalität Rückhalt bietet.
Auch das Mädchen lehnt sich liebevoll an den Vater an, um seine männlichen Seiten in sich anzunehmen. Wenn der Vater ihm durch Anteilnahme Bestätigung entgegenbringt, bildet dies den entscheidenden Grundstock für ihre stabile Identität als spätere Frau und für die Männerbilder, die in ihren späteren Beziehungen ausschlaggebend sind.

... Die Zeitspanne zwischen 12 und 16 Jahren

Die zweite ödipale Phase ist ein Wendepunkt im Leben und zwar im körperlichen, seelischen und sozialen Bereich, kurz eine Zeit des revolutionären Umbruchs. Der Pubertierende muss sich von den primären Liebesobjekten innerlich und äußerlich lösen. Es kommt zur Identitätskrise. Bei Jungen kann sich der körperliche Kräfteüberschuss durch die hormonelle Entwicklung leicht in destruktive Aggressionen, d. h. Gewalttätigkeiten und Gewalt umsetzen.
Nicht die gegengeschlechtlichen Sexualwünsche stehen jedoch im Vordergrund, wie die Psychoanalyse annimmt, sondern die somatischen, psychischen und sozialen Neuorientierungen.
Es ist dabei hervorzuheben, dass in der heutigen Zeit die Zukunft der jungen Generation durch gesellschaftlich bedingte Defizite erheblich erschwert und blockiert wird. Arbeitslosigkeit und mangelnde Berufsperspektiven, Zerfall der gültigen Normen und Wertorientierungen in Gesellschaft und Familie, Gefährdung des planetaren Überlebens schaffen düstere Zukunftsaussichten.
In der Regel ist der Vater auch noch heute der Hauptverdiener der Familie. Nur etwa 2–3 Prozent der Männer beantragen Erziehungsurlaub. Viele Mütter üben Teilzeitarbeit aus. So bleibt der Vater bei einem großen Teil der Familien weiterhin die Schnittstelle zwischen Familie und Öffentlichkeit. Von der Art und Weise, wie derselbe dem Jugendlichen die Gesellschaft vermittelt, hängt die spätere Bewährung in ihr ab und die Bewälti-

gung von neuen Lebensaufgaben in einer sich rasch wandelnden Zeit. Hier versagen viele Väter als Modell bzw. Leitfigur oder werden erst gar nicht in diesen Prozess einbezogen. Hiermit ist auch die Zunahme von Gewalttätigkeiten, kriminellen Energien, Verhaltensstörungen und Suchtkomponenten vorprogrammiert. D. h. eine gestörte bzw. labile Identitätsentwicklung korreliert zumeist mit Defiziten im Verhalten und Ausweich- und Kompensationsmechanismen der Sucht.

Beim Prozess des Hineinwachsens in die Gesellschaft spielt das eigene Identitätsgefühl der Elternteile auch eine gewichtige Rolle. Nur wer selbst ein positives Selbstwertgefühl besitzt und trotz aller Hemmnisse und Barrieren Hoffnung, Mut und Perspektiven vermittelt, kann auch Heranwachsenden die nötige Zuversicht vermitteln, dass auch sie die Krisen meistern können. Dies gilt vor allem für das männliche Geschlecht.

Aber auch die Tochter gewinnt ihre Identität nicht nur im Spiegel der Mutter. Sie braucht vor allem denjenigen des Vaters. Hierzu ist die Verinnerlichung eines positiven Vaterbildes unerlässlich. Ansonsten kommt es im Umgang mit Männern zu einer diffusen Unsicherheit.

Für Mädchen wie für Jungen sind Identifizierungen mit dem Vater und die Internalisierung eines positiven Vaterbildes unumgängliche Bestandteile der Selbstbehauptung und damit des Aufbaus und Stärkung des Selbstwertgefühls, das man als den guten Ruf, den man von sich selbst hat, definieren kann. Bei Vaterverlust kann es zu einer Entfremdung von sich selbst und den anderen kommen, d. h. die völlige Entwurzelung der Person kann damit vorangetrieben werden.

Horst Petri stellt die Hypothese auf, dass durch die Vaterverluste im 1. und 2. Weltkrieg (1,8 Millionen und 5,25 Millionen Soldaten), die Zementierung der Abwehr dieses gesellschaftlichen Traumas und dessen Tabuisierung bis in die späten sechziger Jahre des 20. Jahrhunderts die Scheidungslawine vor etwa 30 Jahren losgetreten wurde, da die Bedeutung für die Identifizierungsmöglichkeit mit dem Vater für den Edukanden unterschätzt bzw. gar nicht erkannt wurde.

Die Triade, die beim PAS entfällt und zur Dyade reduziert wird, gibt dem Heranwachsenden beiderlei Geschlechts auf jeden Fall die Sicherheit, dass immer jemand zum Liebhaben da ist, wenn man sich zeitweilig mit dem anderen Elternteil nicht so gut versteht.

3.3. Die Bedeutung von Geschwisterbeziehungen

Horst Petri ortet die Geschwisterbeziehung als die längste Beziehung unseres Lebens.

In der Tat ist die Geschwisterbeziehung eine der wichtigsten und ältesten Spielarten des horizontalen Beziehungsmusters, allerdings aber eine freiwillige. Horizontalität als gemeinsame Lebensgestaltung einer Gruppe von Personen, die sich nur durch wenige Jahre Altersgefälle unterscheidet, kann gute Dienste leisten, wenn es darum geht, Ohnmachts-, Angst- und Insuffizienzgefühlen zu widerstehen. Mehrere Menschen in einem Boot meistern Gefahren, Risiken und Belastungen besser als ein Einzelkämpfer. Geteiltes Leid – so das Sprichwort – ist halbes Leid. Mythen und Märchen weisen auf diesen Tatbestand eindrücklich hin.

Geschwisterlichkeit ermöglicht die Entstehung von Solidarität. Petri führt hier das Beispiel der Geschwister Scholl an (Petri 1994, S. 197–199):

„Vor nicht allzu langer Zeit gab es ein anderes Geschwisterpaar, das noch glaubte, sich durch das Eintreten für Humanität und Menschenrecht und durch gemeinsames Handeln dem Wahnsinn der Zeit entgegenstellen zu können – Hans und Sophie Scholl. Hans Scholl, geboren am 22. September 1918, trat mit siebzehn Jahren der vom Hitlerfaschismus verbotenen Bündischen Jungenschaft bei und gründete während seines Medizinstudiums in München die bekannte studentische Widerstandsgruppe ‚Die Weiße Rose'. Seine drei Jahre jüngere Schwester Sophie folgte zum Studium ihrem Bruder Ende 1942 nach München. Sie wusste nicht, dass Hans der Initiator der Flugblätter war, die seit einiger Zeit kursierten, und dass er der Gestapo bereits als Verdächtiger galt.

Noch kaum sechs Wochen war Sophie in München, da ereignete sich etwas Unglaubliches an der Universität. Flugblätter wurden von Hand zu Hand gereicht ... Sophie jubelte heimlich, als sie davon hörte. Also doch, es lag in der Luft. Endlich hatte einer etwas gewagt. Begierig griff sie nach einem der Blätter und begann zu lesen. ‚Die Flugblätter der Weißen Rose', stand darüber geschrieben. ‚Nichts ist eines Kulturvolkes unwürdiger, als sich ohne Widerstand von einer verantwortungslosen und dunklen Trieben ergebenen Herrscherclique regieren zu lassen ...' ... Sophie kamen diese Worte seltsam vertraut vor, als seien es ihre eigensten Gedanken. Ein Verdacht erhob sich in ihr ... Sie dachte an ihren Bruder, den sie lieb hatte. Er trieb in einem Meer der Bedrohung. Durfte sie ihn jetzt allein lassen? Konnte sie hier dasitzen und zusehen, wie Hans ins Verderben lief? Musste sie ihm nicht gerade jetzt beistehen? ...

In den folgenden Tagen ging Hans mit doppeltem Eifer an die Arbeit. Nacht für Nacht verbrachte er mit seinen Freunden und Sophie im Keller des Ateliers am Vervielfältigungsapparat ... An einem sonnigen Donnerstag, es war der 18. Februar 1943, war die Arbeit so weit gediehen, dass Hans und Sophie, ehe sie zur Universität gingen, noch einen Koffer mit Flugblättern füllen konnten. Sie waren beide vergnügt und guten Muts, als sie sich mit dem Koffer zur Universität auf den Weg machten, obwohl Sophie in der Nacht einen Traum gehabt hatte, den sie nicht aus sich verjagen konnte: Die Gestapo war erschienen und hatte sie beide verhaftet ... Mittlerweile hatten die beiden die Universität erreicht. Und da in wenigen Minuten die Hörsäle sich öffnen sollten, legten sie rasch entschlossen die Flugblätter in den Gängen aus und leerten den Rest ihres Koffers vom zweiten Stock in die Eingangshalle der Universität hinab. Wenige Augenblicke später wurden die beiden verhaftet und nach vier Tagen Haft, am 22. Februar 1943, hingerichtet.

Geschwister im politischen Widerstand. Es war nicht die bedingungslose Liebe zu ihrem Bruder allein. ‚Wenn mein Bruder zum Tode verurteilt wird, so darf ich keine mildere Strafe bekommen, denn ich bin genauso schuldig wie er', erklärte Sophie ihrem Pflichtverteidiger im Gefängnis[3]; es war die gemeinsame Liebe zum Leben, die sie verband, und der gemeinsame Mut und die Empörung, sich gegen Unrecht, Gewalt und Fremdenhass zu wehren.

Auch wenn dieses Beispiel eines Geschwisterpaares historisch etwas zurückgreift, so bleibt es doch ein zeitloses Zeugnis für eine Geschwisterliebe, die sich erst unter Druck gesellschaftlich zerstörerischer Prozesse ihrer selbst gewiss wird und daraus die Kraft zu gemeinsamem Handeln schöpft."

Zwischen Erwachsenen und Heranwachsenden einerseits und zwischen Heranwachsenden untereinander andererseits bestehen unterschiedliche Beziehungen. Diese sind asymmetrisch und verhalten sich komplementär zueinander.

Die Beziehungen von Kindern untereinander sind durch symmetrische Qualität gekennzeichnet. Es gibt zunächst keine grundsätzlich überlegenen Partner.

Gerade heute in einer Zeit sich steigernder Mobilität – etwa durch häufigen Wohnortwechsel – ist ein dauerhaftes Beziehungsgeflecht, wie es Geschwisterbeziehungen sind, für den Erwerb sozialer Kompetenzen und die gemeinsame Bewältigung von Belastungssituationen unabdingbar.

Geschwisterliche Nähe und Vertrautheit zur Aufarbeitung von Konflikten und damit auch ein Beitrag zur Identitätsgewinnung sind nicht zu unterschätzen. Günstig wirkt sich auch das Aufwachsen mit einem oder mehre-

3 Scholl, I.: Die Weiße Rose. Frankfurt a. M. 1993, S. 59

ren Geschwistern aus, die dem anderen Geschlecht angehören. Es wird vermutet, dass hierdurch androgynes, dem anderen Geschlecht zuordenbares Verhalten stärker entwickelt wird und dadurch das traditionelle Geschlechtsrollenverhalten abgemildert wird (Kasten 1994, S. 68 f.).
Erst Anfang der 90-er Jahre wurde auf das Forschungsdefizit der Auswirkungen von Geschwisterbeziehungen auf den Entwicklungs- und Lebensverlauf hingewiesen.
Bedauerlicherweise sind unter den Familien mit Kindern die Einkindfamilien mit fast 51 Prozent in der Mehrheit (Bastian 12/2000, S. 25).
Geschwister bilden jedoch die letzten Garanten für Zusammengehörigkeit und Zuständigkeit, wenn das Erschrecken über die Kälte und Instabilität menschlicher Beziehungen, wie dies bei Trennungsprozessen der Fall ist, wächst. Geschwister dienen in unschätzbarer Weise der Abpufferung erlittener Isolation. In Situationen, in denen das Gefühl der Fremdheit sich selbst und anderen Menschen und der Welt gegenüber zunimmt, erfolgt ein Rückgriff auf das „Verwandte“. Der durch das gemeinsame Aufwachsen verinnerlichten Objektrepräsentanz verdankt die Geschwisterbindung ihre Dauer, Stabilität und Immunität gegen die Vereinzelung, schafft Schutzraum für die Betroffenen und setzt der Fremdheit Vertrautheit entgegen (Petri 1994, S. 203).
Die Isolation kann allerdings auch durch „Ersatzgeschwister“, d. h. Freundschaften reduziert werden. Dennoch erreichen dieselben nur in Ausnahmefällen die Dauer, Verlässlichkeit und Tiefe, wie sie Geschwisterbeziehungen auszeichnen.
Eine Geschwistertrennung, wie sie im Fall von Joël Binckli vorgenommen wurde (vgl. Kap. 2.6), ist deshalb an Unmenschlichkeit und Ignoranz der Verantwortlichen kaum noch zu überbieten. Hier wurde von der Justiz das Recht der Geschwister auf Umgang miteinander (Artikel 8 der Europäischen Kommission zum Schutze der Menschenrechte und Grundfreiheiten) verwehrt mit der unbekümmerten Begründung, dass dem deutschen Recht ein Recht der Geschwister auf Umgang fremd sei. Auf die „immateriellen“ Schädigungen für die davon Betroffenen kann in diesem Zusammenhang nur aufmerksam gemacht werden.

HELGARD MOLL-STROBEL:

4. Pädagogische Handlungsperspektiven und schulische sowie unterrichtliche Interventionsmöglichkeiten

„Gib mir Zeit, zu mir zu kommen,
auch wenn die anderen längst schon da sind."
Peter Schiestl

4.1. Trennungserfahrungen und Entfremdung von einem Elternteil – (k)ein Thema für die Schule?

Die folgenden Abschnitte schließen alle Kinder mit Trennungs- und Scheidungserfahrungen ein, nicht nur die indoktrinierten PAS-Kinder.
Kinder und Jugendliche verbringen einen Großteil ihrer Zeit in der Schule. Lehrende sind deshalb die wichtigsten Bezugspersonen gerade auch in Trennungssituationen, in denen die Eltern aufgrund ihrer eigenen Krisenbewältigung überfordert sind, mit dem bzw. den Kindern adäquat umzugehen, und die verwandtschaftlichen Bande in vielen Fällen auch auseinanderbrechen und nicht mehr als Unterstützungsrepertoire zur Verfügung stehen.
Lehrende bemerken Veränderungen im Lern- und Verhaltensbereich am ehesten.

... Differierende Bewältigungsstrategien bei den betroffenen Kindern

Die Schule und die darin wirkenden Personen müssen deshalb informiert sein, dass nahezu jedes Kind Angst als unmittelbare psychische Folge einer Trennung erlebt. Allerdings differieren bei den Schülern die Problemlösungs- und Copingstrategien, mit denen die Kinder mit ihren emotionalen Erschütterungen umgehen. Angstabwehr und -verarbeitung hängen von Faktoren wie Alter, Entwicklungsstand und familiären Vorerfahrungen sowie der Persönlichkeitsstruktur des jeweiligen Individuums ab, d. h. es gibt Erscheinungsbilder aktiver und defensiver Coping-Strategien. Insbesondere Jungen neigen häufig zu aggressivem und dissozialem Verhalten, während Mädchen häufig defensiv reagieren. Bei diesem Verhaltensmuster

tun die Personen so, als ob nichts geschehen sei. Jopt bezeichnet dies als „auffällige Unauffälligkeit". Sie verleugnen das Ereignis und ziehen sich in die Regression zurück. Dieser Entwicklungsrückschritt dient dazu, weniger Schmerz zu empfinden.
Tagträumen und psychosomatische Beschwerden sind Ausdruck der das Kind belastenden Situation. Bei vielen Kindern korrelieren die psychischen Problemlösungs- und Copingstrategien mit Lern- und Leistungseinbrüchen. Aber auch Leistungsverbesserung oder Beibehaltung des Status quo sind zu konstatieren. Bei diesen Kindern ist der kognitive Bereich – die extrem sachbezogene Leistungshaltung – der einzige, der ihr Selbstwertgefühl nicht auf den Nullpunkt rutschen lässt, d. h. schulischer Ehrgeiz ist als ein Aspekt des Selbstwertaufbaus bzw. der Selbstwertstabilisierung zu deuten und findet sich häufig bei den Personen, die ihre Gefühlsenttäuschungen abkapseln müssen und die nur zu Technik, Natur und dem kognitiven Bereich wegen deren gefühlsneutralen Charakters „Bindungen" herstellen können.
Selbstwertgefühl ist dabei als die Summe der mehr oder weniger positiven Beurteilungen, die eine Person über sich selbst abgibt, zu verstehen. Es ist der affektiv bewertende Teil des allgemeinen Selbstkonzepts, das körperliche, soziale und schulische Variablen beinhaltet.

... Erziehung statt/und Therapie?

Als Therapie wird heute letztlich vielerorts und in schillernden Farben ausgemalt und „verkauft", was ursprünglich zu ganz alltäglichen pädagogischen Erfahrungen zu rechnen war (Krawitz 1992, S. 72). Der Pädagogik wird damit immer mehr von ihrer Kompetenz abgesprochen und damit wird diese auf die Didaktik reduziert. Der Bildungsplan von Baden-Württemberg aber betont wie auch andere Lehrpläne eindeutig die Verschränkung von Bildung und Erziehung als Auftrag der Schule.
Beim Therapeuten hat man wöchentlich zumeist nur eine Sitzung; in der Schule dagegen ist der zeitliche Rahmen weiter gesteckt und hat mehr mit dem Alltag der Kinder zu tun. Erziehung heißt: „Auf den Weg bringen" (Ballauff 1970). Dieser Leitgedanke impliziert, dass Edukanten geholfen werden kann und muss, ihre Persönlichkeit zu entwickeln, ganz unabhängig davon, ob und welche Faktoren ihre Entwicklung beeinträchtigen. D. h., dass auch Trennungskindern die Chance gegeben werden muss, sich in der Schule so zu entfalten, wie sie dies vielleicht unter anderen Umständen hätten tun können. Gerade indoktrinierte PAS-Kinder zeigen abweichendes Verhalten, wie in Kapitel 2.2 ausführlich dargestellt.
Abweichendes Auftreten führt zumeist auch zur Ablehnung durch Gleich-

altrige. Gerade hier kann Erziehung gezielt wirksam werden und Verhalten ändern, ohne den Anspruch zu haben, therapeutisch zu handeln, obgleich in der Praxis die Übergänge zwischen Erziehung und Therapie häufig fließend sind.
Nach Brezinka (1986, S 25 f.) ist „der Mensch ... für seinen inneren Halt auf äußeren Halt angewiesen. Er braucht Gemeinschaft mit festen Lebensformen. Der innere Halt ist davon abhängig, dass der Mensch als Kind die Gruppe erfährt." Gerade für die verunsicherten Trennungsindividuen und „gestohlenen Kinder" (Der Spiegel) kann die Gruppe der Klassenkameraden zu einem Du werden, denn ohne Beziehung zwischen Individuum und Gruppe ist keine stabile Persönlichkeitsentwicklung möglich. Die soziale Integration ist gerade bei Trennungskindern wichtig. Allein schon das Wissen, dass es einen Ort gibt (Schule und Klasse), an dem man Distanz von der familiären Krisensituation hat, an dem die Normalität des Tagesablaufs und das Eingebundensein in die Gruppe und in Freundschaften vorherrscht, macht die Lage weniger bedrohlich. Virtuelle Begleiter, die sonst den häuslichen Gefährten darstellen, erübrigen sich hier. Kinder, die keine lebendige Resonanz in Form von Berührtsein, Trost und Stütze erfahren, müssen zwangsweise Symptome produzieren. Der fertig gekaufte Gefährte spendet nicht die Freude wie der lebendige: „... da es keine Kaufläden für Freunde gibt, haben die Leute keine Freunde mehr!" (A. de Saint-Exupéry: „Der kleine Prinz", Düsseldorf 1956).
Gerade im erzieherischen Alltag können Selbstvertrauen und Selbstwertgefühl aufgebaut werden, welche als Ressourcen zur Bewältigung kritischer Situationen genutzt werden können. Negative Gefühle werden „quasi normalisiert". Sowohl erwachsene Bezugspersonen als auch die „peers" können dem Kind das Gefühl vermitteln, dass es in der Gruppe anerkannt und geschätzt und nicht allein gelassen wird. Kinder gewinnen durch ihre freundschaftlichen Beziehungen mehr Abstand zur Konfliktinsel der Restfamilie. Besonders für traumatisierte Zöglinge sind Bindungen elementar, um die emotionale und soziale Isolation zu überwinden. Kinder, die in einer Weise von Reizen überflutet werden, welche die Abwehr-, Anpassungs- und Verarbeitungsmöglichkeiten überfordern und die psychophysiologische Balance des Organismus außer Kraft treten lassen, benötigen außerfamiliäre Bindungspersonen.

Dem Lehrenden fällt hierbei eine gewichtige Funktion zu. Er sollte:

- „Da-Sein" für das Kind
- Wärme, Liebe, Geborgenheit und Wertschätzung vermitteln
- das Kind mit allen unauffälligen und auffälligen Symptomen annehmen, so wie es ist

- Ehrlichkeit und Vertrauen und Integrität ausstrahlen
- Konsequenz praktizieren
- Ermutigung geben
- dem Kind aktiv zuhören
- den Humor walten lassen
- sich nicht persönlich von Aggressivität betroffen fühlen
- das Kind mit Rat und Informationen unterstützen
- Verarbeitungsmöglichkeiten initiieren.

Im Grunde sind alle aufgeführten Punkte unter der sozialpädagogischen und kompensatorischen Funktion der Erziehung zu verstehen: Defizite bei Kindern in der Affekt- und Sozialkompetenz – bedingt durch die vorangegangene Krisenbiographie – müssen vom Lehrenden in der Weise behandelt werden, dass der Edukand fähig wird, Konfliktspannungen zu ertragen, mit widerstreitenden Tendenzen zu leben und Problembewältigungskompetenz zu entfalten. D. h. Resilienz muss vom Kind erlernt werden. Hierzu gehören bestimmte Ingredienzien, die sich aus emotionalen und kognitiven Kompetenzen sowie Verhaltensfähigkeiten zusammensetzen (Goleman 1996, S. 377 f.).

Emotionale Fähigkeiten

- Erkennen und Benennen von Gefühlen
- Ausdruck von Gefühlen
- Einschätzung der Heftigkeit von Gefühlen
- Umgang mit Gefühlen
- Verschieben der Gratifikation
- Zügelung der Impulse
- Verringerung des Stresses
- Erkennen des Unterschieds zwischen Gefühlen und Taten

Kognitive Fähigkeiten

- Selbstgespräch – Führen eines „inneren Dialogs“, um mit einem Thema oder einer Aufgabe fertig zu werden oder um das eigene Verhalten zu verstärken
- Soziale Hinweise erkennen und deuten – zum Beispiel soziale Einflüsse auf das Verhalten erkennen und sich selbst aus der Sicht der größeren Gemeinschaft sehen
- Beim Lösen von Problemen und beim Fällen von Entscheidungen schrittweise vorgehen, zum Beispiel Impulse kontrollieren, Ziele setzen, alternative Handlungsmöglichkeiten erkunden, Folgen vorhersehen
- Die Sichtweise anderer verstehen

- Verhaltensnormen verstehen (was akzeptiert und was nicht akzeptiert werden kann)
- Eine positive Einstellung zum Leben
- Selbstwahrnehmung, zum Beispiel realistische Erwartungen an sich selbst entwickeln

Verhaltensfähigkeiten

- Nonverbal: Kommunizieren durch Blickkontakt, Gesichtsausdruck, Tonfall, Körperhaltung usw.
- Verbal: Klare Bitten äußern, auf Kritik eingehen, negativen Einflüssen widerstehen, anderen zuhören, anderen helfen, sich an positiven Peergroups beteiligen

Lehrende sind zumeist auch die ersten Ansprechpartner von Eltern vor der Beratungsstelle, dem Jugendamt, dem Therapeuten oder dem Verfahrenspfleger. Sie können damit eine gewichtige Funktion im Hinblick auf die Bedürfnisse des Kindes haben. Derzeit ist das Wissen der Lehrenden exorbitant defizitär gerade in Bezug auf die Bedeutung des anderen Elternteils im Hinblick auf die Identitätsentwicklung des jungen Menschen.
Lehrende sollten sich jedoch keinesfalls der Gefahr aussetzen, sich in den Paarkonflikt hineinziehen zu lassen und ausgrenzendes Verhalten damit zu unterstützen. Sie selbst dürfen sich nicht im Elternstreit instrumentalisieren lassen. Deshalb sollten schulische Informationen immer an beide Eltern weitergegeben werden, nicht nur an denjenigen, der das Aufenthaltsrecht für das Kind besitzt.
Lehrende müssen auch über das Tätigkeitsfeld des Verfahrenspflegers Bescheid wissen, da derselbe die Aufgabe hat, auch mit Lehrern zu kontaktieren, um Lern- und Sozialverhalten und schulische Beziehungsfähigkeit zu erfragen.

... schulorganisatorische Innovationen

Schule muss sich als bewusstseinsbildende Institution auch der Dringlichkeit der Aufgabe stellen, die Schüler von heute im Hinblick auf ihre zukünftige verantwortliche Elternschaft zu erziehen. In der Mannheimer Scheidungsstudie von 1996 ergab sich als Hauptbefund bei der Analyse der Daten, dass Ehen, in denen einer der Partner geschiedene Eltern hat, rund eineinhalbmal häufiger scheitern als Ehen zwischen Partnern mit nicht geschiedenen Eltern. Sind beide Partner Scheidungskinder, liegt die Scheidungsrate sogar zweieinhalbmal höher (Psychologie Heute 11/1999, S. 5).
Wenn die Eltern um ihren persönlichen Anteil am Scheitern der Ehe und um die damit für das Kind bzw. die Kinder verbundenen gigantischen

Konfliktsituationen wüssten, würde ein Teil von ihnen anders vorgehen. Es kommt deshalb der Sensibilisierung von Kindern für Krisensituationen ein besonderes Gewicht zu. Uwe Jopt plädiert aus diesem Grund für die Einführung des Faches **Beziehungslehre** in die Sekundarstufe I, um damit und mit dessen Inhalten präventive Investitionen anzukurbeln (Jopt 1997, S. 20). Die Kinder müssen erfahren dürfen, dass es Auswege auch aus ausweglos erscheinenden Krisenherden gibt.
Sicherlich würde auch die flächendeckende Einführung der Ganztagsschule, wie in anderen europäischen Staaten, zu einer Minimierung des Chaos des Trennungserlebnisses beitragen. Ganztägige Schulen bieten über die Stundentafel hinaus freiwillig zu nutzende pädagogische Aufgaben bis in den Nachmittag (gemeinsame Mittagsmahlzeit, Lern- und Förderungsmöglichkeiten, Spiel- und Freizeitangebote). Hier kann sowohl die offene als auch die gebundene Form praktiziert werden. Die offene Form besucht nur ein Teil der Schülerschaft. In gebundener Form wechseln bei lernförderlicher und kindgemäßer Tagesrhythmisierung Unterrichtszeiten mit nicht unterrichtlichen Angeboten und Spielen ab, wobei hier das Spiel eindeutig als Katharsischance gesehen werden muss und die Sozialkompetenzen der Schüler vorantreibt. Der zeitliche Rahmen erlaubt es, die Persönlichkeit des Kindes ganzheitlich zu fördern. Der sozialen und virtuellen Isolation wird durch den Aufbau des Netzwerks der Gruppe von Gleichaltrigen bzw. altersheterogenen Gruppierungsformen im Spiel und freien Angeboten entgegengewirkt. Lehrende und Sozialpädagogen sind Ersatzpersonen, die dem dramatischen Erlebnis der Scheidung entgegenwirken können. Nach empirischen Befunden zu schließen, besteht ein enger Zusammenhang zwischen Lebenszufriedenheit und emotionaler Unterstützung. Diese kann durch die alltäglichen Helfer in der Ganztagsschule, welche sowohl zeitliche und räumliche Distanz zum familiären Umfeld ermöglicht, geleistet werden. „Du kannst nicht die ganze Welt verändern, aber du kannst den Menschen Hoffnung geben“ (Albert Schweitzer, 1875–1965).

… didaktische Zielsetzungen und deren Umsetzungsspektrum

Schülern kann durch Lehrer bei der Verarbeitung von Trennungserfahrungen und -leid durch das unterrichtliche Einbeziehen derselben geholfen werden. Besprechen von Konfliktsituationen kann in fünffacher Hinsicht Wirksamkeit entfalten: **Schutz, Enttabuisierung, Stärkung, Konfliktbewältigung, Integration der Erfahrung** (Kiper 1996, S. 137).
Schutz impliziert, dass Verständnis für aus den Rahmen fallende Verhaltensmuster von Schülern aufgebracht wird. Unter Enttabuisierung ist der

offene Umgang mit der Thematik zu verstehen. Zumeist haben Heranwachsende ein tiefes Schamgefühl ob der Trennung der Eltern. Es muss deshalb herausgearbeitet werden, dass Ein-Eltern-Familien keinen Makel darstellen, dass es unterschiedliche Familienformen gibt und dieselben auch konstruktiv gelebt werden können. Dies ist Informationsvermittlung für die zukünftige Elterngeneration.
Stärkung meint die Entlastung von Schuldgefühlen und Aufbau der Selbstakzeptanz. Hilfen zur Konfliktbewältigung zeigen Vermeidungsstrategien auf bei Indoktrination und Entwertung eines Elternteils durch den anderen. Sie setzen Hindernisse beim Transport von Botschaften oder Ausspionieren des getrennt lebenden Elternteils oder umgekehrt ein. Kinder dürfen niemals zum Bündnispartner werden und ihr Recht auf positive Beziehung zu beiden Elternteilen aufgeben. Dies entspricht auch der Kindschaftsrechtsreform vom 1. 7. 1998.
Als Integration von Trennungserfahrungen ist die Erkenntnis zu fokussieren, dass andere Schüler ähnliche oder gleiche Probleme haben und auch dieselben zumeist leidvollen Gefühle empfinden. Dies entlastet und stützt darin, sich der Konfliktsituation zu stellen, statt diese zu meiden. Das Bewusstsein des geteilten Problems lässt das eigene Los weniger brisant erscheinen und reaktiviert Kräfte. „... Dazu ist die Schule da, dass das Kind den anderen finde“ (Adolf Schlatter, 1852–1938).

... Ideen und Anregungen zur Realisierung von Trennungs- und Entfremdungserfahrungen aus der Perspektive von Kindern und Jugendlichen im Heimat- und Sachunterricht sowie Deutschunterricht

In diesem Zusammenhang sei beispielhaft der Bildungsplan von Baden-Württemberg angeführt; in den Lehr- und Bildungsplänen anderer Bundesländer findet man jedoch auch ähnliche Themen und Arbeitsbereiche.
Für die Grundschule eignen sich zur Verifizierung der Scheidungsthematik die fächerverbindenden Themen wie „Ich habe einen Namen“, „Hören-Verstehen-Sich-Verstehen“.
Im Heimat- und Sachunterricht wird das Themenfeld unter dem Arbeitsbereich „Heimat und Fremde“ und hier in Klasse 1/2 ermöglicht. „Miteinander und füreinander leben in der Familie“ und „Zusammen leben und lernen in der Schule“ beinhalten auch Trennungserfahrungen.
In Klasse 3 ist die Thematik in „Beziehungen zu anderen Menschen aufnehmen und gestalten“ und im fächerverbindendem Thema „Freunde haben – Freund sein“ angesprochen. In Klasse 4 kann das Thema im Arbeitsbereich 2 unter dem Teilziel „Sich behaupten lernen“ unterrichtlich realisiert werden.

Im Deutschunterricht sind Kinder- und Jugendbücher als Ganzschriften zum Einsatz geeignet. In der Sekundarstufe kann die Thematik auch in Gemeinschaftskunde und Religion besprochen werden.

4.2. Schlussbemerkung

Die Kindheit ist „jenes weite Land, von dem jeder herkommt" (Antoine de Saint-Exupéry, 1900–1944). Und auf Célestin Freinet (1896–1966) geht das Bekenntnis zurück, dass sein „einziges Talent als Pädagoge darin bestehe, dass er sich seiner Kindheit sehr gut erinnere".
Diese Publikation soll ein Appell sein an alle professionellen Scheidungsbegleiter wie Familienrichter, Gutachter, Anwälte, Vertreter des Jugendamts, Verfahrenspfleger, sich in ihre Kindheit zurückzuversetzen. Aber auch Eltern und Elternteile, Lehrende und Studierende die zum „Wohl des Kindes" beitragen wollen, sind hier angesprochen. Ausgrenzung eines Elternteils und Ausgrenzung in der Schule in Form von Stigmatisierung zementieren das schon durch die Trennung verursachte Leid der Edukanden anstatt es zu beenden.
Entscheidend für den Verlauf der psychischen Entwicklung eines heranwachsenden Individuums sind seine Beziehungen. Erst von ihrer Qualität hängt der Erfolg jeder Erziehung ab. Je stabiler der Halt ist und je klarer die Konturen sind, den die Lebensumstände dem Kind und Jugendlichen zum Zeitpunkt der Trennungs- und Nachscheidungsphase vermitteln, d. h., je besser das Umfeld diesen traumatischen Wendepunkt im Leben eines Individuums abfedern kann, umso mehr wachsen die Chancen für eine konstruktive Verarbeitung des Zerfalls des Kosmos Familie.
Indoktrinierende und den anderen damit verbal und nonverbal entwertende Elternteile sollten sich bewusst sein, dass diese Manipulation bzw. Gehirnwäsche eines Kindes der erste Schritt dazu ist, dem Kind die andere Hälfte seiner Identität zu nehmen bzw. dieselbe zu amputieren.
„Was der Erwachsene mit der Seele eines Kindes macht, bleibt ganz ihm überlassen, sie ist Eigentum wie die Bürger eines totalitären Staates das Eigentum der Regierung sind" (Alice Miller).

Helgard Moll-Strobel (Zusammenstellung):

5. Materialien zur Thematik *Trennung – Scheidung – Entfremdung*

Eine Auflistung empfehlenswerter Kinder- und Jugendbücher sowie Filme und Fernsehsendungen zur Thematik befindet sich in Kapitel 8. Im vorliegenden Kapitel werden einige von ihnen herausgegriffen und besprochen. Zu Beginn soll ein Buch vorgestellt werden, das sich hauptsächlich an Erwachsene richtet:

„Wir trennen uns, was tun wir für unsere Kinder?“

Balscheit/Gasser/Haefliger/Kling 1987, 80 Seiten, Teil 2: An die Eltern, Pro Juventute

Inhalt:

Das Buch „Wir trennen uns, was tun wir für unsere Kinder?“ ist ein Ratgeber für Eltern, die sich scheiden lassen wollen oder schon in der Scheidungsphase sind. Ausgehend von der Frage *Familie – was ist das?* wird geklärt, ab wann eine Familie besteht und welche Merkmale eine Familie hat. Im zweiten Kapitel geht es um Streit und Versöhnung in der Familie. Dabei wird betont, dass Streit etwas ganz Natürliches ist, mit einer Versöhnung endet und normalerweise keine Gefahr für das normale Weiterleben im Rahmen der Familie besteht. Kommt es jedoch zu grundlegenden Differenzen zwischen den Ehepartnern, sollten die Kinder außen vorgelassen werden. Die Autoren zeigen, wie Eltern mit ihren Kindern in einem solchen Fall umgehen sollen und leiten so schon auf das nächste Kapitel *Vorbereitung der Kinder auf die Scheidung* über. Sie machen klar, dass

die Kinder in eine Schockphase kommen, sobald sie von der Scheidung der Eltern erfahren. Wie diese Reaktion aussieht und was die Eltern tun können, wird in diesem Kapitel aufgezeigt. Die Frage *Wo sollen die Kinder nach der Scheidung wohnen – bei Vater oder Mutter?* und die Besuche beim anderen Elternteil sind Thema des vierten Kapitels. Es wird darauf hingewiesen, dass es am besten ist, wenn Entscheidungen über die Zukunft der Kinder von beiden Elternteilen gemeinsam getroffen werden. Mit der Frage *Was wird nach der Trennung anders sein?* im fünften Kapitel geht es um die Veränderungen, die die familiären Beziehungen nach einer Trennung betreffen und die Phasen der Scheidungsverarbeitung, die ein Kind durchläuft. Bevor die Autoren das Thema *Vater oder Mutter heiraten wieder* mit allen Problemen, die eine Stieffamilie hat, behandeln, gehen sie auf Verbundenheit und Solidarität mit den Eltern und Loyalitätskonflikte im Kapitel *Die besondere Beziehung zwischen Kindern und Eltern* ein.
Im Anschluss an diesen eher theoretischen Teil befindet sich eine Geschichte zum Vorlesen für Kinder und Briefe eines Richters an Eltern in Scheidung mit Informationen, Anregungen und Ratschlägen.

Bewertung:

„Wir trennen uns, was tun wir für unsere Kinder?" leistet einen wichtigen Beitrag zu einer fairen Trennung im Sinne der Kinder. Es wird den Eltern aufgezeigt, mit welchen Belastungen die Kinder bei einer Trennung der Eltern fertig werden müssen und wie wichtig beide Elternteile für das Kind sind.
Ganz deutlich wird betont, dass eine Scheidung nur die Eheverbindung auflösen kann, niemals aber die Elternschaft. Die Eltern erhalten zahlreiche Tipps, wie sie in der schwierigen Zeit mit ihren Kindern und dem Ex-Partner umgehen können.
Die Autoren zeigen Verständnis für die Gefühle der Verletzung oder des Hasses, die bei einer Scheidung auftauchen, appellieren aber im Sinne der Kinder daran, eine „geschäftliche" Beziehung zum Ex-Partner aufrecht zu erhalten. Wichtige Aspekte werden fett und rot gedruckt hervorgehoben.
Im Anhang befinden sich Quellenhinweise, Hinweise auf andere Bücher zu diesem Thema und Stellen der Familienberatung bzw. der Familientherapie.

5.1. Materialien für die Grundschule

Kinderbücher:

„Papa wohnt jetzt in der Heinrichstraße“

Maar/Ballhaus ^{5}1992, 30 Seiten, modus vivendi

Dieses Bilder- und Kinderbuch, das den deutschen Jugendliteraturpreis erhielt, gilt als Klassiker der Trennungs-Kinderliteratur sowohl hinsichtlich der Bildgestaltung als auch des Textes; auf differenziert realistische Weise wird sich hier mit der Trennung auseinander gesetzt.

Inhalt:

Der fünfjährige Bernd erlebt die Konflikte und sich zuspitzenden Auseinandersetzungen der Eltern, den Auszug seines Vaters aus der gemeinsamen Wohnung. Er reagiert darauf mit Wut und Aggression, mit Einsamkeitsgefühlen und abgrundtiefer Traurigkeit. Durch das Spiel mit den Teddybären Dodo und Bobo gibt er seinen Gefühlen Ausdruck. Die gesamte Atmosphäre und die Streitereien der Eltern miteinander reagiert er durch einen heftigen Streit mit den Teddybären aus.
Allmählich akzeptiert Bernd die Situation des Getrenntlebens des Vaters und kommt zu einer Lösung: „Wenn ich das nächste Mal zu Papa gehe, nehme ich Dodo mit und lasse sie dort. Dann habe ich Dodo in meinem einen Bett und Bobo in meinem anderen.“ So endet die Geschichte!

Bewertung:

Ohne jegliche Beschönigungen werden die Stationen einer Trennung und die damit ausgelösten emotionalen und affektiven Gefühle und Belastungen aufgezeigt. Schüler lernen dabei, sich auf unterschiedliche Weise mit ihren Gefühlen auseinander zu setzen und für sich selbst Strategien zu entwickeln, mit der gegebenen Situation zurechtzukommen, einen Transfer auf ihre eigene Biographie zu leisten.

„Jonas läßt sich scheiden"

Obrecht/Meyer 1995, 64 Seiten, Oetinger, Erstes Lesealter

Inhalt:

Diese Geschichte handelt von den beiden Freunden Jonas und Pablo, die sich von ihren Müttern scheiden lassen wollen, um ihr Leben gegeneinander tauschen zu können. Doch als Jonas in Pablos Zuhause ist, muss er feststellen, dass alles ganz anders ist. Jonas' Eltern sind geschieden, deshalb wohnt er zusammen mit seiner Mutter, dem neuen Vater und seiner kleinen Schwester. Sein richtiger Vater wohnt mit einer neuen Frau und deren Kindern in einer anderen Stadt. Jonas besucht sie oft in den Ferien oder an Feiertagen.
Jonas bester Freund heißt Pablo – auch dessen Eltern haben sich getrennt. Er wohnt mit seiner Mutter in einer WG. Dort darf Pablo machen, was er will. Er kann essen, wann er will, so lange aufbleiben, wie er will und hat einen eigenen Fernseher. Und er darf so viel Lärm machen, wie er will.
Jonas findet so ein WG-Leben traumhaft schön. Pablo dagegen wünscht sich eine so tolle große Familie, wie Jonas sie hat. Die Freunde beneiden sich gegenseitig. Deshalb beschließen sie, sich von ihren Müttern scheiden zu lassen (denn wenn Eltern keine Lust mehr haben zum Zusammenwohnen, dann lassen die sich auch scheiden). Jonas darf nun in der WG wohnen und Pablo darf mit Jonas' kleiner Schwester spielen, Beim Umzug darf Pablo seine Raumstation mitnehmen, denn auch Jonas' Vater hat bei seinem Auszug alles mitgenommen, was ihm gehört hat.
Die beiden trennen sich, um zu ihrem neuen Zuhause zu gehen und vereinbaren, ihre Sachen erst später abzuholen – denn auch Jonas' Vater hat seine Sachen erst nach einer Weile abgeholt. Als Pablo weg ist, weint Jonas noch ein wenig, denn so ist das, wenn man sich scheiden lässt.

Doch als Jonas in der WG ist, ist alles ganz anders. Jonas ist jetzt ganz allein und findet Pablos Spiele schon nach kurzer Zeit langweilig. Er muss sich nun sein Abendbrot selbst machen. Da ihm so vieles nicht vertraut ist, hat Jonas ein wenig Angst. Er fühlt sich traurig und muss an seine Mutter denken. Dabei stellt er fest, dass es eine traurige Geschichte ist, sich scheiden zu lassen.
Jonas hat kaum Appetit – genau wie seine Mutter, als sie sich scheiden ließ. Er wünscht sich, dass seine Mutter käme. Und wenn schon nicht seine eigene, richtige Mutter, dann doch wenigstens die Mutter von Pablo. Als diese dann anruft und sagt, dass sie später kommt, geht Jonas ins Bett. So schlimm hat er sich eine Scheidung nicht vorgestellt. Plötzlich ist er ganz allein auf der Welt. Und mit Pablo möchte er auch nichts mehr zu tun haben, da der ihm seine Familie wegnimmt. Jetzt gibt es keinen Menschen mehr, der sich um Jonas kümmert. Jonas hat Angst, dass seine Mutter ihren Sohn bald vergessen haben wird, denn auch an den neuen Vater hat sie sich schnell gewöhnt.
Jonas denkt nach und fängt an zu weinen. Die zwei WG-Bewohner Monika und Rudi verstehen zuerst nicht, dass er sich hat scheiden lassen. Aber dann beredet Rudi mit Jonas, wie es sein wird, wenn dieser an der Stelle von Pablo hier sein wird. Rudi sagt ihm auch, dass man einen Jungen nicht einfach durch einen anderen ersetzen kann – auch wenn das Eltern oft so machen.
Jonas ist so müde, dass er sich in Pablos Bett legt und in seinen Kleidern einschläft. Erst als das Licht angeht, wacht Jonas wieder auf. Seine Mutter ist gekommen, nimmt ihn in den Arm und drückt ihn ganz fest. Jonas ist froh, dass seine Mutter ihn noch lieb hat, obwohl er sich von ihr hat scheiden lassen. Pablo ist gleich mitgekommen, wahrscheinlich hat er auch geweint. Pablo sagt auch, dass man sich erst scheiden lassen kann, wenn man erwachsen ist. Zum Schluss verabschieden sich Jonas und Pablo voneinander. Jonas ist froh, dass seine Mutter nicht böse auf ihn ist.

Bewertung:

Das Buch ist gut in der Grundschule einsetzbar. Beim Vorlesen sollte der Lehrer stets ein gemeinsames Gespräch anschließen. Er muss mit den Schülern über die Hauptperson Jonas, sein Verhalten und seine Gefühle sprechen, um das Verstehen der Schüler zu gewährleisten.
Das Buch weist einen klaren, eindeutigen Handlungsverlauf auf, der den Schülern das Verständnis erleichtert. Dieser orientiert sich an Tätigkeiten und Gefühlen des jungen Lesers (mit der Raumstation spielen, Verhältnis zu Geschwistern ...), dass sich dieser im Buch selber entdecken kann. Dabei lässt die Geschichte genügend Freiraum, sodass der Leser seiner Phan-

tasie freien Lauf lassen und sich eigene Gedanken machen kann Die Geschichte wird in einfachen Sätzen erzählt, Gleichzeitig wird der Wortschatz mit neuen Begriffen und Wörtern erweitert (We-Ge). Das Buch regt zum gemeinsamen Gespräch an und bietet dazu viele Anknüpfungspunkte. Auch kann an jeder Stelle des Textes innegehalten und über den bisherigen Handlungsverlauf gesprochen werden.
Die Hauptperson Jonas ist im gleichen Alter wie die Leser, wodurch sich die Schüler gut mit ihr identifizieren können. In ihrer Darstellung erscheint dieses Bild kindgerecht und überfordert die Kinder nicht.
Im Buch werden Gefühle unterschiedlichster Art angesprochen (Angst, Trauer, aber auch Glück, als seine Mutter wiederkommt ...), wodurch auch gleichzeitig die Erlebniswelt der Schüler aufgegriffen wird. Das Thema des Buches knüpft an ihre Erfahrungen und emotionalen Bedürfnisse an, denn viele Kinder wünschen sich Dinge, die sie in ihrer Familie nicht haben können (Jonas darf in der WG spielen, was er will, fernsehen, so viel er will ...). Gleichzeitig wird der Akt der Scheidung auf die Kinderwelt übertragen, wodurch die Kinder lernen, auch die Gefühle der Erwachsenen zu verstehen. Die Hauptperson erscheint in ihrer Entscheidung sehr selbstbewusst und selbstständig, aber am Ende zeigt sich deutlich, dass Jonas doch sehr froh ist, als seine Mutter die „Scheidung" rückgängig macht. Die Mutter wird hier als Partnerin von Jonas dargestellt, sie versteht ihn in seiner Entscheidung und begegnet ihm nicht als Autoritätsperson.
Das Thema Scheidung gehört nicht zur Schonraumpädagogik und darf unter der aktuellen Situation in der Grundschule nicht ausgespart bleiben. Das Buch weist dazu Handlungsmöglichkeiten und Hilfen zur Bewältigung des Themas auf (sich scheiden lassen, Gefühle, Eltern bei einer Scheidung).

„Tine durch zwei geht nicht"

Donnelly 1988, 126 Seiten, Ravensburger TB, Alter: 10 Jahre

Inhalt:

In einer Vorgeschichte werden die Personen vorgestellt und wie es dazu kam, dass sich die Eltern von Tine und Tim trennten. Angelika und Kalle Fechner sind seit einiger Zeit geschieden. Tine ist elf Jahre alt und ihr Bruder Tim sieben. Außerdem gehören noch der Hund Kaktus und die Schildkröte Summacumlaude zur Familie. Eigentlich gab es nicht einen Grund, weshalb sich Angelika und Kalle trennten. „Es waren kleine Steine, die eine Lawine ins Rollen brachten" (S. 6).

Die Eltern leben getrennt und Kalle kommt einmal wöchentlich, um seine Kinder zu besuchen. Dies geht jedoch alles nicht so wie vorgestellt. Tim lehnt seinen Papa ab und hält zu seiner Mama (PAS). Tine hat ihren Papa genau so lieb wie ihre Mama. Wenn er da ist, würde sie sich am liebsten auf ihn stürzen und sich in seine Arme schmeißen. „Aber wenn dann ausgerechnet Mamas Tür aufgeht und sie diesen vorwurfsvollen Blick loslässt – ‚Du hast *ihn* also lieber als *mich*' –, dann gibt's wieder Ärger" (S. 9).
Die Lage ist gespannt und traurig.
Diese wird sogar noch schlimmer. Kalle plant einen Urlaub über Weihnachten. Die Lage spitzt sich zu, da er Tine einfach mitnimmt, ohne dass Angelika davon informiert wird. Selbst Tine weiß nicht so recht, wie ihr geschieht. Kalle und Tine sind über Weihnachten auf Gomera und erleben dort einiges. Es sind viele Talfahrten der Gefühle dabei. Kalle ist traurig; Tine kämpft mit Heimweh und damit, dass Papa traurig ist. Sie erleben das traurigste Weihnachten ihres Lebens.
Zur gleichen Zeit sitzen Angelika und Tim zu Hause. Angelika wird vor Sorgen krank und lässt ihre ärgerlichen Gefühle an Tim aus. Dieser verkriecht sich in seinem Zimmer, „dreht den Schlüssel von innen um und drückt auf den Kassettenrecorder-Einschaltknopf. Zonk" (S. 108/109).
Das Ende: Irgendwann kommen Kalle und Tine zurück. Angelika holt Tine vom Flughafen ab. Noch in der Flughalle schlägt sie so lange auf Kalle ein, bis seine Wangen glühen. Kalle nimmt Angelika einfach in den Arm und sie weinen beide.
Die Nachgeschichte berichtet, dass von „Friede, Freude, Eierkuchen" (S. 125) nicht die Rede sein kann. Nach einer schönen Zeit, in der Kalle seine Kinder jeden Tag besuchen kommt, fängt die Zankerei mit Angelika wieder an. Eine bessere Lösung wird gesucht.

Bewertung:

Der Handlungsverlauf ist klar und eindeutig. Für Kinder am Ende der Grundschulzeit ist Tine ein Identifikationsangebot. Durch Tine werden Gefühle der verschiedensten Art angesprochen, nicht nur Gefühle bezüglich der Trennungsproblematik, sondern auch alltägliche Gefühle, die in allen Stresssituationen auftreten können.

Aber nicht nur Tines Gefühle sind für den Leser gut nachzuempfinden, sondern auch die ihrer Eltern und diejenigen von Tim. Kindern wird das Gefühl vermittelt, dass die Eltern sich auch schwer tun, mit einer Trennung umzugehen. Die Eltern werden hier als Personen gezeichnet, die manchmal auch wieder gerne Kinder sein wollen, wenn ihnen alles zu viel wird.
Bis kurz vor Schluss der Geschichte meint der Leser, dass es vielleicht ein Happy End geben könnte. Es wird jedoch gezeigt, dass nach einer Trennung nie alles so werden kann wie vorher, es aber andere Lösungen gibt.
Obgleich die Begrifflichkeit PAS zu der Zeit, als die Geschichte geschrieben wurde, im deutschen Sprachraum noch nicht bekannt war, gab es den Befund jedoch schon immer bei Scheidungen. Die PAS-Problematik wird hier in der Gestalt von Tim aufgegriffen, der seinen Vater durch die subtile Beeinflussung durch seine Mutter eindeutig ablehnt.
Wenn man weiterdenkt, kann es auch durch solche Ereignisse zu einer indoktrinierten Geschwisterproblematik kommen. Diese ist bis heute in der Forschung nicht berücksichtigt und durch Untersuchungen belegt worden. Ein eindeutiges Defizit! Dieses Kinderbuch ist äußerst empfehlenswert für einen schulischen Einsatz!

„Meine Eltern trennen sich"

Gasser u. a., 1987, Teil I, 99 Seiten, Pro Juventute

Inhalt:

Dieses Arbeitsbuch ist für Kinder und Jugendliche ab 9 Jahren gedacht, die sich aufgrund der Scheidung ihrer Eltern in einer schwierigen Situation befinden.
In diesem Buch erleben die Leser, wie sich Herr und Frau Tausend scheiden lassen und wie sich deren Kinder Manu (15), Alfred (12) und Klein-Heidi ($3^1/_2$) dabei fühlen.
In den einzelnen Kapiteln wird auf die Ängste und Probleme der Kinder sowohl vor als auch nach der Trennung eingegangen. Am Ende des Buches (2 Jahre später) wohnt Frau Tausend mit den Kindern noch im alten Haus. Herr

Tausend ist in die Stadt gezogen, er lebt dort mit Gertrud Neukomm. Alfred und Klein-Heidi gehen alle 2 Wochen übers Wochenende zum Vater. Manu telefoniert oft mit dem Vater oder trifft sich mit ihm am Abend.
Aber auch Frau Tausend lernt einen neuen Mann kennen. Hugo Gut ist ebenfalls geschieden und hat einen Sohn namens Bastian. Wie diese beiden Familien zueinander finden und welche Schwierigkeiten dabei auftreten, das wird im letzten Kapitel beschrieben. Zwischen der Geschichte von Familie Tausend kommen Kinder zu Wort, die von den Autoren zu dem jeweiligen Thema des Kapitels befragt wurden. Nach diesen Befragungen richten sich die Autoren mit denselben Fragen an die Leser. Diese haben nun die Gelegenheit ihre eigenen Gedanken schriftlich in dem Buch festzuhalten. Am Schluss von jedem Kapitel geben die Autoren Ratschläge, wie sich die Leser in bestimmten Situationen am besten verhalten können. Das Arbeitsbuch kann von Kindern alleine oder zusammen mit der Mutter, dem Vater oder einem Freund bearbeitet werden. Es ist wichtig, dass die Kinder sich nur damit beschäftigen, wenn sie Lust dazu haben.

Bewertung:

Dieses Arbeitsbuch vermittelt dem Leser das Gefühl, dass es viele andere Kinder gibt, die ähnliche oder gleiche Probleme haben. Ein weiterer positiver Aspekt ist, dass die Leser durch die an sie gerichteten Fragen aufgefordert werden, sich mit den eigenen Problemen auseinander zu setzen und sie nicht zu verdrängen.

Tipps und Ratschläge:

(Aus: „Meine Eltern trennen sich“, S. 36 ff. und S. 46 ff.)

1. Versuche nicht, deinen Eltern zu helfen, wenn sie streiten. Ihr Streit ist wirklich nur ihre Sache, du kannst hier gar nichts ausrichten. Du hilfst deinen Eltern am meisten, wenn du es ihre Sache sein lässt, einen Weg aus dem Streit zu finden. Habe Geduld, manchmal brauchen sie lange dafür! Es ist wichtig für dich zu wissen, dass der Streit oft kurzfristig schlimmer wird, wenn du dich draußen hältst. Die Eltern werden auch probieren, dich wieder reinzuziehen. Längerfristig lohnt es sich aber für alle, wenn du beim Streiten deiner Eltern nicht mitmachst!
2. Probiere auch nicht, zwischen ihnen zu vermitteln oder den „Briefträger“ zu spielen. Sonst wirst du mit der Zeit noch mehr in den Streit hineingezogen und kommst zwischen die Eltern zu stehen.

3. Ergreife nicht Partei für Vater oder Mutter. Getraue dich ruhig, deinen Eltern offen zu sagen oder zu zeigen, dass du dich aus ihrem Streit draußen halten willst. Deine Eltern werden sicher einverstanden sein, wenn du lieber etwas für dich tust. Aber mach dir keine Vorwürfe, wenn du dies nicht schaffst, es ist nämlich sehr schwer.
4. Wir möchten dich sogar vorwarnen: Sehr wahrscheinlich schaffst du es nicht immer, dich rauszuhalten. Vielleicht schaffst du es ein paar Mal, und dann lässt du dich plötzlich wieder reinziehen. Das geht allen so, weil es etwas so Schwieriges ist! Aber bleibe dabei, probier jedes Mal von Neuem, dich rauszuhalten. Wir möchten dir dazu Mut machen, weil wir wissen, dass es wichtig ist.
5. Für die Eltern kannst du also nichts machen, auch wenn es schlimm für dich ist, wenn du zuschauen musst, wie sie streiten. Du kannst jedoch etwas für dich tun, das dir gut tut. Du hast nämlich ein Recht darauf, dass es dir trotz allem möglichst gut geht.
6. Oft ist die Versuchung groß, dass man als Kind irgend etwas Dummes anstellt, wenn die Eltern streiten. Aber auch das hilft nicht wirklich. Halte es aus, wenn deine Eltern streiten! Wenn du es nicht fertig bringst, rede unbedingt mit einem anderen Erwachsenen darüber, zu dem du Vertrauen hast – zum Beispiel mit deinem Lehrer, (…) mit der Mutter einer Freundin oder eines Freundes, mit dem Jugendgruppenleiter …

   Wenn deine Eltern sich nicht versöhnen, heißt es noch lange nicht, dass du für dich nicht einen guten Weg finden wirst, mit ihrem Streit fertig zu werden. Wir möchten dir empfehlen, diese Ratschläge auch nach der Trennung oder Scheidung zu befolgen. Wir haben die Erfahrung gemacht, dass viele Eltern nach der Trennung nicht sofort mit Streiten aufhören können. Manchmal brauchen sie sogar sehr lange (ein paar Jahre) dazu.

   Rede mit jemandem darüber!

   Denke nicht, dass du schuld bist.

   Versuche nicht zu verhindern, dass dein Vater oder deine Mutter wegzieht.
11. Du brauchst dich nicht zu schämen, wenn deine Eltern sich trennen oder scheiden.
12. Zeige deinem Vater und deiner Mutter, dass du jeden für sich gern hast, auch wenn der andere Elternteil es nicht so gerne sieht. Vielleicht hast du aber den einen oder anderen über eine gewisse Zeit nicht mehr gern. Erwachsene verhalten sich in so schwierigen Situationen oft komisch, und vielleicht hat dir Papi oder Mami sehr weh getan, oder du verstehst sie nicht. Deswegen brauchst du dir keine Vorwürfe zu

machen. Lass dir Zeit mit deinen verwirrten Gefühlen. Es wird für beide Eltern verständlich sein, dass du sie im Moment nicht immer gern haben kannst. Viele Kinder haben in dieser Zeit Angst, von Vater oder Mutter nicht mehr geliebt zu werden. Wenn du auch verunsichert bist, frage sie danach. Es ist für die Eltern in dieser Zeit manchmal sehr schwierig, ihren Kindern Liebe zu zeigen. (…)

13. Es ist für Eltern sehr schwer, die Trennung ihren Kindern mitzuteilen. Manche Eltern sagen nichts, aber die Kinder spüren es trotzdem. Das Schlimmste ist dabei, dass man nicht darüber reden kann. Die Kinder getrauen sich nicht, darüber zu reden, weil sie merken, dass die Eltern weinen müssten, und dies wollen sie vermeiden. Genau das ist für alle sehr schwierig. Wir wollen euch den Rat geben: Sprecht trotzdem mit den Eltern darüber. Es ist besser, wenn alle weinen müssen, als wenn man nicht redet.

Vorschläge für den Grundschulbereich

Klagebriefkasten

In jeder Klasse kann auch ein Klagebriefkasten angebracht werden; auf diese Weise können die Schüler ihre Probleme in anonymer Weise äußern. Derselbe eignet sich ebenso für die Haupt- und Realschule.

Fortsetzungsgeschichten

„Heute habe ich Alexander (Pia) getroffen. Er (sie) war merkwürdig verändert. Seine (ihre) Eltern lassen sich scheiden. Er (sie) hat mir erzählt …“

Erstellung einer Zeitung

Kinder können auch ihre Probleme oder die anderer Schüler oder Freunde in einer Zeitung thematisieren.

Äußerungen zu einer Bilderfolge

Bilder aus dem Buch „Scheidung auf Dinosaurisch“ von L. K. Brown und M. Brown (siehe Kap. 8.1.) eignen sich als Gesprächsanlass für Grundschüler.

Videofilm: „Verliebt, verlobt, verheiratet, geschieden"

– Pro Familia 1987, 30 min.
(nach dem Buch gleichnamigen Titels von Peter Mayle und Arthur Robbus)

Inhalt:

Dieser Zeichentrickfilm importiert für die Schüler des Primarbereichs sowohl Informationen über Streitsituationen der Eltern, die zur Trennung führen können, als auch Gefühlsinterpretationen. Hier sind es in aller Regel die kleinen Vorkommnisse, die den Kragen platzen lassen, weil deren Häufung plötzlich an den Nerven zehrt: Schnarchen, in falscher Richtung ausgedrückte Zahnpastatuben u. Ä. Das Video verweist auf das Betroffensein von Trennungen vieler junger Menschen dieser Welt und gibt Mut für einen Neuanfang, der wohl mit zusätzlichen Aufgabenbereichen für die Kinder verbunden ist, ebenso wie für die Elternteile. Was bisher auf die ganze Familie verteilt war, muss nun von weniger Personen geleistet werden. Auch die Bedrohlichkeit vor einem neu hinzukommenden Familienteil in Form eines neuen Partners wird angesprochen.

Bewertung:

Ein gut konzipierter Videoclip, der alle Gefühle und Empfindungen, Gedanken und Handlungen der von Trennung Betroffenen konkretisiert und verständlich macht, die Vorgeschichte einer Heirat aufzeigt und die Gründe für die Trennung akzentuiert. Ein Film, der vom Prinzip Hoffnung geleitet wird, enttabuisiert und die Solidarität mit anderen in der gleichen Situation Stehenden stärkt und der Enervation entgegentritt.
Ein witziger und empfehlenswerter Film!

5.2. Materialien für den Sekundarbereich I und II

Jugendbücher:

„Fränze"

Härtling/Knorr, Weinheim/Basel [2]1992, 112 Seiten, Beltz

Inhalt:

Der Roman erzählt zunächst von Franziska, genannt Fränze, zwölf – wird im Laufe der Erzählung 13 – Jahre alt, von ihrem abwechslungsreichen Schulweg, den sie sehr mag, von ihrer Freundschaft mit Anke und von ihren Träumen vom eigenen Haus mit einem Stall für einen Esel – ihrem Lieblingstier.

Doch Fränze ist in letzter Zeit nachdenklich und traurig, weil sie spürt, dass etwas in der Beziehung ihrer Eltern aus den Fugen geraten ist. Ihr Vater – sie nennt ihn Johannes –, von Beruf Buchhalter, verhält sich seltsam, er lässt nichts mehr an sich ran, reagiert auf Fragen überreizt, streitet mit Mams, kommt betrunken nach Hause ... Sie will der Sache auf den Grund gehen. Und sie hat eine Vermutung! Mit ihrem zwei Jahre älteren Freund Holger – dem „Seelenwärmer" – macht sie sich auf den Weg zu der Arbeitsstelle ihres Vaters. Gemeinsam entdecken sie, dass es das Unternehmen, bei dem Johannes seit Jahren gearbeitet hat, in der Form nicht mehr gibt: Es ist verkauft worden und dabei sind nicht alle Angestellten – so auch ihr Vater – übernommen worden. Johannes ist seither also arbeislos. Zu Hause eskaliert nun die Situation; Mams und Fränze wollen mit Johannes reden, doch er kommt ihnen zuvor, täuscht eine Dienstreise vor und verlässt übereilt die Wohnung. Die beiden fühlen sich verschaukelt und gleichzeitig sind sie in großer Angst um Johannes. Fränze gibt nicht auf; sie macht sich auf die Suche nach Johannes und entdeckt ihn auch. Er kommt zwar am nächsten Tag nochmals nach Hause zurück, doch nichts ist mehr, wie es einmal war, alles ist stillgelegt, das Familienleben, die Freude, dass man sich lieb hat. Ein gemeinsames Gespräch zwischen den Eltern scheitert und Johannes zieht aus. In der Schule wird Fränze immer unkonzentrierter und nach-

lässiger, muss sich Sticheleien der Lehrer anhören, schlägt sich sogar mit Klassenkameraden. Doch ihre Musiklehrerin steht ihr zur Seite. Fränze feiert ihren 13. Geburtstag, auch ihr Vater hat sich angemeldet und sie wünscht sich nichts sehnlicher, als dass ihre Eltern wieder zusammenfinden. Es ist ein toller Tag für Fränze, doch leider endet er zwischen ihren Eltern erneut im Streit und Fränze ist niedergeschlagen.
Aber sie fasst wieder neuen Mut, schreibt an die Großeltern und plant eine Aktion für ihren arbeitslosen Vater: In einer Einkaufspassage spielt sie Flöte für Johannes und alle Arbeitslosen und erregt dabei auch die Aufmerksamkeit der Presse und der Polizei. Ihr Vater, der durch die Zeitung von ihrer Aktion erfährt, ist wenig begeistert, dass er in der Öffentlichkeit vorgeführt wird, und lässt das seine Tochter auch wissen. Sie fühlt sich nun mitschuldig, dass er nicht mehr nach Hause kommt. Auch ein Gespräch zwischen Großvater, Fränze und Johannes kann den Vater nicht mehr zurückholen, er will im Moment alleine sein, ... doch er schenkt Fränze zu Weihnachten einen hölzernen Esel und einige ganz liebe Zeilen dazu.

Inhaltliche Bewertung:

Der Roman erzählt gut verständlich und sehr eindrücklich und differenziert, wie die 12- bzw. 13-jährige Fränze das Scheitern der Beziehung ihrer Eltern erlebt. Er schildert ihre Niedergeschlagenheit und ihre Ohnmacht, aber auch ihren Mut und ihre Tatkraft, zeigt auf, wie wichtig in dieser schwierigen Situation Freunde und Menschen – ihr Schulfreund Holger, ihre Musiklehrerin und ihr Großvater – sind, die ihr zur Seite stehen. Zudem werden Schul- und Alltagsprobleme, aber auch Träume und Phantasien des heranwachsenden Mädchens geschildert. Dieser Roman knüpft an die emotionalen Bedürfnisse von Kindern an; er kann dazu beitragen, den Erfahrungsraum eines Kindes zu erweitern, Handlungsmöglichkeiten aufzuzeigen.

Formale Bewertung:

Bibliographische Angaben sind vorhanden, lediglich eine Aussage zum Lesealter könnte noch ergänzt werden. Das Layout ist adäquat, der Textteil wird durch sieben Schwarzweiß-Zeichnungen ergänzt.

„Eine Tür fällt zu“

Blobel, München 1988, 124 Seiten, Schneider

Inhalt:

In diesem Buch wird die Geschichte von Nele und ihrer Familie erzählt. Nele, 14 Jahre alt, spürt, dass irgend etwas nicht mehr in Ordnung ist zu Hause. Vater und Mutter streiten sich immer öfter. Statt mit einem fröhlichen Frühstück beginnt der Tag der Familie Bruckner immer öfter gereizt und unfreundlich.

Als Nele eines Tages früher von der Schule heimkommt, entdeckt sie ihre Mutter weinend in der Küche. Weder ihr Vater, der später dazukommt, noch ihre Mutter sind bereit, mit ihr darüber zu sprechen, was vorgefallen ist. Nele geht es nicht gut. Das Ungewisse, das unbeantwortete „Warum?“ bereitet ihr Bauchschmerzen. In der Schule kann sie sich kaum konzentrieren, auch die Freundschaft mit Carla leidet darunter. Als ihre Mutter ihr endlich sagt, dass ihr Vater eine Freundin hat und sie alle nicht mehr liebt, bricht für Nele eine Welt zusammen. Ihre Gedanken schweifen immer wieder zurück, als die Familie noch glücklich war, als Vater und Mutter sich zärtlich umarmten. Nele will am liebsten weg. Alles ist wie ein Alptraum für sie. Sie möchte am liebsten nicht mehr da sein, Luft werden oder eine leichte Feder sein und fort fliegen.

Gerade da begegnet sie Chris, einem Jungen aus ihrer Schule. Er beobachtet Nele schon länger und spricht sie an. Nele freut sich zwar, aber ihre Gefühle sind getrübt von der Situation zu Hause: Sie hört das Weinen der Mutter, sie sieht den Blick des Vaters. Zu Hause wird die Stimmung immer erdrückender für alle. Ständig wird Nele mit der Wut, der Verzweiflung, der Hilflosigkeit der Mutter konfrontiert. Ihr zwei Jahre jüngerer Bruder Jan zieht sich scheinbar ganz zurück und zeigt keine Gefühle. Als Nele ihm eröffnet, dass sich Vater und Mutter vielleicht trennen wollen, reagiert er entsetzt.

Nele fühlt sich einsam und vollkommen leer. Nachts erwacht sie aus einem schrecklichen Traum: Ein Haus schwimmt auf einer Eisscholle in einem riesigen Meer. Überall hängen Eiszapfen herunter. Neles Eltern und Bruder

Jan sind im Haus, während Nele am Ende der Scholle sitzt. Die Eiszapfen wachsen immer mehr und plötzlich kracht die Eisscholle auseinander und trennt das Haus und sie. Nele schreit und wacht davon auf.
Die Beziehung zu Chris wird immer enger und bringt Nele ein wenig Licht in ihre traurige Seele. Obwohl auch ihm keine Lösung für Neles Familie einfällt, bringt er Nele auf den Gedanken, sich doch einmal die Situation aus Vaters Sicht anzuhören.
Ein Gespräch zwischen Nele und ihrem Vater bringt für Nele Erleichterung. Er sagt ihr, dass er Nele und Jan immer lieb haben wird, selbst wenn er sich von Mama trennen sollte.
Die Stimmung im Haus wird jedoch immer eisiger: Neles Mutter quartiert ihren Mann ins Gästezimmer, gesprochen wird nur das Nötigste, kein gemeinsames Mittagessen findet mehr statt. Nele wünscht sich, dass alles nur Theater wäre, aber die Wirklichkeit ist bitterernst. Völlig unerwartet werden Nele und ihr Bruder Jan von den Eltern vor die Frage gestellt, bei wem sie nach der bevorstehenden Trennung leben möchten. Aus Jan bricht die ganz Hilflosigkeit heraus, völlig verzweifelt kauert er schreiend am Boden, während Nele zusammenbricht.
Erst jetzt verstehen die Eltern, was sie angerichtet haben.
Neles Mutter sieht ein, dass sie völlig falsch gehandelt hat, weil sie alle Probleme auf Nele abwälzte, nie ein offenes Gespräch zwischen beiden stattgefunden hat und Nele damit psychisch total überfordert war.
Nach der Scheidung der Eltern – Nele und Jan leben beide bei der Mutter – wird das Leben für alle ruhiger, ganz vorsichtig und zaghaft bessert sich die Stimmung im Haus.

Bewertung:

Das Buch „Eine Tür fällt zu“ ist einzuordnen in die Jugendsachbuchreihe des Schneider-Verlags, die sich mit aktuellen, ernsten Themen wie Drogen, Verletzungen, Gewalt an Schulen, Trennung etc. befasst.
Der Autorin ist es gut gelungen, die Gefühle der 14-jährigen Nele in dieser emotional schwierigen Phase des Auseinanderlebens und der Trennung ihrer Eltern zu beschreiben.
Trotz einiger klischeehaften Details – z. B. die Beziehung zu Chris – hat der Leser das Gefühl, einer ziemlich realistischen Erzählung folgen zu können. Nele bleibt in dieser Situation vor fast nichts verschont (außer vor gewalttätigen Auseinandersetzungen der Eltern).
An manchen Stellen im Buch wünschte man sich, endlich selbst eingreifen zu können, die Eltern wachzurütteln aus ihrer Ichbezogenheit, aus ihren Gedanken, die sich nur noch um ihre Beziehungsprobleme drehen.

Doch – Gott sei Dank – bringt der Schluss des Buches noch etwas Positives, Hoffnungsvolles: Es gibt auch ein durchaus lebenswertes, wenn auch sehr verändertes Leben nach der leidvollen Trennung der Eltern.
Dieses Buch wäre meines Erachtens noch lesenswerter für Eltern als abschreckendes und nicht nachahmenswertes Beispiel für eine nicht gelungene Trennungsarbeit von Paaren und den verheerenden Folgen für deren Kinder.

„Micha versteht die Welt nicht mehr"

Nystrom, Gießen 1987, 45 Seiten, Brunnen
Lesealter entgegen der Angabe: Klasse 5/6

Inhalt:

Das Bilderbuch handelt von Micha, einem zehnjährigen Jungen, der mit seinem kleinen Bruder und seinen Eltern in einem großen, schönen Haus lebt.
Eines Tages trennen sich Michas Eltern. Sein Vater zieht aus und seit diesem Ereignis verlässt Micha kaum noch sein Zimmer. Er macht sich Vorwürfe und sucht die Schuld für die Trennung seiner Eltern bei sich selbst. Er will von jetzt an immer lieb sein, in der Hoffnung, dass seine Eltern dann doch zusammen bleiben. Allerdings entwickelt sich die neue Situation für Micha angenehm, denn sein Vater nimmt sich am Wochenende immer einen ganzen Tag Zeit für ihn und seinen Bruder. Doch immer wenn Micha zu Hause die Wohnungstür aufschließt, bekommt er Angst, dass seine Mutter nicht mehr da ist.
Sonntags in der Kirche betet Micha, dass seine Eltern wieder zusammen kommen und er versteht nicht, dass Gott die Trennung seiner Eltern nicht verhindert. Als Micha sich bei einem Fahrradunfall verletzt, wird er zwar von seiner Mutter versorgt, aber sein Fahrrad repariert ihm keiner, wieder vermisst er seinen Vater. Nach einem Monat ohne Vater hilft Micha sehr

viel im Haushalt mit. Er kommt sich fast erwachsen vor. Als Micha an einem sonnigen Tag lieber mit Freunden spielt, anstatt, wie versprochen, den Rasen zu mähen, ärgert sich seine Mutter und er hat Angst, dass sie ihn jetzt nicht mehr lieb hat. Micha genießt die Wochenenden mit seinem Vater. Eines Tages lernt er Monika kennen. Sie ist neu in seiner Klasse und erzählt ihm von ihrer Familiensituation. Micha erkennt, dass seine Situation besser ist als ihre. In den Sommerferien besucht Micha seinen Vater. Am letzten Tag kann Micha nicht schlafen und er geht zu seinem Vater auf den Balkon. Er erzählt ihm von seinen Ängsten. Der Vater beruhigt Micha und sagt ihm, dass er auf Gott vertrauen soll, denn Gott wird ihn nie verlassen.

Bewertung:

Der Handlungsverlauf ist gut verständlich und orientiert sich an der Lebensrealität des Kindes, was das Finden der eigenen Person im Buch selbst ermöglicht. Auffällig sind die unterstützenden Texte neben der eigentlichen Erzählung. Die graphisch und farblich hervorgehobenen Seiten versuchen, mögliche Fragen der Kinder zu beantworten und die Kinder zu unterstützen, die solchen Fragen und Problemen gegenüberstehen. Kurze Beispiele sollen Antworten geben und die Umsetzung im Alltag erleichtern. Die angebotenen Hilfestellungen beziehen sich stets auf Gott bzw. auf die Bibel.
Die vielen geballten Hilfestellungen, die stellenweise eine komplette Seite einnehmen, können die Kinder überfordern und erscheinen deshalb nicht immer kindgerecht. Allerdings helfen manche Beispiele bestimmt bei der Bewältigung des Themas und Situationen werden als veränderbar beschrieben.
Das gesellschaftliche Modell ist realistisch und dessen Probleme werden angesprochen und Lösungsmöglichkeiten gezeigt. Die sozialen Interaktionsformen sind abwechslungsreich. Die Kinder haben die Möglichkeit, die Reaktionen und Gefühle der anderen zu verstehen. Die Autorin versucht, die strikte Trennung der Erwachsenenwelt von der Kinderwelt durch vergleichende Gefühle aufzubrechen, was aber nicht immer gelingt.

„Das geteilte Herz"

Faerber, Ravensburg 1998, 191 Seiten, Originalausgabe Wien 1993, Thienemann
Lesealter: Jugendliche der Sekundarstufe I und II

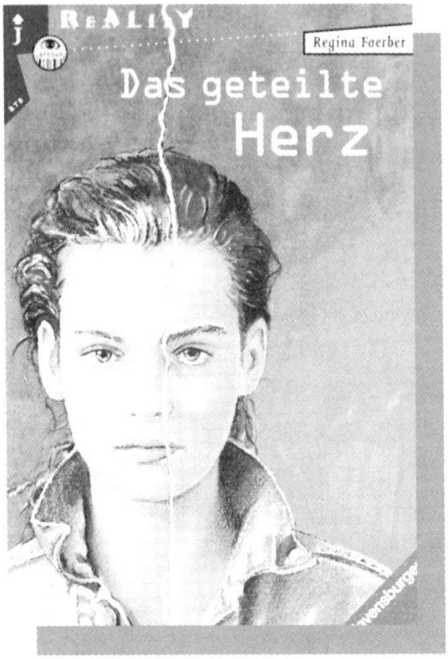

Inhalt:

Die 17-jährige Olga erzählt rückblickend ihre Lebensgeschichte seit der Zeit der Trennung ihrer Eltern. Zu Beginn erfährt man gleich, dass das Mädchen bei ihrem Vater lebt und die Mutter vor ein paar Monaten bei einem Autounfall ums Leben kam. Dann fängt Olga an, über ihr Leben nachzudenken. Olga bekam im Alter von 10 Jahren mit, dass mit der Ehe ihrer Eltern etwas nicht stimmte, sie kam unerwartet zu einem Streit ihrer Eltern dazu. Seit diesem Tag war in ihrer Familie alles anders. Die Mutter richtete sich ein eigenes Zimmer im Haus ein, die Eltern redeten kaum noch miteinander, sie arbeiteten mehr und waren selten zur gleichen Zeit zu Hause. Hinzu kam noch, dass die Mutter einen neuen Freund hatte. Die Eltern redeten mit Olga kaum über die Situation, sie versuchten ihr immer nur klar zu machen, dass sich für sie überhaupt nichts ändere. Außerdem fuhr sie mit beiden Eltern getrennt in den Urlaub und die Eltern versuchten beide sehr großzügig zu ihr zu sein und ihr das Leben möglichst angenehm zu machen. Doch Olga versank immer mehr in Einsamkeit, fühlte sich unverstanden, verkroch sich zu Hause und hatte kaum noch Kontakt zu ihren Freundinnen.
Eines Tages zog die Mutter zu ihrem neuen Freund. Seit diesem Zeitpunkt hatte Olga keinen Kontakt mehr zur Mutter, sie wusste noch nicht einmal, wo diese lebte. Nach einigen Wochen kam ein Brief vom Anwalt der Mutter, in dem stand, dass Olga sie besuchen solle. Sie tat es und von da an wurden brieflich die Besuchszeiten geregelt. Zu Beginn waren sie wöchentlich, doch dann immer seltener. Es wurde aber immer sehr wenig geredet und Olga kam mit der neuen Situation nicht klar.
Im Laufe der Zeit ging es auch darum, wo Olga denn nun wohnen solle. Beide Eltern wollten die Tochter bei sich wohnen haben, doch gleichzeitig sollte es für das Mädchen das Beste sein. So sollte sie selber entscheiden.

Olga wurde vom Jugendamt befragt und sie wusste, egal wie sie sich entschied, einen Elternteil musste sie enttäuschen. Olga blieb dann bei ihrem Vater wohnen, was auch für sie als Schülerin das Beste war. Hinzu kam noch, dass die Mutter dann plötzlich aus Angst, ihre Tochter ganz zu verlieren, gegen eine Scheidung war.
Auch der Vater lernte eine neue Frau kennen. Olga verstand sich eigentlich recht gut mit ihr, wollte aber niemanden an sich heran lassen. So gingen einige Jahre dahin. Olga fand einen Weg, ihre Gefühle und Erfahrungen zu verarbeiten. Sie war künstlerisch sehr begabt und bekam von der Schule aus Förderunterricht. So vertiefte sie sich ganz in die Malerei und konnte in ihren Bildern ihre Gefühle zum Ausdruck bringen.
Dann kam es zu dem Autounfall, bei dem ihre Mutter starb. Die Diskussion um die Scheidung wurde also nie geklärt. Die Autorin schreibt im Anhang, dass sie damit zeigen wollte, wie sinnlos solche Streitereien doch sind.

Bewertung:

Das Buch ist eher für ältere Schüler geeignet, also 9. oder 10. Klasse. Es enthält sehr viel Text und Inhalt und auch der Schreibstil ist für die wenigsten jüngeren Schüler geeignet.
Man kann sich gut in die Geschichte hineinversetzen. Wahrscheinlich gelingt dies weiblichen Lesern besser, da die Hauptperson ein Mädchen ist. Da die Geschichte rückblickend erzählt wird, die Hauptfigur also in verschiedenen Lebensaltern dargestellt wird und zum jetzigen Zeitpunkt 17 Jahre alt ist, ist es für ältere Mädchen und Jungen (16–17-jährige) leichter, sich hineinzuversetzen. So kann der Lesende Parallelen zu seinem eigenen Leben oder – falls er nicht in dieser Situation war oder ist – zum Leben von Bekannten oder Freunden finden.
Die Geschichte regt zum Nachdenken über Scheidungssituationen an. Die Autorin schreibt über sich selbst, dass die Geschichte nicht ihre sei, sie aber selbst eine ähnliche erlebt hat. So ist es nicht verwunderlich, dass die Situation realistisch geschildert und beschrieben ist. Besonders deutlich wird in diesem Buch, dass die Sichtweise der Kinder eine andere ist als die der Erwachsenen. Es wird aus der Sicht des Mädchens geschrieben, man erfährt ihre Reaktionen, Gedanken und Wünsche. Gleichzeitig bekommt man mit, wie die Eltern versuchen, dem Kind etwas zu erklären und mitzuteilen, wie sie es für das Beste halten. Das Buch ist deshalb auch sicherlich interessant für Erwachsene, die so einen kleinen Einblick in das mögliche Denken eines Jugendlichen in einer solchen Situation erhalten.
In der Geschichte wird auch aufgezeigt, wie das Mädchen seine Probleme löst. Es wird also auch gezeigt, dass man es schaffen kann, mit dieser Situation umzugehen und seinen Lebensweg zu bewältigen.

Spielfilm: „Kramer gegen Kramer"

(Dustin Hoffman und Meryl Streep) (90 Minuten)

Inhalt und Handlung:

Obgleich sie ihren Sohn Billy, der die 1. Klasse besucht, liebt, verlässt ihn seine Mutter Joanna eines Abends, als er schon schläft. Sie begründet ihr Fortgehen, dass sie ihren Mann Ted Kramer nicht mehr liebe und keine gute Mutter für Billy sei. Der in einer Werbeagentur arbeitende und vor einem Großauftrag stehende Vater sitzt mit seinem Sohn allein da und muss nun seine berufliche Tätigkeit nach dem schulischem Rhythmus seines Kindes richten. Der Spagat zwischen Beruf, Billy und Haushalt fällt Ted Kramer schwer, wobei der Beruf, der eigentlich seine Lebenserfüllung war, auf der Strecke bleiben muss. Nach anfänglichen Schwierigkeiten und Turbulenzen wächst Ted jedoch in die Betreuungsaufgaben für seinen Sohn hinein. Nach 18 Monaten meldet sich Joanna Kramer wieder und es kommt zu einem gemeinsamen Treffen mit Ted, bei dem sie betont, dass sie das Sorgerecht für ihren Sohn Billy beantragt habe, auf das sie bei der Scheidung verzichtet hatte. Sie hatte in Kalifornien Arbeit und Therapie gesucht; alles sei erfolgreich verlaufen und sie fühle sich nun in der Lage, für den Jungen zu sorgen. Im Streit verlässt Ted Kramer das Café. Sein Chef kündigt Ted Kramer, da er die Verantwortung dafür trage, dass ein bedeutender Auftrag an die Konkurrenz ging, weil Ted seinen Beruf wegen Billy nur halbherzig ausüben konnte. In 24 Stunden muss Ted einen neuen Job finden, da die Gerichtsverhandlung wegen des Sorgerechts für Billy vor der Tür steht. Ted erhält eine neue Anstellung, wenn auch mit erheblichem Gehaltsverlust.
In der Verhandlung verliert Ted Kramer das Sorge- und Aufenthaltsrecht für seinen Sohn, da der Richter wohl den „Mythos Mutter" internalisiert hat.
Die Schlussszene des Films zeigt, wie Billy, der zwischenzeitlich mit seinem Vater emotional sehr eng zusammengewachsen ist, inmitten seiner gepackten Habseligkeiten sitzt und weint und nicht zur Mutter ziehen will. Überraschenderweise verzichtet die Mutter beim Abholtermin jedoch auf das Aufenthalts- und Sorgerecht für Billy, das in den USA in den siebziger Jahren wie bei uns in Deutschland bis 1998 zumeist gepaart war. „Jetzt ist mir erst bewusst geworden, dass er schon ein Zuhause hat."

Bewertung:

Der Einsatz dieses Spielfilms ist äußerst empfehlenswert, da dieser in subtiler und sensibler Form die Gefühle des 7-jährigen Billy zeigt, die dieser beim Weggang der Mutter empfindet. Billy reagiert aggressiv, trotzig und

traurig und ist von der Angst besetzt, auch noch den Vater zu verlieren: „Gehst du jetzt auch weg, weil ich ungezogen bin, deshalb ist Mami weggegangen?"
Sehr differenziert wird auch das Zusammenwachsen von Vater und Billy mit allen dabei auftretenden Problemen illustriert.
Außerdem wird in Szene gesetzt, dass Familienrichter den „Mythos Mutter" in ihrem Urteil schwer aufgeben können. Ted spricht dies aus: „In welchem Gesetz steht, dass eine Frau der bessere Elternteil ist, nur weil sie Frau ist?"
Ein erwähnenswerter Spielfilm, an dem Schüler der Sekundarstufe sehr detailliert eine realistische Sicht von Scheidung entwickeln können und auf indirektem Wege die Chance erhalten, eigene Gefühle in Trennungssituationen zu erkennen und zu verbalisieren. Eine Geschichte, in der Jugendliche die Erfahrung machen können, dass Erwachsene sich nicht wegen der Kinder, sondern aus eigenen Gründen trennen und die Heranwachsenden auch eine Trennung oder einen Weggang eines Elternteils nicht verhindern können.
Auch der Punkt, dass Kinder und Jugendliche den anderen Elternteil weniger lieben sollen (PAS), nur weil die Eltern als Ehepaar sich nicht mehr verstehen und auf Distanz gegangen sind, kann hier erörtert werden. Eine Ehe kann zwar getrennt, die Elternschaft jedoch niemals aufgehoben werden.
Dies impliziert auch das neue Kindschaftsrecht in der Bundesrepublik Deutschland von 1998 mit gemeinsamer Sorge und der Prämisse, dass der getrennt lebende Elternteil nicht nur ein Umgangs**recht**, sondern auch eine Umgangs**pflicht** hat. Diese Regelung ist unabhängig davon, ob die „gemeinsame Sorge" besteht. Auch die **Kinder** haben ein **Recht auf beide Eltern**. Die Gründe hierfür können gerade mit Jugendlichen erörtert werden und diese damit auch auf zukünftige verantwortliche Elternschaft vorbereiten.

HELGARD MOLL-STROBEL (Zusammenstellung):

6. Informations- und Beratungsstellen *Beratung, Hilfe und Vermittlung*

Die Informationen in diesem Kapitel sind dem Internet und folgendem Buch entnommen:

„Mehr Vater fürs Kind – auch nach Trennung und Scheidung. Wege aus der vaterlosen Gesellschaft."

(Andreas Schmidt, Weinheim/Basel 1998)

6.1. Vereine mit Engagement für eine aktive Vaterschaft vor und nach Trennung oder Scheidung:

- *Männerforum für Gleichberechtigung und Menschlichkeit,*
  c/o Hartmut Völp, Pfeiffersweg 3, 22307 Hamburg,
  Telefon 0 40/6 92 95 85, Fax 0 40/6 91 55 20,
  E-Mail: hartmut.voelp@t-online.de
  Im Internet unter: http://www.cs.tu-berlin.de/ralfo/manrun/manrun.htm
- *Mannege, Information und Beratung für Männer e. V.,*
  Friedrichstraße 165, 10117 Berlin, Telefon 0 30/2 08 21 57
- *Väter-Beratung Köln*, Friedrich-Ebert-Straße 2,
  50996 Köln-Rodenkirchen, Telefon 00 21/9 35 35 23 17
- *Väterprojekt Münster/Väterberatung*, Holzschuhmacher Weg 22,
  48161 Münster, Telefon 0 25 34/27 96
- *Väteraufbruch für Kinder e. V.*
  Im Internet unter: http://www.vafk.de
  Bundesgeschäftsstelle:
  Hilmar Stracke, Druffelsweg 21, 48653 Coesfeld,
  Telefon/Fax 0 25 41/55 42, E-Mail: 025415542-0001@t-online.de
  Väteraufbruch-Hotline: 0 18 05/12 01 20

6.2. Kontaktstellen und Ortsgruppen

„Kinder brauchen für ihre gesunde Entwicklung die gelebte Nähe von Mutter und Vater“, heißt der Leitspruch von *Väteraufbruch für Kinder*. „Wir wollen Väter dafür gewinnen, sich um ihre Kinder zu kümmern, mehr mit ihnen zu leben und die Hälfte von dem zu übernehmen, was bisher die Mütter zumeist alleine gemacht haben.“ Also müssen Väter und Mütter Kinderbetreuung und Berufsarbeit besser vereinbaren können (elternorientierte Arbeitszeitflexibilisierungen, Vaterschafts- und Erziehungsurlaub, nettolohnbezogenes Elternurlaubsgeld, ausreichendes und qualifiziertes Netz öffentlicher Kinderbetreuungseinrichtungen etc.).
Der Verein organisiert Kinderbetreuung durch Väter bei öffentlichen Veranstaltungen. Am „Vatertag“ wirbt er mit Aktionen und Kinderfesten für ein neues Vaterbild. *Väteraufbruch für Kinder* engagiert sich auch für ein gemeinsames Sorgerecht für alle Eltern – vor und nach der Trennung. Väter mit „Umgangs“- und Sorgerechtsproblemen erhalten in Selbsthilfegruppen, bei Ansprechpartnern sowie auf Seminaren wertvolle Informationen und Beratung.

Aachen Manfred Jörres 02 41/87 35 00
Albstadt Susanne Fuß 0 74 31/5 14 59
Berlin Günter Gempp 0 30/6 18 25 64
Berlin-Brandenburg Horst Schmeil 0 30/3 36 30 40
Bochum Axel Zebeck 02 34/47 40 84
Bremen Willi ltzstein 04 21/23 43 51
Coesfeld Hilmar Stracke 0 25 41/55 42
Dortmund Frank Pihl 02 31/47 83 45
Dresden Ferdinand Erbe 03 51/2 84 00 89
Düsseldorf Ewald Wolf 02 11/23 36 48
Eckernförde Matthias Gloge 0 43 51/8 72 75
Eggstedt/Dithrn. Klaus Martens 0 48 30/10 18
Flensburg Immo Veress 04 61/18 06 95
Frankfurt/M. Michael Pyper 0 60 81/1 69 67 + 0 69/94 41 92 86 (Väterbüro)
Freiburg Michael Ranft 07 61/70 16 84
Fulda Bernd Moser 06 61/2 11 43
Göttingen Ralf Ruhl (Männerbüro) 05 51/4 61 61
Gräfen/Nitzendorf Klaus Sander 0 36 95/84 04 56
Gütersloh Norbert Panczyk 0 52 41/4 64 99
Hamburg-Ost Harry Schreiber 0 40/6 95 42 43
Hamburg-West Jochen Schmidt 0 40/7 42 90 94
Hannover Manfred Joppke 05 11/62 94 02
Haunetal/Osth. Karl-Heinz Humburg 0 66 72/15 50
Ingolstadt Franz Hörner 08 41/5 24 30
Jena Dr. Ernst Glaser 0 36 41/39 17 07
Kempten Winfried Sopkowiak 08 31/20 20 50
Kiel Markus Alber 04 31/39 19 87
Köln 02 21/9 72 68 45/6 (Väter-Projekt) + Thomas Martin 02 21/8 37 01 55

Landsberg Guido W. Fetsch 0 81 91/2 22 92
Lippe-Detmold Peter Lauhöfer 0 52 38/12 77
Lübeck Andreas Beldowski 04 51/3 88 22 40
Marburg Arnulf Meyer 0 64 21/4 68 82
München 0 89/3 54 14 91 (Väterbüro)
Münster/Westf. Wolf-Günter Grieser 02 51/21 57 65
Neumünster Arne Düring 0 43 21/7 79 94
Niestetal/Nordhessen Achim Mathusek 05 61/52 62 37
Nürnberg-Feucht Rainer Herzog 0 91 28/66 60
Ölsnitz/Vogtland Dietrich Schwarzer 03 74 21/2 44 90
Paderborn Peter Lanhöfer 0 52 38/12 77
Passau Richard Kühberger 08 51/3 07 59
Premnitz/Bdb. Ulrich Mattetat 0 33 86/8 45 01
Reutlingen Thomas Sochart 0 70 22/95 92 30
Stuttgart Henning Schläger 07 11/5 49 61 58
Wiesbaden Michael Schrohe 0 61 22/98 06 59
Wuppertal Paul Bludau 02 02/7 38 85 24
Würzburg Thomas Weber 09 31/28 59 90

- *Berlin-Brandenburger Väterinitiative e. V.*, Burgstraße 22, 10178 Berlin, Telefon 0 30/2 42 72 06

Das Angebot dieses Modellprojekts richtet sich in erster Linie an Väter, die von sozialen, psychischen und rechtlichen Problemen durch Trennung oder Scheidung betroffen sind.
Aber auch bei Fragen rund um die Themen Vaterschaft, Vaterrolle, Vereinbarkeit von Familie und Beruf finden Väter Ansprechpartner. Die Väterinitiative hilft Vätern, die Beziehung zum Kind zu erhalten oder aufzubauen. Das Angebot umfasst Einzelgespräche, Kontaktvermittlung zu ähnlich Betroffenen, Gruppengespräche zum gegenseitigen Erfahrungsaustausch sowie Veranstaltungen und allgemeine Informationen.

6.3. Zeitschriften

- PAPS – Zeitung für Väter
  Vier PAPS-Ausgaben gibt es für 24 DM frei Haus.
  Abos unter Telefon 03 61/4 40 82 03 oder Fax: 03 61/4 40 83 06;
  Redaktion: Gerhard Schleicher, Altenbergstr. 17, 70180 Stuttgart,
  Telefon 07 11/60 48 28, Fax 07 11/60 48 29, E-Mail: Red.PAPS t-online.de
  Im Internet unter: http://www.paps.de
  Moritz – Zeitschrift für Männer in Bewegung;
  Adalbertstraße 25, 10179 Berlin, Telefon 0 30/2 79 34 64

6.4. Väter im Internet

- paPPa.com e. V. – Eltern im Internet, Pf. 1105, 12532 Berlin,
  Telefon 0 30/8 64 21/2 11, Fax -2 19 oder Telefon/Fax 0 30/8 15 21 98,
  E-Mail: webmaster@paPPa.com – Internet-Adresse s. u.

Wer sich in Sachen Männer- und Väterbewegung sowie Familienrecht auf dem Laufenden halten will, braucht einen Computer mit Internetanschluss. Die Internet-Initiative paPPa.com bietet ein hervorragendes Informations- und Kommunikationsforum – in dem es manchmal auch hoch hergeht. Ziel von paPPa.com ist die Förderung gemeinsamer Elternverantwortung und des Selbsthilfeprinzips.
Im Internet unter: http://www.paPPa.com gibt es u. a.: einen Veranstaltungskalender; Informationen über Initiativen und Verbände, die sich für die Interessen der Kinder einsetzen; Berichte über engagierte Mediatoren, Psychologen, Richter, Anwälte und Gutachter; Gerichtsurteile, Gutachten und Presseberichte; Hilfestellung bei der Gestaltung eigener elektronischer Informationsangebote; eine Fallsammlung Betroffener; Informationen zum Kindschaftsrecht und zum „Missbrauch mit dem Missbrauch“.

6.5. Gemeinsame Elternverantwortung

Initiativen, Verbände und Vereine, die sich für fortbestehende, gemeinsame Elternverantwortung nach Trennung oder Scheidung einsetzen:

- *Verband Anwalt des Kindes e. V.* (VAK), Siegelweg 28, 30519 Hannover,
  Telefon/Fax 05 11/8 38 67 31
  E-Mail: adk@berlin.snafu.de
  Anwalt des Kindes engagiert sich besonders für die von Trennung und Scheidung ihrer Eltern betroffenen Kinder und Jugendlichen.
  Die *VAK*-Idee: In familienrechtlichen Auseinandersetzungen sollte ein Anwalt des Kindes – in Form eines interdisziplinär besetzten Beraterteams – die Eltern beraten und zwischen ihnen vermitteln.
  Ziel: den Kontakt des Kindes zu beiden zu erhalten.

- *Bündnis für Kinder und Menschenrechte* – Parents FOREVER Germany e. V.,
  Herberger Weg 11, 14167 Berlin, Telefon + Fax 0 30/8 15 21 98,
  E-Mail: buendnis@pappa.com –
  Internetadresse: http://www.paPPa.com/buendnis-pfg
  Schwerpunkt: Öffentlichkeitsarbeit für Kinder- und Elternrechte.

- *DIALOG Zum Wohle des Kindes e. V.*,
  Auf dem Dreisch 1, 45888 Gelsenkirchen, Telefon 02 09/14 23 00,
  Fax 02 09/14 33 18,
  E-Mail: ms.dialog@t-online.de –
  Internet-Adresse: http://www.paPPa.com/dialogr
  Bundesgeschäftsstelle: Stillohweg 22, 22889 Tangstedt bei Hamburg,
  Telefon/Fax 0 41 99/12 50
  Zentrales Anliegen: gemeinsames Sorgerecht als Regelfall.
  Mutter und Vater sollen ihren Kindern auch nach Trennung oder Scheidung in gemeinsamer Elternverantwortung erhalten bleiben. *DIALOG* setzt sich zudem für eine neue, konfliktreduzierende Arbeitsweise in allen Scheidungsberufen ein. Gesprächskreise, Ortsgruppen und Ansprechpartner in vielen Städten.

- *Initiativgruppe Jugendamtsgeschädigte*, Annastraße 9, 70327 Stuttgart,
  Telefon + Fax 07 11/33 37 53, im Internet unter:
  http://www.paPPa.com/ja/jag_adr.htm

- *Initiative Streitfall Kind e. V.* (ISK) – Beratung bei Trennung und Scheidung,
  Wörlitzer Straße 39, 12689 Berlin, Telefon 0 30/9 31 60 16

- *ISUV/VDU e.V.*, Interessenverband Unterhalt und Familienrecht
  (Bundesgeschäftsstelle), Bauvereinstraße 30, 90119 Nürnberg,
  Telefon 09 11/55 04 78, Fax 09 11/53 30 74,
  E-Mail: op_continuum_q@kaiserslautern.netsurf.de
  Im Internet unter: http://www.isuv.de

Die größte deutsche Familienrechtsorganisation. Mitglieder erhalten den *ISUV-VDU-Report* mit Rechtstipps und ausführlichen Informationen über die neueste Rechtsprechung sowie Merkblätter, Tabellen und Steuertipps zu aktuellen Themengebieten. Ortsgruppen in vielen Städten. Große Urteilssammlung.

- *SKIFAS e. V.* – Bundesweite Vereinigung zum Schutz des Kindes in seiner Familie vor sexuellen Missbrauchsverdächtigungen,
  Postfach 51 01 38, 13361 Berlin, Telefon + Fax 0 30/3 36 30 40,
  E-Mail: skifas@paPPa.com – Internet-Adresse: http://www.sKifas.de

- *Väter für Kinder (VfK)* – Initiative für Kind, Familie, Menschenrechte e. V.,
  Postfach 38 02 68, 80615 München, E-Mail: vfk@aol.com –
  Internet-Adresse: http://users.aol.com/VfK
  Der Verein setzt sich vor allem für die Beachtung der von der Bundesrepublik Deutschland ratifizierten Menschenrechtsverträge ein und informiert über internationale Rechtsentwicklungen.

- Verein Humane Trennung und Scheidung (VHTS),
  Schneppenhorstweg 5, 13627 Berlin, Telefon 0 30/3 82 70 52
  Aktuelles Verzeichnis im Internet unter http://www.kidnet.de

6.6. Dialog zum Wohle der Kinder

An folgende Trennungs- und Scheidungsberatungsstellen können Sie sich wenden.

„(**M**)" bedeutet: Hier wird hilfesuchenden Eltern auch Mediation (Vermittlung) angeboten.

- *Arbeiterwohlfahrt – Beratungsstelle für Eltern, Kinder und Jugendliche,*
  Plievierpark 5, 81737 München, 0 89/6 37 15 00

- *Arbeitskreis Humane Scheidung,* Georg-Staber-Ring 6,
  83022 Rosenheim, 0 80 31/8 64 14

- *Arbeitskreis Partnerschaftskrise, Trennung und Scheidung e. V.* (**M**),
  Schneckenhofstraße 27, 60596 Frankfurt a. M.,
  Telefon 0 69/62 06 04 und 72 43 79 sowie 72 16 73 (Auskunft Mediation)

- *Arbeitskreis Scheidungskinder der sozial-ethischen Arbeitsstelle Hamm,*
  Jägerallee 5, 59071 Hamm, Telefon 0 23 81/87 68-69

- *Augsburger Kreidekreis,*
  Prinzregentenstraße 2, 86150 Augsburg, Telefon 08 21/3 79 46

- *Beratungsstelle für Getrenntlebende und Geschiedene,*
  Diakonisches Werk, Gotenstraße 27, 53175 Bonn-Bad Godesberg,
  Telefon 02 28/35 60 04

- *Dreieck e. V. – Verein zur Förderung der Beratung in Familienkrisen bei Trennung und Scheidung,*
  Kapitelstraße 30, 41460 Neuss, Telefon 0 21 01/2 74-0 72 und -0 74

- *Elterntrennungsberatung Hannover,*
  c/o Jugendpsychologischer Dienst der Landeshauptstadt Hannover,
  Ihmepassage 4, 30449 Hannover, Telefon 05 11/1 68-37 56

- *Ent-Scheidung, Verein zur Beratung bei Familienkrisen, Trennung und Scheidung e.V.*, Reichsstraße 45–47, 53125 Bonn,
  Telefon 02 28/25 74 74

- *Familiennotruf München* (**M**), Pestalozzistraße 46, 80469 München, Telefon 0 89/26 91 94

- *Hiatus e. V.* (**M**), Hilfen und Angebote bei Trennung und Scheidung, Praxis- und Forschungsstelle für Psychotherapie und Beratung des Psychologischen Instituts der Universität Heidelberg,
  Hauptstraße 47–51, 69117 Heidelberg, Telefon 0 62 21/54 73 50-52

- *IETE, Intakte Elternschaft trotz Trennung/Scheidung* (**M**),
  Germersheimer Str. 26, 81541 München, Telefon 0 89/49 64 11

- *Projekt Kugel – Kinder und getrennte Eltern, Kontakt- und Beratungsstelle für von Trennung betroffene Eltern und Kinder,*
  Camillo-Sitte-Platz 3, 45136 Essen, Telefon 02 01/26 51 65

- *Psychosoziale Beratungsstelle in Familienkrisen* (**M**),
  Günterstalstraße 41, 79102 Freiburg, Telefon 07 61/7 87 61 und 7 85 86

- *Trennungsberatung Stuttgart,* Kontakt: Telefon 07 11/60 48 30

- *Trialog e. V.* (**M**), Von-Vincke-Straße 6, 48147 Münster,
  Telefon 02 51/5 54 85

- *Vertrauensstelle für Ehe-, Partnerschafts- und Trennungsberatung,*
  Winterhuder Weg 31, 22085 Hamburg, Telefon 0 40/29 84-34 53

- *Zusammenwirken im Familienkonflikt e. V.* (**M**), Wilhelmsaue 133, 10715 Berlin,
  Telefon 0 30/8 61 01 95

Auch die *Jugendämter* vermitteln Adressen von Trennungs- und Scheidungsberatungsstellen. Ein Verzeichnis der *Erziehungs- und Familienberatungsstellen in öffentlicher Trägerschaft* (informiert zugleich über Einrichtungen der Kinder- und Jugendpsychiatrie) ist erhältlich bei der

- *Bundeskonferenz für Erziehungsberatung e. V.*, Amalienstraße 6,
  90763 Fürth, Telefon 09 11/77 89 11-12.

6.7. Vermittlung/Mediation bei Trennung oder Scheidung

- *Bundes-Arbeitsgemeinschaft für Familien-Mediation* (BAFM), Haspelstr. 24, 35037 Marburg, Tel. 0 64 21/2 50 94/6, Fax 0 64 21/1 59 89
  Im Internet unter:
  http://home.t-online.de/home/064/2127/262-0001/bafm.htm
  Interessenten können bei der BAFM eine Adressenliste der regionalen Mediations-Anbieter und -Arbeitskreise anfordern.
- *Arbeitsgemeinschaft Mediation*, Günthersburgallee 75, 60389 Frankfurt, Telefon 0 69/4 69 23 50
- *Fokus, Forum Konfliktlösungen und Scheidungs-Mediation e. V.*, Reuterweg 65, 60323 Frankfurt, Telefon 0 69/17 27 10
- *Arbeitskreis Mediation Bonn/Köln*, Schlossstraße 47, 53115 Bonn, Telefon 02 28/22 21 16
- *Deutsche Anwaltsakademie im Deutschen Anwaltsverein,* Arndtstraße 43, 53113 Bonn, Telefon 02 28/26 07-83
- *Eidos Projekt Mediation*, Südliche Auffahrtsallee 57, 80639 München, Telefon 0 89/1 78 20 69
- *Institut für Mediation und Scheidungsberatung*, Samerhofstraße 15a, 81247 München, Telefon 0 89/88 54 93
- *Praxis- und Forschungsstelle für Psychotherapie und Beratung des Psychologischen Instituts der Universität Heidelberg,* Hauptstraße 47–51, 69117 Heidelberg, Telefon 0 62 21/54 73 40
- *Institut für soziale und kulturelle Arbeit,* Untere Krämersgasse 3, 90403 Nürnberg, Telefon 09 11/22 78 99

7. Literatur

Adam, K. S. et al.: Suicidal ideation and parental loss: A preliminary research report. In: Canadian Psychiatric Association Journal, 18, 1973, S. 95–100.

Affemann, R.: Warum die antiautoritäre Erziehung scheitern musste. In: Lehren und Lernen, 6, H. 3, 1980, S. 1–12.

Alteck, Th.: Der Missbrauch des Missbrauchs. Freiburg 1994.

Anderson, H. W./Anderson, G. S.: Mom and Dad are divorced, but I'm not. Chicago 1981.

Andresen, K./Luck, R.: Die gestohlenen Kinder. In: Der Spiegel, Nr. 18, 2000, S. 62–66.

Aßhauer, M./Burow, F./Hanewinkel, R.: Fit und stark fürs Leben. Unterrichtsideen. 3./4. Schuljahr. Leipzig 1999.

Arntzen, F.: Elterliche Sorge und Umgang mit Kindern. Ein Grundriss der forensischen Familienpsychologie. München [2]1994.

Bachmair, S. et. al.: Beraten will gelernt sein. Ein praktisches Lehrbuch für Anfänger und Fortgeschrittene. Weinheim 1999.

Bakalar, E.: Das Parental Alienation Syndrome (PAS) in der Tschechischen Republik. In: ZfJ, 85, H. 6, 1998, S. 268.

Bastian, T.: Die Wiederentdeckung der Geschwisterlichkeit. In: Psychologie Heute, 27, H. 12, 2000, S. 20–26.

Bäuerle, S./Moll-Strobel, H.: Ich bin – Ich kann – Ich mag. Aufbau von Selbstwert bei Kindern. Regensburg 1996.

Bäuerle, S./Moll-Strobel, H./Reinert, G.-B./Wehr, H.: Gewalt in der Schule. Donauwörth 1999.

Bäuerle, S./Pawlowski, H.-M. (Hrsg.): Rechtsschutz gegen staatliche Erziehungsfehler. Das Vormundschaftsgericht als Erzieher. Baden-Baden 1996.

Bank, St. P./Kahn, M. D.: Geschwister-Bindung. München 1994.

Beal, E. W./Hochman, G.: Wenn Scheidungskinder erwachsen sind. Psychische Spätfolgen der Trennung. Frankfurt [2]1992.

Behnken, I./Jaumann, O. (Hrsg.): Kindheit und Schule. Kinderleben im Blick von Grundschulpädagogik und Kindheitsforschung. Weinheim/München 1995.

Benard, Ch./Schlaffer, E.: Gemeinsam Eltern bleiben – auch nach der Trennung. Emotionale Schäden bei Scheidungskindern vermeiden. München 1996.

Bensussan, P.: Inceste, le piège du soupçon. Belfond 1999.

Berman, C.: Eine Wunde im Herzen. Erwachsene Kinder geschiedener Eltern berichten. Düsseldorf/Wien 1993.

Berna, D.: L'enfant adopté face à son origine caché. Genf 1999. (Dipl.-Arbeit an der psychol. Fakultät an der Universität Genf)

Bliersbach, G.: Schwierige Verhältnisse: Über das Innenleben von Stieffamilien. In: Psychologie Heute, 26, H. 1, 1999, S. 36–42.

Boch-Galhau, W. v.: Das Parental Alienation Syndrome, das Wohl und die Interessenvertretung des Kindes. Vortrag beim Interessenverband Unterhalt und Familienrecht (ISUV/VDU) am 26. März 1999 in Würzburg. In: ISUV-Report Nr. 80, 1999, S. 4–5 und Nr. 81, 1999, S. 6–8.
Boch-Galhau, W. v./Madert, K.: Parental Alienation Syndrome und Borderline-Persönlichkeitsstörung – Eine Hypothese. Unveröffentlichtes Manuskript eines Vortrages beim „Interdisziplinären Arbeitskreis Trennung/Scheidung" am 9. November 1999 in Würzburg.
Boerner, K.: Das psychologische Gutachten. Ein praktischer Leitfaden. Weinheim/Basel 1999.
Böhnisch, L./Lenz, K. (Hrsg.): Familien. Eine interdisziplinäre Einführung. Weinheim/München 1997.
Bopp, A./Nolte-Schefold, S.: Stiefkinder – Rabeneltern. Rabenkinder – Stiefeltern. Leben in einer Patchworkfamilie: Probleme erkennen, Perspektiven gewinnen. Reinbek 1999.
Bosch, M.: Die entwicklungsorientierte Familientherapie nach Virginia Satir. Paderborn 1989.
Bowlby, J.: Die Trennungsangst. In: Psyche, H. 15, 1961, S. 411–461.
Bowlby, J.: Mütterliche Zuwendung und geistige Gesundheit. München 1973.
Bowlby, J.: Bindung. Eine Analyse der Mutter- und Kind-Beziehung. München 1975.
Bowlby, J.: Elternbindung und Persönlichkeitsentwicklung. Therapeutische Aspekte der Bindungstheorie. Heidelberg 1995.
Bowlby, J.: Mutterliebe und kindliche Entwicklung. München 1995.
Brauns-Hermann, Ch./Busch, B. M./Dinse, H. (Hrsg.): Ein Kind hat das Recht auf beide Eltern. Neuwied 1997.
Brezinka, W.: Erziehung in einer wertunsicheren Gesellschaft: Beiträge zur Praktischen Pädagogik. München 1986.
Brinck, Ch.: Wo ist Vati? In: Focus, 5, 30. 1. 1995, S. 136–142.
Brinck, Ch.: „Wenn Mama zur Feindin wird." Emotionaler Missbrauch bei Scheidungskindern. In: Die Zeit, 18. 3. 1999, S. 78–79.
Brisch, K. H.: Bindungsstörungen. Von der Bindungstheorie zur Therapie. Stuttgart 1999.
Bron, B./Strack, M./Rudoph, G.: Childhood experiences of loss and suicide attempts: significance depressiv states of major depresses and dysthymic or adjustment patients. In: Journal of affective disorders, H. 23, 1991, S. 165–172.
Bronisch, Th. u. a.: Krisenintervention bei Persönlichkeitsstörungen. Stuttgart 2000.
Bründel, H./Hurrelmann, K.: Konkurrenz, Karriere, Kollaps. Männerforschung und der Abschied vom Mythos Mann. Stuttgart 1999.
Brüning, A.: Offene Adoption: „Ich möchte mein Kind wiedersehen!" In: Psychologie Heute, 26, H. 5, S. 28–33.
Buchholz-Graf, W./Caspary, Ch./Keimeleder, L./Straus, F.: Familienberatung bei Trennung und Scheidung. Eine Studie über Erfolg und Nutzen gerichtsnaher Hilfen. Freiburg 1998.
Büttner, Ch./Ende, A. (Hrsg.): Trennungen. Kindliche Rettungsversuche bei Ver-

nachlässigungen, Scheidungen und Tod. Jahrbuch der Kindheit Bd. 7. Weinheim/Basel 1990.
Bundesministerium für Frauen und Jugend (Hrsg.): Das neue Kinder- und Jugendhilfegesetz. Bonn [3]1991.
Bundesministerium der Justiz (Hrsg.): Das neue Kindschaftsrecht. Bonn 1998.
Bundesministerium der Justiz (Hrsg.): Ehe- und Familienrecht. Berlin 1999.
Butollo, W.: Die Suche nach dem verlorenen Sohn. Von der Lebendigkeit des Totgeschwiegenen. München/Zürich 1993.

Clawar, St. S./Rivlin, B. V.: Children held hostage. Dealing with programmed and brainwashed children. Chicago 1991.

Demmler, M.: Pädagogische Hilfen für Scheidungskinder. Horte und Tagesheime als familienergänzende Institutionen. München 1999.
Deutscher Bundestag (Hrsg.): Grundgesetz für die Bundesrepublik Deutschland. Bayreuth 1984.
Deutsches Institut für med. Dokumentation und Information (DIMDI): ICD 10 – Internationale Statistische Klassifikation der Krankheiten und verwandter Gesundheitsprobleme, 10. Revision. Bern 1994.
Deutsches Jugendinstitut (Hrsg.): Beratung von Stieffamilien. Von der Selbsthilfe zur sozialen Arbeit. München 1993.
Dolto, F.: Scheidung. Wie ein Kind sie erlebt. Stuttgart 1993 , [2]1996.
Drewes, R.: Identität: Ein Versuch einer integrativen Neufassung eines psychologischen Konstruktes. Eine qualitative Untersuchung mit jungen Erwachsenen. Münster/New York 1993.
Dührssen, A./Lieberz, K.: Der Risikoindex. Ein Verfahren zur Einschätzung und Gewichtung von psychosozialen Belastungen in Kindheit und Jugend. Göttingen 1999.
Dulz, B./Schneider, A.: Borderline-Störungen, Theorie und Therapie. Stuttgart [2]1999.
Dunne, J./Hedrick, M.: The Parental Alienation Syndrome. – An Analysis of sixteen selected cases. In: Joumal of Divorce and Remarriage, H. 21, 1994, S. 21–38.

Ebertz, B.: Adoption als Identitätsproblem. Freiburg 1987.
Eggert-Schmidt-Noerr, A./Hirmke-Wessels, V./Krebs, U. (Hrsg.): Das Ende der Beziehung? Frauen, Männer, Kinder in der Trennungskrise. Mainz 1994.
Elhardt, S.: Tiefenpsychologie. Stuttgart 1998.
Endres, M./Biermann, G. (Hrsg.): Traumatisierung in Kindheit und Jugend. München 1998.
Endres, M./Moisl, S.: Entwicklung und Trauma. In: Endres, M./Biermann, G. (Hrsg.): Traumatisierung in Kindheit und Jugend. München 1998, S. 11–27.
Ernst, H.: Wendepunkte. Wenn das Leben neue Richtung nimmt. In: Psychologie Heute, 24, H. 10, 1997, S. 20–26.
Europ. Gerichtshof für Menschenrechte (EGMR): in der Sache Elsholz ./. BRD. Urteil vom 13. Juli 2000 – 25725/94; dt. Übersetzung abgedruckt in: Der Amtsvormund, H. 8, 2000, S. 679–689.

Evang. Akademie Bad Boll: Psychologie im Famillenrecht, Bilanz und Neuorientierung. Workshop 9.–11. Dezember 1991. Materialien 9.

Faris, K.: Das interdisziplinäre Gespräch in der Trennungs- und Scheidungsberatung. Münster/New York 1994.
Fatke, R./Valtin, R. (Hrsg.): Sozialpädagogik in der Schule. Aufgaben, Handlungsfelder und Modelle. Frankfurt 1997 (Arbeitskreis Grundschule – Der Grundschulverband, Bd. 100).
Fend, H.: Entwicklungspsychologie des Jugendalters. Opladen 2000.
Fickermann, D./Weishaupt, H./Zedler, P. (Hrsg.): Kleine Grundschulen in Europa. Berichte aus elf europäischen Ländern. Weinheim 1998.
Figdor, H.: Kinder aus geschiedenen Ehen: Zwischen Trauma und Hoffnung. Mainz [3]1992.
Figdor, H.: Scheidungskinder – Wege der Hilfe. Gießen [2]1998.
Fischer, W.: Kindschaftsrechtsreform: Bemerkungen zum Kindswohl aus sozialpolitischer Sicht. In: ZfJ, 84, Nr. 78/1997, S. 245–248.
Fischer, W.: Das Parental Alienation Syndrome (PAS) und die Interessenvertretung des Kindes – ein kooperatives Interventionsmodell für Jugendhilfe und Gericht. In: Nachrichtendienst des deutschen Vereins. Oktober/November 1998.
Fischer, W.: Wie viel Vater braucht das Kind? In: Matussek, M.: Die vaterlose Gesellschaft. Briefe, Berichte, Essays. Reinbek 1999.
Fischer, G./Riedesser, P. – Lehrbuch der Psychotraumatologie. München/Basel 1998.
Forum Familien- und Erbrecht (FF): 138/139, 1999.
Franz, M. et al.: Auswirkungen früher Abwesenheit des Vaters. In: Zeitschrift für psychosomatische Medizin und Psychotherapie, 45, H. 3, 1999, S. 260–278.
Franz, M. et al.: Der Spontanverlauf psychogener Beeinträchtigung in einer Bevölkerungsstichprobe über 11 Jahre. In: Psychotherapeut, 45, 2000, S. 99–107.
Fric, M./Laux, G.: Patienten mit Borderline-Persönlichkeitsstörungen: Die dialektischbehaviorale Therapie. In: Psycho, 25, 1999, S. 181–189.
Friedl, I./Maier-Aichen, R.: Leben in Stieffamilien. Familiendynamik und Alltagsbewältigung in neuen Familienkonstellationen. Weinheim/München 1991.
Fthenakis, W. E.: Väter. Bd. 1: Zur Psychologie der Vater-Kind-Beziehung. Bd. 2: Zur Vater-Kind-Beziehung in verschiedenen Familienstrukturen. München 1988.
Fthenakis, W. E.: Kindliche Reaktionen auf Trennung und Scheidung. Manuskript 1992.
Fthenakis, W. E.: Zur Rolle des Vaters in der Entwicklung des Kindes. In: Praxis für Psychotherapie und Psychosomatik 37, 1992, S. 179–189.
Fthenakis, W. E. et al.: Gruppeninterventionsprogramm für Kinder mit getrennt lebenden oder geschiedenen Eltern; Trennungs- und Scheidungskinder. Weinheim 1995.
Fthenakis, W. E.: Engagierte Vaterschaft. Opladen 1999.

Gaier, O. R.: „Manchmal mein' ich, ich hätt' auf der Welt nix verloren." Scheidungskinder erzählen. Hamburg 1988.

Gaier, O. R.: Der Riss geht durch die Kinder. Trennung, Scheidung und wie man Kindern helfen kann. München 1997.
Gardner, R. A.: Social, legal and therapeutic changes that should lessen the traumatic effect of divorce on children. In: Journal Am. Acad. Psychoanal., H. 6, 1978, S. 231–247.
Gardner, R. A.: The Parental Alienation Syndrome. Cresskill, New Jersey 1992.
Gardner, R. A.: Protocols for the sex-abuse Evaluation, by Creative Therapeutics. Cresskill, New Jersey 1995.
Gardner, R. A.: Psychotherapie with sex-abuse victims, true, false, hysterical, by Creative Therapeutics. Cresskill. New Jersey 1996.
Gardner, R. A.: Recommendations for dealing with parents, who induce a Parental Alienation Syndrome in their children. Cresskill, New Jersey 1997.
Gardner, R. A.: The Parental Alienation Syndrome. Cresskill, New Jersey 1998.
Gardner, R. A.: Differentiating between parental alienation syndrome and bona fide abuse/neglect. In: Am. Journal Fam. Ther., 27, H. 2, 1999, S. 97–107.
Gardner, R. A.: Family therapy of the moderate type of Parental Alienation Syndrome. In: Am. Journal Fam. Ther., 27, H. 2, 1999, S. 195–212.
Gardner, R. A.: Should courts order PAS-children to visit / reside with the alienated parent? A Follow-up Study. To be published in: American Journal Forensic Psychology, 19, H. 3, 2001.
Gardner, R. A.: Therapeutic interventions for children with PAS. Cresskill, New Jersey 2001.
Garlichs, A./Lenzinger-Bohleber, M.: Erziehung im Wandel. Bd. 2: Identität und Bindung. Weinheim/München 1999.
Geiling, U. (Hrsg.): Pädagogik, die Kinder stark macht. Opladen 2000.
Gerth, U.: Das Leben ist komplizierbar. In: Kind-Prax, 1, H. 6, 1998, S. 171–172.
Goleman, D.: Emotionale Intelligenz. München/Wien 1996.
Graham, P./Hughes. C.: Traurige Kinder verstehen. Weinheim/Basel 1998.
Greitemever, D.: Die Trennungsfamilie. Trennung als Neubeginn. München 1998.
Großmann, Ch.: Projekt – Soziales Lernen. Ein Praxisbuch für den Schulalltag. Mülheim a. d. Ruhr 1996.
Gründel, M.: Gemeinsames Sorgerecht. Erfahrungen geschiedener Eltern. Freiburg 1995.
Gullo, St./Church, C.: Love-Schock. Wie man das Ende einer Liebesbeziehung positiv überwinden kann. Bergisch Gladbach 1988.
Grzesik, J.: Was kann und soll Erziehung bewirken? Möglichkeiten und Grenzen erzieherischer Beeinflussung. Münster 1998.

Haynes, J. M. et al.: Scheidung ohne Verlierer. Ein neues Verfahren sich einvernehmlich zu trennen. Mediation in der Praxis. München 1993.
Heckt, D. H./Jürgens, E. (Hrsg.): Anders kommunizieren lernen. Braunschweig 1996.
Herbert, M.: Grenzen ziehen. Aktive Elternschaft. Bern 1999.
Herbort, B.: Bis zur letzten Instanz. Bergisch-Gladbach 1996.

Hetherington, E. M.: Effects of father absense on personalitv development in adolescent daughters. In: Developmental Psychology. H. 7. 1972. S. 313–126.
Hetherington, E. M.: Gender differences in coping with divorce. Vortrag, gehalten bei der Tagung der Deutschen Gesellschaft für Psychologie, Fachgruppe Entwicklungspsychologie, am 23. September 1991 in Köln.
Heyne, C.: Täterinnen – offene und versteckte Aggressionen von Frauen. München 1996.
Hilweg, W./Ullmann, E.: Kindheit und Trauma. Trennung, Missbrauch, Krieg. Göttingen 1997.
Holtappels, H. G.: Grundschule bis mittags. Innovationsstudie über Zeitgestaltung und Lernkultur. Weinheim/München 1997.
Honig, M.-S./Leu, H./Nissen, U. (Hrsg.): Kinder und Kindheit. Soziokulturelle Muster – sozialisationstheoretische Perspektiven. Weinheim/München 1996.
Hopf, A.: Sozialpädagogik für Lehrerinnen und Lehrer. Hilfen für den Schulalltag. München 1997.
Hülshoff, Th.: Emotionen. Eine Einführung für beratende, therapeutische, pädagogische und soziale Berufe. München/Basel 1999.

Illichmann, H.: Identitätskrisen als Entwicklungsimpulse. Therapeutische Einsichten in die konzentrative Bewegungstherapie. Dortmund 1997.
ISUV-Report. – Familienrecht im Wandel. Nr. 85, München 2000.

Jäckel, K.: Mein Kind gehört auch zu mir. Handbuch für Väter nach der Trennung. Frankfurt/New York 1999.
Jackson, R.: Mütter, die ihre Kinder verlassen – alles Rabenmütter? Wien/München 1995.
Jackson, R.: Mütter, die fortgehen. In: Psychologie Heute, 22, H. 11, 1995, S. 64–69.
Jaede, W.: Trennungs- und Scheidungsberatung in Erziehungsberatungsstellen unter besonderer Berücksichtigung kindlicher Entwicklungskriterien. In: Praxis der Kinderpsychologie und Kinderpsychiatrie, 42, H. 2, 1993, S. 42–49.
Jaede, W./Wolf, J./Zeller-König, B.: Gruppentraining mit Kindern aus Trennungs- und Scheidungsfamilien. Weinheim 1996.
Johnston, J. R./Roseby, V.: In the name of the child. A developmental approach to understanding and helping children of conflicted and violent divorce. New York 1997.
Jopt, U.-J.: Nacheheliche Elternschaft und Kindswohl – Plädoyer für das gemeinsame Sorgerecht als anzustrebenden Regelfall. In: FamRZ, H. 9, 1987, S. 875–885.
Jopt, U.-J.: Staatliches Wächteramt und Kindswohl. In: ZfJ, 77, H. 4, 1990, S. 285–316.
Jopt, U.-J.: Staatlich legalisierte Kindsmisshandlung im Familienrecht. In: ZfJ, 78, H. 2, 1991, S. 93–144.
Jopt, U.-J.: Im Namen des Kindes. Plädoyer für die Abschaffung des alleinigen Sorgerechts. Hamburg 1992.
Jopt, U.-J.: Kollektiv fixiert. In: Wissenschaftskalender, Marburg 1996, S. 80–82.
Jopt, U.-J.: Scheidungskinder – Problemkinder? In: Pädagogik, 49, H. 7/8, 1997, S. 16–20.

Jopt, U.-J.: Jugendschutz und Trennungsberatung. Vortrag am 12. November 1997 auf einer Fortbildungsveranstaltung des Landesjugendamtes Rheinland-Pfalz in Mainz, Manuskript 2/98.
Jopt, U.-J.: Ein Zwei-Phasen-Modell zu PAS. Vortrag anlässlich der Tagung „Kinderwille und Elterntrennung“ vom 23.–24. April 1999 an der Kath. Akademie Trier, Manuskript.
Jüttemann, G./Thomae, H. (Hrsg.): Biographische Methoden in den Humanwissenschaften. Weinheim 1998.
Jugendrecht: München [21]1997.

Kagan, J.: Es gibt ein Leben nach der Kindheit. In: Psychologie Heute, 27, H. 3, 2000, S. 46–51.
Kalter, N.: Children of divorce in an outpatient-psychiatric population. In: American Journal of Orthopsychiatry, 49, 1977, S. 40–51.
Kalter, N./Rembar, J.: The significance of a child's age at the time of parental divorce. In: American Journal of Orthopsychiatry, 51, 1981, S. 85–100.
Kalter, N. et al.: Implications of parental divorce for female development. In: Journal of American Academy of Child Psychiatry, 24, 1985, S. 538–544.
Kast, V.: Sich einlassen und loslassen. Neue Lebensmöglichkeiten bei Trauer und Trennung. Freiburg [6]1994.
Kast, V.: Vom Sinn der Angst. Wie Ängste sich fortsetzen und wie sie sich verwandeln lassen. Freiburg/Basel/Wien [4]1996.
Kasten, H.: Die Geschwister-Beziehung. Bd. 1 und 2. Göttingen 1991.
Kasten, H.: Geschwister. Vorbilder, Rivalen, Vertraute. Heidelberg 1994.
Kernberg, O. F.: Objektbeziehung und pathologischer Narzissmus. Frankfurt 1975.
Kernberg, O. F.: Borderline-Störungen und pathologischer Narzissmus. Frankfurt 1978.
Kernberg, O. F. et al. (Hrsg.): Persönlichkeitsstörungen, Theorie und Therapie (PTT). Heft 1, 1998, „Objektbeziehungen und Borderline-Störungen“. Stuttgart 1998.
Kernberg, O. F./Dulz, B./Sachsse, U. (Hrsg.): Handbuch der Borderlinestörungen. Stuttgart 2000.
Keyserlingk, L. v.: Stief und Halb und Adoptiv – neue Familie, neue Chance. Düsseldorf 1994.
Keyserlingk, L. v.: Neue Wurzeln für kleine Menschen. Von Trennungen und Neuanfängen. Freiburg 1998.
Kiper, H.: Soziales Lernen im Sachunterricht. Am Beispiel der Bearbeitung von Trennungs- und Scheidungserfahrungen durch Kinder. In: Glumpler, E./Wittkowski, St. (Hrsg.): Sachunterricht heute. Zwischen interdisziplinärem Anspruch und traditionellem Fachbezug. Bad Heilbrunn 1996, S. 131–147.
Klenner, W.: Rituale der Umgangsvereitelung bei getrennt lebenden oder geschiedenen Eltern. In: FamRZ, 42, H. 24, 1995, S. 1529–1535.
Kluck, M.-L.: Die Angst des Richters vor der Anhörung des Kindes bei streitigen Verfahren zum Umgangsrecht und wie er sie überwinden kann. In: FPR 1995, H. 4, S. 90.

Knuf, A.: „Mit meiner Mutter stimmt was nicht." Die vergessenen Kinder psychisch Kranker. In: Psychologie Heute, 27, H. 6, 2000, S. 34–39.
Köster, R.: Im Gleichgewicht bleiben. Umgang mit seelischen Belastungen. Freiburg 1993.
Kodjoe, U.: Ein Fall von PAS. In: Kind-Prax, 1, H. 6, 1998, S. 172–174.
Kodjoe, U.: Auswirkungen des Vater-Kind-Kontaktverlustes: der „immaterielle Schaden" aus psychologischer Sicht. In: Der Amtsvormund, 73, H. 8, 2000, S. 641–643.
Kodjoe, U./Koeppel, P.: The Parental Alienation Syndrome (PAS). In: Der Amtsvormund. Sonderdruck Januar 1998.
Kodjoe, U./Koeppel, P.: Früherkennung von PAS – Möglichkeiten psychologischer und rechtlicher Interventionen. In: Kind-Prax, 1, H. 6, 1998, S. 138–144.
Kodjoe-Ofuatey, U.: „Kinder wollen Kontakt zu beiden Eltern." Ein Gespräch über das Syndrom der Elternentfremdung. In: Psychologie Heute, 27, H. 2, 2000, S. 43–45.
Koeppel, P.: Was erwartet der Rechtsanwalt vom psychologischen Sachverständigen? In: Materialien 9/98 der Evang. Akademie Bad Boll: Psychologie im Familienrecht, Bilanz und Neuorientierung. Workshop 9.–11. Dezember 1998.
Koeppel, P.: Zur Bedeutung der „Elsholz-Entscheidung" für die Fortentwicklung des deutschen Kindschaftsrechts. In: Der Amtsvormund, 73, H. 8, 2000, S. 629–642.
Kolk, B. A. van der/McFarlane, A. C./Weisaeth, L. (Hrsg.): Traumatic Stress, Grundlagen und Behandlungsansätze – Theorie, Praxis und Forschung zu posttraumatischem Stress sowie Traumatherapie. Paderborn 2000.
Krawitz, R.: Pädagogik statt Therapie. Vom Sinn individualpsychologischen Sehens, Denkens und Handels. Bad Heilbrunn 1992, [3]1997.
Krähenbühl, V. et al.: Stieffamilien: Struktur – Entwicklung – Therapie. Freiburg 1991.
Krieger, W. (Hrsg.): Elterliche Trennung und Scheidung im Erleben von Kindern. Sichtweisen – Bewältigungsformen – Beratungskonzepte. Berlin 1997.
Kron-Klees, F.: Claudia – oder öffentliche Jugendhilfe als heilsamer Impuls. Ein systemisches Wahrnehmungs- und Handlungskonzept. Dortmund 1994.
Kultus und Unterricht. Amtsblatt des Ministeriums für Kultus, Unterricht und Sport Baden-Württemberg: Bildungsplan für die Grundschule. Lehrplanheft 1, 1994.

Laging, R. (Hrsg.): Altersgemischtes Lernen in der Schule. Grundlagen. Schulmodelle. Unterrichtspraxis. Hohengehren 1999.
Lamprecht, R.: Vom Mythos der Unabhängigkeit. Über das Dasein und Sosein der deutschen Richter. Baden-Baden 1995.
Lederle von Eckardstein, O. et al. (Hrsg.): Eltern bleiben Eltern. Hilfen für Kinder bei Trennung und Scheidung. (Unter Berücksichtigung der am 1. Juli 1998 in Kraft getretenen Reform des Kindschaftsrechts) 8. Auflage, Broschüre der Deutschen Arbeitsgemeinschaft für Jugend- und Eheberatung e. V.
Lehmkuhl, G./Lehmkuhl, U. (Hrsg.): Scheidung – Trennung – Kindeswohl. Diagnostische, therapeutische und juristische Aspekte. Weinheim/München 1997, S. 9–63.
Lehmkuhl, G./Lehmkuhl, U.: Wie ernst nehmen wir den Kindeswillen? In: Kind-Prax, 2, H. 5, 1999, S. 159–161.

Leitner, W./Schoeler, R.: „Maßnahmen und Empfehlungen für das Umgangsverfahren im Blickfeld einer Differentialdiagnose bei Parental Alienation Syndrome (PAS) unterschiedlicher Ausprägung in Anlehnung an Gardner, 1992/1997". In: Der Amtsvormund, 71, H. 11/12, 1998, S. 850–866.

Leonhardt, E.: Was macht eine Lehrerin anders, wenn sie in der Klasse „systemisch" zu arbeiten versucht? In: Familiendynamik, 23, H. 1, 1998, S. 81–92.

Liermann, S.: Nationales Sorge- und Umgangsrecht im Lichte der Europ. Menschenrechtskonventionen – Anmerkungen zur „Elsholz-Entscheidung" des Europ. Gerichtshofs für Menschenrechte. In: Der Amtsvormund, 73, H. 8, 2000, S. 629–642.

Lohrentz, U.: Jugendhilfe bei Trennung und Scheidung. Neuwied 1999.

Macha, H./Mauermann, L. (Hrsg,): Brennpunkte der Familienerziehung. Weinheim 1997.

Machleidt, W.: Vater und Tochter. Gefühlslandschaften einer Beziehung. Weinheim ^{3}1995.

Mahler, M./Pine, F./Bergman, A.: Die psychische Geburt des Menschen, Symbiose und Individuation. Frankfurt 1989.

Marone, N.: Gute Väter, selbstbewusste Töchter: Die Bedeutung des Vaters für die Erziehung. Frankfurt 1992.

Martin, H.: Wenn Eltern sich trennen. Trennung und Neubeginn. Bern 1999.

Martin, H.: Soziale Kompetenz. Den Umgang mit dem anderen üben. Bern 1999.

Maser, A.: Vom Vater geschieden. Töchter nach der Trennung. Reinbek 1999.

Mattejat, F./Wüthrich, C./Remschmidt, H.: Kinder psychisch kranker Eltern. Forschungsperspektiven am Beispiel von Kindern depressiver Eltern. In: Nervenarzt, 71, 2000, S. 164–172.

Matussek, M.: Die vaterlose Gesellschaft – Briefe, Berichte, Essays. Reinbek 1999.

Maug, P. G.: Scheiden tut auch Kindern weh. Welche Hilfe Kinder brauchen, wenn Eltern sich trennen. Freiburg 1998.

Menne, K./Schilling, H./Weber, M. (Hrsg.): Kinder im Scheidungskonflikt. Beratung von Kindern und Eltern bei Trennung und Scheidung. Weinheim/München 1993.

Mentzos, S.: Neurotische Konfliktverarbeitung. Frankfurt 1998.

Merten, R. (Hrsg.): Sozialarbeit. Sozialpädagogik. Soziale Arbeit. Begriffsbestimmungen in einem unübersichtlichen Feld. Freiburg 1998.

Metzger, E.: Neues Scheidungsrecht und Mediation. In: Engadiner Post, 28. Dezember 1999.

Miller, A.: Am Anfang war Erziehung. Frankfurt 1983.

Miller, G./Shazer, St. de: Mit Gefühlen arbeiten. In: Familiendynamik, 25, H. 2, 2000, S. 206–208.

Minich, I.: Scheidung – was wird aus den Kindern? Rat und Hilfe für betroffene Familien. Mit neuem Kindschaftsrecht. München 1998.

Mrozynski, P.: Kinder- und Jugendhilfegesetz (SGB VIII). München ^{2}1994.

Muck, M./Trescher, H. G.: Grundlagen der psychoanalytischen Pädagogik. Mainz 1994.

Mühlens, F./Kirchmeier, K.-H./Greßmann, M.: Das neue Kindschaftsrecht. Erläuternde Darstellung des neuen Rechts anhand der Materialien. Köln 1998.

Napp-Peters, A.: Ein-Elternteil-Familien. Weinheim/München 1985.
Napp-Peters, A.: Scheidungsfamilien. Interaktionsmuster und kindliche Entwicklung. Aus Tagebüchern und Interviews mit Vätern und Müttern nach der Scheidung. Arbeitshilfen, H. 37, Stuttgart 1988.
Napp-Peters, A.: Familien nach der Scheidung. München 1995.
Nave-Herz, R./Kröger, D.: Ein-Eltern-Familien. Eine empirische Studie zur Lebenssituation und Lebensplanung „alleinerziehender" Mütter und Väter. Bielefeld 1992.
Niesel, R.: Scheidungskinder. Mit den neuen Regelungen zum gemeinsamen Sorgerecht. München 1998.
Nuber, U.: Bleiben oder gehen? In: Psychologie Heute, 25, H. 4, 1998, S. 20–25.
Nuber, U.: Das Konzept „Resilienz". So meistern Sie jede Krise. In: Psychologie Heute, 26, H. 5, 1999, S. 20–27.

Olivier, Ch.: Die Söhne des Orest, ein Plädoyer für Väter. Düsseldorf 1994.
Olivier, Ch.: Das innere Monster zähmen. Warum unsere Kinder Autorität brauchen. Freiburg 1998.

Palandt: BGB, Ausgabe ^{58}1999, § 1626, Rd-Nr. 29.
Palandt: BGB, Ausgabe ^{59}2000.
Pallasch, W./Mutzeck, W./Reimers, H. (Hrsg.): Beratung. Training. Supervision. Eine Bestandsaufnahme über Konzepte zum Erwerb von Handlungskompetenz. In pädagogischen Arbeitsfeldern. Weinheim/München ^{2}1996.
Parental Alienation Syndrome: Research Foundation, 816 Connecticut Av. N. W., 9th Floor. Washington D. C. 200062705 – Erklärung zum Fall Elian Gonzalez vom 27. April 2000.
Partner, P.: Den anderen verlieren – sich selbst finden. Trennung und Scheidung als Chance für beide. München 1987.
Petermann, F./Kusch, M./Niebank, K.: Entwicklungspsychopathologie. Ein Lehrbuch. Weinheim 1998.
Petri, H.: Verlassen und verlassen werden. Angst, Wut, Trauer und Neubeginn bei gescheiterten Beziehungen. Stuttgart ^{2}1992.
Petri, H.: Geschwister – Liebe und Rivalität. Die längste Beziehung unseres Lebens. Zürich 1994.
Petri, H.: Lieblose Zeiten. Psychoanalytische Essays über Tötungstrieb und Hoffnung. Göttingen 1996.
Petri, H.: Guter Vater – Böser Vater. Psychologie der männlichen Identität. Bern/München/Wien 1997.
Petri, H.: Das Drama der Vaterentbehrung. Freiburg/Basel/Wien 1999.
Petzold, M.: Entwicklung und Erziehung in der Familie. Hohengehren 1999.
Prekop, J.: Der kleine Tyrann. Welchen Halt brauchen Kinder? München , ^{3}1999.
Prior, R.: Selbstkonzepte von Vorschulkindern. Münster 1998.

Redlich, F. C./Freedman, D. X.: Theorie und Praxis der Psychiatrie. Bd. 1 und 2. Frankfurt 1976.
Reich, G.: Familiendynamik und therapeutische Strategien bei Scheidungskonflikten. In: Psychotherapeut, 39, 1994, S. 251–258.
Reiche, B.: „Väter trauen den Kindern mehr zu." In: Psychologie Heute, 26, H. 12, 1999, S. 11–12.
Remschmidt, H./Mattejat, F.: Familiendiagnostisches Lesebuch. Stuttgart 1998.
Resch, F. et al.: Entwicklungspsychopathologie des Kindes- und Jugendalters. Weinheim [2]1999.
Ritzenfeldt, S.: Kinder mit Stiefvätern. Familienbeziehungen und Familienstruktur in Stiefvaterfamilien. Weinheim/München 1998.
Robertson, J./Robertson, J.: Reaktionen kleiner Kinder auf kurzfristige Trennung von der Mutter im Lichte neuer Beobachtungen. In: Psyche, 29, 1979, S. 626–665.
Rohde-Dachser, Chr.: Das Borderline-Syndrom. Bern 1989.
Romeike, G./Imelmann, St. (Hrsg.).: Hilfen für Kinder.
Konzepte und Praxiserfahrungen für Prävention, Beratung und Therapie. Weinheim/München 1999.
Roth, A.: Das Jugendamt als Beistand – Vertreter des Kindes oder Beauftragter der Mutter. In: Kind-Prax, 1, H. 5, 1998, S. 148–150.
Rotthaus, W.: Erziehung aus systemischer Sicht. In: Familiendynamik, 23, H. 1, 1998, S. 25–39.
Rusch, H.: Suchen nach Identität. Kinder zwischen acht und zwölf. Baltmannsweiler 1998.
Ryan, T./Walker, R.: Wo gehöre ich hin? Biographiearbeit mit Kindern und Jugendlichen. Weinheim/Basel 1997.
Saint-Exupéry, A. de: Man sieht nur mit dem Herzen gut. Freiburg [4]1992.
Salzgeber, J.: Der psychologische Sachverständige im Familiengerichtsverfahren. München [2]1992.
Salzgeber, J./Stadler, M.: Beziehung contra Erziehung. Kritische Anmerkungen zur aktuellen Rezeption von PAS. In: Kind-Prax, 1, H. 6, 1998, S. 167–171.
Salzgeber, J./Stadler, M./Schmidt, S. M./Parlale, C.: Umgangsprobleme. In: Kind-Prax, 2, H. 4, 1999, S. 107–111.
Samuels, M./Samuels, N.: Das Kinderheilbuch. Düsseldorf 1986.
Sander, E. (Hrsg.): Trennung und Scheidung. Die Perspektiven betroffener Eltern. Weinheim 1999.
Satir, V.: Familienbehandlung. Kommunikation und Beziehung in Theorie, Erleben und Therapie. Breisgau [10]1997.
Schade, B.: Vgl. Angaben zur Statistik bei Verfahren von sexuellen Missbrauchsvorwürfen in familiengerichtlichen Verfahren. Tagungsdokumentation epd. DokNr. 40/95, 25. September 1995, S. 36.
Schäfer, G. E. (Hrsg.): Soziale Erziehung in der Grundschule. Rahmenbedingungen, soziales Erfahrungsfeld, pädagogische Hilfen. Weinheim/München 1994.
Schauder, Th.: Selbstwert, Angst und Ursachenzuschreibung. Landau 1998.
Schiller, P./Bryant, T.: Persönlichkeit Kind. Werte erfahren und erleben. Lichtenau 2000.

Schlösser, A. M./Höhfeld, K. (Hrsg.): Trennungen. Gießen 1999.
Schmalohr, E.: Frühe Mutterentbehrung bei Mensch und Tier. München ²1975.
Schmidt, A.: Väter ohne Kinder. Sorge, Recht und Alltag nach der Trennung oder Scheidung. Reinbek 1993.
Schmidt, A.: Mehr Vater fürs Kind – auch nach Trennung oder Scheidung. Wege aus der vaterlosen Gesellschaft. Weinheim/Basel 1998.
Schon, L.: Entwicklung des Beziehungsdreiecks Vater – Mutter – Kind. Stuttgart/Berlin/Köln 1995.
Schottländer, F.: Die Mutter als Schicksal. Erfahrungen eines Psychotherapeuten. Hamburg 1967.
Schuster-Brink, C.: Regeln und Rituale im Kinderalltag. Ravensburg 1998.
Schütt-Baeschlin, A.: Das Adoptivkind, Entwicklung – Probleme – Hilfestellungen. Zürich 1992.
Schutz, H. J.: Schmerz. Dimensionen einer Empfindung. Freiburg 1998.
Schwarz, B.: Die Entwicklung Jugendlicher in Scheidungsfamilien. Weinheim 1999.
Seibert, N. (Hrsg.): Kindliche Lebenswelten. Eine mehrperspektivische Annäherung. Bad Heilbrunn 1999.
Seifert, Th./Waiblinger, A. (Hrsg.): Die 50 wichtigsten Methoden der Psychotherapie, Körpertherapie, Selbsterfahrung und des geistigen Trainings. Stuttgart ³1994.
Selby, J.: Väter und ihre Rolle in unserem Leben. München 1999.
Seligmann, M. E. P.: Erlernte Hilflosigkeit. Weinheim/Basel 1999.
Slater, F./Stewart, B. A./Lynn, M.: The effects of family disruption on adolescent males and females. In: Adolescents, 72, H. 18, 1983, S. 931–942.
Spiegel Nr. 18, 2000.
Spitz, R.: Vom Säugling zum Kleinkind, Naturgeschichte der Mutter-Kind-Beziehungen im ersten Lebensjahr. Stuttgart 1974.
Stadler, M./Salzgeber, J.: Parental Alienation Syndrom (PAS) – alter Wein in neuen Schläuchen? In: FPR, 1999, S. 231–235.
Stierlin, H.: „Wir müssen lernen, innere Konflikte auszuhalten." In: Psychologie Heute, 22, H. 4, 1995, S. 34–41.
Stöckli, G.: Eltern, Kinder und das andere Geschlecht. Selbstwerdung in sozialen Bindungen. Weinheim/München 1997.
Storath, R.: Elternberatung in der Schule. In: Familiendynamik, 23, H. 1, 1998, S. 60–80.
Storck, Ch./Paland, D./Löhnenbach, H.-J.: Menschen-Kinder Menschenskinder! Pädagogik – Erziehungswissenschaft – Sozialpädagogik in der Sekundarstufe I. Hohengehren 1999.
Streeck-Fischer, A.: Kinder und Jugendliche mit komplexen Traumatisierungen in analytischer Psychotherapie. In: Endres, M./Biermann, G. (Hrsg.): Traumatisierung in Kindheit und Jugend. München 1998.
Suess, G. J./Pfeifer, W.-K./Pfeifer, P. (Hrsg.): Frühe Hilfen. Die Antwort von Bindungs- und Kleinkindforschung in Erziehung, Beratung, Therapie und Vorbeugung. Gießen 1999.
Swan-Jackson, A.: Zwischen den Stühlen. Wie Jugendliche mit der Scheidung ihrer Eltern klarkommen. Freiburg/Wien 1998.

Teegen, F.: Psychotherapie der posttraumatischen Belastungsstörung. In: Psychotherapeut, 45, H. 6, 2000, S. 341–349.
Tousignant, M./Bastien, M. F./Hamel, S.: Suicidal attempts and ideations among adolescents and young adults: The contribution of the father's and mother's care and of parental separation. In: Social Psychiatry and Psychiatric Epidemilogy, 28, 1993, S. 256–261.
Tschöpe-Scheffler, S.: Kinder brauchen Wurzeln und Flügel. Erziehung zwischen Bindung und Autonomie. Mainz 1999.

Uexküll, Th. v.: Psychosomatische Medizin. München/Wien/Baltimore [5]1996.
Urmann, V./Thébault, C.: Pères divorcés – des nouveaux droits. In: Aujourd' hui en France, 15. Januar 2001.

Walper, S./Schwarz, B. (Hrsg.): Was wird aus den Kindern? Chancen und Risiken für die Entwicklung von Kindern aus Trennungs- und Stieffamilien. Weinheim/München 1999.
Wallerstein, J. S.: Children of divorce: Preliminary report of a ten-year follow-up of older children and adolescents. American Academy of Child Psychiatry 1985.
Wallerstein, J. S./Blakeslee, S.: Gewinner und Verlierer. Frauen, Männer, Kinder nach der Scheidung. München 1992.
Wallerstein, J. S./Kelly, J. B.: Surviving the breakup. How children and parents cope with divorce. New York 1980.
Wallerstein, J. S. et al.: The unexpected Legacy of divorce. Hyperion 2000.
Ward, P./Campbell, H. J.: Familienkriege – die Entfremdung von Kindern. In: ZfJ, 85, Nr. 6, 1998, S. 237–245.
Wardetzki, B.: Ohrfeige für die Seele. Wie wir mit Kränkung und Zurückweisung besser umgehen können. München 2000.
Warshak, R. A.: Remarriage as a trigger of parental alienation syndrome. In: Am. Journal Fam. Ther., 28, 2000, S. 229–241.
Weidenbach, J.: Dein Papa ist ganz böse. In: Psychologie Heute, 27, H. 2, 2000, S. 40–45.
Weisbrodt, F.: Die Bindungsbeziehung als Handlungsmaxime nach der Kindschaftsreform. In: Der Amtsvormund, 73, H. 8, 2000, S. 618–630.
Weisbrodt, F.: Wie kann der Familienrichter das Verfahren gestalten, um mit Umgangskonflikten umgehen zu können. In: Kind-Prax, 3, H. 1, 2000, S. 9–18.
Weiss, Th./Haertel-Weiss, G.: Familientherapie ohne Familie. Kurztherapie mit Einzelpatienten , [5]1999.
Wendels, C.: Mütter ohne Kinder. Wie Frauen die Adoptionsfreigabe erleben. Freiburg 1998.
Winnicott, D. W.: Reifungsprozesse und fördernde Umwelt. Frankfurt 1990.
Wittchen, H.-U.: Handbuch psychischer Störungen. Weinheim 1998.
Wittenbruch, W.: Erziehen in der Grundschule. Bochum [2]1992.
Wittinger, M.: Familien und Frauen im regionalen Menschenrechtsschutz. Baden-Baden 1999.

Wolf, D.: Wenn der Partner geht. Wege zur Bewältigung von Trennung und Scheidung. Mannheim [4]1991.

Zeiher, H./Büchner, P./Zinnecker, J. (Hrsg.): Kinder als Außenseiter? Umbrüche in der gesellschaftlichen Wahrnehmung von Kindern und Kindheit. Weinheim/München 1996.
Zeitschrift für Erziehungswissenschaft: 2, H. 3, 1999, Schwerpunkt: Lebenslauf, Biographie und Bildung.
Zill, N.: Happy, healthy and insecure. New York 1983.
Zinnecker, J./Silbereisen, R. K.: Kindheit in Deutschland. Aktueller Survey über Kinder und ihre Eltern. Weinheim 1996.
Zitelmann, M.: Vom „Anwalt des Kindes“ zum Verfahrenspfleger? In: Kind-Prax, 1, H. 5, 1998, S. 131–135.

8. Bücher und Filme

8.1. Kinder- und Jugendbücher

(Die mit * gekennzeichneten Werke sind für das Jugendalter geeignet.)

Baltscheit, M.: Paul trennt sich. Frankfurt 1996.

Becker, A./Scharff-Kniemeyer: Und was wird aus uns? Eine Familie geht auseinander. Ravensburg 1991.

Bittner, W./Wiemers, S.: Wochenende bei Papa. Freiburg/Wien/Basel 1999.

Blobel, B.: Eine Tür fällt zu. Wenn Eltern auseinander gehen. München 1988.*

Blobel, B.: Nichts als Lügen. München 1999.*

Broere, R./De Bode, A.: Du bleibst immer mein Papa. München 1998.

Brown, L. K./Brown, M.: Scheidung auf Dinosaurisch. Ein Ratgeber für Kinder und Eltern. Hamburg ^{2}1994.

Chidolue, D.: Pischmarie. München 1994.

Cole, B.: Wir teilen alles! Aarau/Frankfurt/Salzburg 1997.

Donnelly, E.: Tine durch zwei geht nicht. Ravensburg ^{8}1998.

Dros, I./Geelen, H.: Lumpenpuppe, Liebepuppe und Gelbe Ente. Köln 1993.

Enders, U./Wolters, D.: Auf Wieder – Wiedersehen! Köln 1993.

Faerber, R.: Das geteilte Herz. Stuttgart/Wien 1993. *

Feth, M.: Kein Vater fürs Wochenende. Düsseldorf 1993.

Fox, P.: Der Schattentänzer. Reinbek 1991.*

Gasser, W./Habegger, C./Rey-Bellet, M.: Teil 1: Meine Eltern trennen sich. An die Kinder. Teil 2: Wir trennen uns – was tun wir für unsere Kinder? An die Eltern. Zürich 1987.*

Hamann, K./Schüssow, B.: Alles Familie. Stuttgart/Wien/Bern 1997.

Härtling, P.: Fränze. Bilder von P. Knorr. Weinheim/Basel ^{2}1992.*

Härtling, P.: Lena auf dem Dach, Weinheim/Basel 1993.*

Kiefer, J.: Auf der blauen Donau schwimmt ein Krokodil. Versuch, meinem Sohn eine Trennung zu erklären. Trier 1990.*

Leach, N./Browne, J.: Ein Kuss für Anna. Aarau/Frankfurt/Salzburg 1994.

Leeson, R.: Es ist mein Leben. Weinheim/Basel 1992.*

Maar, N./Ballhaus, V.: Papa wohnt jetzt in der Heinrichstraße. Lohr 1992 (Deutscher Jugendliteraturpreis – Bilderbuch).

Neuhauss, E./Fournier, A.: Anna und Wuwu. Bobenheim 1994.
Nöstlinger, Ch.: Einen Vater hab ich auch. Weinheim/Basel 1994. (ab 4. Schuljahr)
Nöstlinger, Ch.: Wie ein Ei dem anderen. Weinheim/Basel 1996. (ab 4. Schuljahr)
Nystrom, C./Baum, A.: Micha versteht die Welt nicht mehr. Wenn Eltern sich trennen. Gießen 1987.

Obrecht, B.: Jonas lässt sich scheiden. Bilder von K. Meyer. Hamburg 1995.
Obrecht, B.: Julian und das Mamapapa. Hamburg 1997.

Schindler, N./Wieker, K.: Ich zieh' doch auch nicht aus! Berlin/München 1995.
Schindler, N.: Entscheidende Zeiten. Wenn sich die Eltern trennen. Wien 1998. (Interviews mit Jugendlichen)*
Spelman, C. M.: Papa Bär zieht aus. Eine Mutmachgeschichte mit Bildern von K. Parkinson. München 1999.

Uebe, I.: Die Zeit, als Papa kochen lernte. Würzburg 1989. (ab 4. Schuljahr)

Walther, J.: Coka. Berlin 1988.
Welsh, R.: Das Gesicht im Spiegel. Innsbruck/Wien 1997. (Adoption)*

Zeevaert, S.: Schön und traurig und alles zugleich. Weinheim/Basel 1997.*

8.2. Filme und Fernsehsendungen

Gesucht wird … Die Moral der Gutachter. ARD, 1998.

Keine Macht den Vätern. ZDF, 1993.

Kramer gegen Kramer. Spielfilm mit Dustin Hoffman und Meryl Streep.

Frontal, ZDF, 5. 10. 99. (PAS).

Auslands Journal, ZDF, Juni 2000 (PAS).

Verliebt, verlobt, verheiratet, geschieden. Trickfilm. Pro Familia.

Vom Verschwinden der Väter. SDR, 1996.

9. Autorenverzeichnis

Siegfried Bäuerle, Diplompsychologe, Dr. päd.

Pädagogische Hochschule Karlsruhe
Bismarckstraße 10
76133 Karlsruhe
Telefon 07 21/9 25/49 15
Akademischer Oberrat für Pädagogische Psychologie an der Pädagogischen Hochschule Karlsruhe

Arbeitsschwerpunkte:
Gewalt, Kriminalität bei Schülern, Schülerfehlverhalten, Sucht, Schülerdiagnostik

Helgard Moll-Strobel, Dr. rer. soc., M.A.

Pädagogische Hochschule Karlsruhe
Bismarckstraße 10, 76133 Karlsruhe
Telefon 07 21/9 25-46 66
Professorin für Schulpädagogik und Sozialpädagogik an der Pädagogischen Hochschule Karlsruhe

Arbeitschwerpunkte:
Gewaltforschung, Selbstwertaufbau bei Kindern und Jugendlichen, Lern- und Verhaltensstörungen, sonderpädagogische Aspekte

Joël Binckli

Pantaleonswall 39
50676 Köln
Telefon 02 21/2 71 88 57
Student der Soziologie, Psychologie und Mittlerer und Neuerer Geschichte

Arbeitsschwerpunkt:
Auswirkungen von Eltern- und Geschwistertrennungen

Wilfrid von Boch-Galhau

Oberer Dallenbergweg 15
97082 Würzburg,
Telefon 09 31/88 38 92, Fax 09 31/7 70 82
Dr. med., Facharzt für psychotherapeutische Medizin
Nervenarzt/Psychotherapie

Arbeitsschwerpunkte:
Tiefenpsychologisch fundierte Kurz- und Langzeitpsychotherapie
(Schwerpunkt: Angst-/Depressionserkrankungen, Psychosomatosen)

Beratung und Psychotherapie erwachsener Scheidungskinder mit psychischen Problemen durch Elternverlust
Beratung und Psychotherapie von Eltern, die durch Verlust ihrer Kinder nach Trennung/Scheidung traumatisiert sind
Mitglied im Interdisziplinären Arbeitskreis „*Beratung bei Trennung und Scheidung*" in Würzburg
Vortragstätigkeit zum Thema *Parental Alienation Syndrome (PAS)*
Mitarbeit in einem Selbsthilfeverband scheidungsbetroffener Männer und Frauen

Wera Fischer

Dipl.-Sozialarbeiterin, Mediatorin mit Zusatzausbildung in Familientherapie
Sunnisheimring 45
74889 Sinsheim
Telefon/Fax 0 72 61/52 74

Arbeitsschwerpunkte:
Unterstützung getrennt lebender Eltern im Rahmen von Beratung, Mediation, Verfahrens-, Umgangspflegschaften

Ursula Kodjoe

Diplompsychologin
Dipl.-Sozialpädagogin
Mediatorin
Fichtenstraße 29
79194 Gundelfingen
Telefon 07 61/4 00 12 77, Fax 07 61/4 00 13 60
E-Mail: ukodjoe@aol.com

Arbeitsschwerpunkte:
Trennungs- und Scheidungsberatung
Konfliktmanagement im Trennungs- und Scheidungsbereich
Weiterbildung für Studierende, Verfahrenspfleger, ASD-Mitarbeiter
Familienforschung:
Schwerpunkt Kontaktabbruch (PAS)
Persönlichkeitsstörungen, Wahrnehmungsstörungen

Dr. iur. Peter Koeppel

Rechtsanwalt
Südliche Auffahrtsallee 66
80639 München
Telefon 0 89/1 78 05 50, Fax 0 89/17 80 55 44
E-Mail: pk@kindschaftsrecht2010.de

Arbeitsschwerpunkte:
Kindschaftsrecht
Hierzu gehören auch der weite Bereich des Sorge- und Umgangsrechtes, sowie das Namensrecht von Kindern, die von der Scheidung der Eltern betroffen sind.
Internationale Menschenrechtskonvention, im Wesentlichen Europäische Menschenrechtskonvention (EMRK), UNO-Zivilpakt (IPBPR), UNO-Kinderrechtekonvention (KRK).

Übernahme von Mandaten zu Menschenrechtsbeschwerden

sowohl zum Europäischen Gerichtshof für Menschenrechte (EGMR) in Straßburg als auch zum UN-Human Rights Center in Genf

Dr. iur. Hans-Martin Pawlowski

o. Professor für Bürgerliches Recht, Zivilprozessrecht und Rechtsphilosophie
Siegfriedstraße 11
69198 Schriesheim

Arbeitsschwerpunkte:

Allgemeine Lehren des bürgerlichen Rechts:
Probleme des Vertragsschlusses und der Stellvertretung
Probleme der Europäisierung des Zivilrechts

Familienrecht:
Fragen der Struktur der Ehe
Rechtsprobleme der gleichgeschlechtlichen Lebenspartnerschaften

Zivilprozessrecht:
Zum Verhältnis von Zivilprozessrecht und Verfassung

Rechtsphilosophie:
Probleme der Legitimation des Rechts eines Staates, der sich u.a. durch die Gewährleistung von Glaubensfreiheit legitimiert.
Probleme der Methodenlehre für Juristen.

Reihe Schule und Unterricht

Gernot Gonschorek/Susanne Schneider

Einführung in die Schulpädagogik und die Unterrichtsplanung

288 S., kart. Best.-Nr. **3216**

In diesem Band werden wichtige Begriffe und Theorien, die für das Lehramtsstudium von Bedeutung sind, in verständlicher Form erläutert. Neben den Grundlagen zu Aufbau und Funktion des Schulsystems, zur Geschichte und Gliederung des Lehrplans und den Richtungen der Erziehungswissenschaft werden didaktische Theorien und Modelle vermittelt. Der Schwerpunkt des zweiten Teils liegt auf der Vorbereitung auf die Schulpraxis.

Birgit Ofenbach

Erziehung in Schule und Unterricht

Peter Petersens Modell einer erziehenden Schule

242 S., kart. Best.-Nr. **3403**

Peter Petersens Modell einer Lebensgemeinschaftsschule ist eines der erfolgreichsten in der neueren Geschichte. Es hat die Schulpraxis grundlegend verändert. Der Band zeigt die theoretischen Implikationen in ihrer Entwicklung und deren enge Verknüpfung mit den schulpädagogischen Konsequenzen auf. Das Modell Petersen gibt Antworten auf viele gegenwärtige Erziehungs- und Unterrichtsprobleme.

Ariane Garlichs (Hrsg).

Schüler verstehen lernen

Das Kasseler Schülerhilfeprojekt im Rahmen einer reformorientierten Lehrerausbildung

200 S., kart. Best.-Nr. **3402**

Das in diesem Band vorgestellte Schülerhilfeprojekt stellt das Lehrerstudium vom Kopf auf die Füße: StudentInnen erhalten die Aufgabe, für ein schwieriges Kind entwicklungsfördernde Bedingungen zu schaffen und es mindestens ein Jahr in Alltag und verschiedenen Schulsituationen zu begleiten. Dabei machen die angehenden LehrerInnen wichtige Erfahrungen für ihre spätere Schulpraxis.

Auer Verlag GmbH